中國古代史
十四講

葉煒 著

導　言

　　人類文明史長達幾千年，但若將其放在地球演化的歷史中，不過是很短的一瞬。演化生物學家科因（Jerry A. Coyne）說：人類是這個舞臺上新近登場的角色，我們的種系與其他靈長類分化於大約七百萬年前，如果把整個地球的演化史壓縮到一年之中，最早的細菌大概出現於 3 月底，而人類直到 12 月 31 日早上六點纔姍姍來遲。公元前 500 年左右的希臘黃金時期，也就是中國的春秋後期，則發生在下一年的新年鐘聲敲響前的三十秒。這告訴我們，從地球史的尺度上看，人類的文明史不過是滄海一粟，古代與今天並沒有那麼遙遠。在人類文明史中，中國歷史處於何種地位？對比世界上先後出現的各種文明以及它的發展歷程，我們可以看到，中國文明發展的最主要特徵，在於其首屈一指的連續性。這給我們的啟示是，中國的歷史傳統和現代發展尤其密不可分。

　　19 世紀開始，中國被迫捲入世界現代化發展的潮流之中。在此背景下，有一種學說是將傳統與現代分開，認為傳統與現代勢不兩立，甚至必須消滅傳統纔能進入現代。現在看來，這個觀點已經過時了。傳統和現代不僅難以割裂，而且它們之間還有著複雜、辯證的關係，傳統中孕育著現代的因素，現代中也包含著傳統的成分。歷史傳統影響著，甚至在一定程度上決定著不同國家走向現代的道路。正因如此，我們瞭解和研究中國古代歷史具有現實的意義，雖然不能說瞭解歷史就一定能理解現代，但是可以說，如果不瞭解歷史，或許也難以深刻地洞悉現代。這也是我們今天重溫中國古代史的意義之一。

歷史包羅萬象、色彩繽紛。大家喜歡歷史，往往關注歷史上各種各樣的政治鬥爭，但這並不是本書關注的重點。政治鬥爭爾虞我詐，每個時代都不少見，我們更想關注的是中國古代史的發展脈絡，它的大分大合、大彎大折，歷史是如何一步步走過來的；關注諸如制度演進、民族凝成、版圖形成等重大問題。我們希望通過這樣的介紹，使大家對中國古代史的發展脈絡有所瞭解。在學術界，目前學者們也越來越重視政治制度在中國古代發展中具有的重要意義。在中國古代史領域，我們傾向於更加關注制度史、政治史。

錢穆《國史大綱》開篇有言："一、當信任何一國之國民，尤其是自稱知識在水平綫以上之國民，對其本國已往歷史，應該略有所知。二、所謂對其本國已往歷史略有所知者，尤必附隨一種對其本國已往歷史之溫情與敬意。三、所謂對其本國已往歷史有一種溫情與敬意者，至少不會對其本國已往歷史抱一種偏激的虛無主義，亦至少不會感到現在我們是站在已往歷史最高之頂點，而將我們當身種種罪惡與弱點，一切諉卸於古人。四、當信每一國家必待其國民備具上列諸條件者比數漸多，其國家乃再有向前發展之希望。"回顧歷史，能幫助我們更好地理解、質疑我們原本認為是理所當然的世界；思考歷史，也有助於我們保持謙虛的態度，對歷史重要的是理解而不是評判，也對歷史多一些敬畏，至少不盲目地認為當下是一切歷史的頂點，也不自大到覺得祇有自己的文化纔是人類歷史的關鍵。[1]

葉煒

北京大學歷史學系

北京大學中國古代史研究中心

---

1 參尤瓦爾‧赫拉利著：《今日簡史》第十二章，林俊宏譯，北京：中信出版集團，2018年。

目　錄

● 青銅文化與禮樂文明∴多元的古代社會

一、中華文明起源問題的新認識

本講的時間跨度較大，主要圍繞中華文明的起源、夏商周三代兩個問題展開。由於近代考古學發展所帶來的新認識，在 20 世紀中國古代史的研究領域中，先秦史領域的研究進展最大，所以這些問題也從學術史的角度開始談。

首先來看看古史傳說與疑古思潮的問題。我們一般對中國古史的認識來自古書的記載，這些記載是慢慢形成的。古人對古史的傳說也有著不同的認識，比如孔子是 "信而好古" 的，他對古代的傳說抱有一種信任、肯定的態度。這些古史傳說到了漢代，特別是到了司馬遷撰寫《史記》以後，便基本定型，構成了以 "三皇五帝" 為核心的古史體系。"三皇五帝" 具體是指誰，歷來說法不一。就三皇而言，大概有神農、伏羲、女媧，也包括有巢、燧人等；至於五帝，影響比較大的說法來自《史記》，將五帝定為黃帝、帝嚳、顓頊、堯和舜。對於這個古史體系，清末以來，學者開始有所質疑，比較著名的人物包括崔述（東壁）、康有為等。崔述指出古史傳說存在 "世益晚則其採擇益雜"、"世愈後則其傳聞愈繁" 的現象，康有為《孔子改制考》的第一篇即為《上古茫昧無稽考》。

明確提出"疑古"理念的是顧頡剛。受崔述、康有為等前輩影響以及當時胡適倡導的科學方法之啟迪，加之自己觀賞民俗戲曲的心得，20世紀20年代以後，顧頡剛對於古史傳說體系產生了更為深刻的懷疑。[1]顧頡剛發現，在古書當中，對禹的記載是在西周時期出現的，對禹之前堯和舜的記載是春秋末期出現的，而比堯、舜更早的黃帝的記載則是到了戰國時期纔出現的，開天闢地的盤古在中國古史傳說中年代最早，但其產生卻恰恰最晚，是到了三國時期纔出現的。在此發現基礎上，顧頡剛提出"層累地造成的中國古史"的論斷，其主要內容為：時代愈後，傳說中的古史期愈長；時代愈後，傳說中的中心人物愈放愈大。所以他得出結論，認為以前所信奉的古史傳說體系，不過是後人層累地編造出來的。顧頡剛於1926年將其"層累造成說"發表在《古史辨》中，對當時的學界產生了極大的影響。劉起釪在《顧頡剛先生學述》中認為，顧頡剛的觀點一出，把人們一向不認為有任何問題的、絕對可信的我國皇皇古史系統，來一個從根本上的推翻，等於是向史學界投了一枚原子彈，釋放出了極大的破壞力。各方面讀過些古書的人都受到了這個問題的刺激，因為在人們的頭腦裏，向來衹知有盤古以來三皇五帝，忽然聽到沒有盤古，也沒有三皇五帝，像晴天霹靂一樣太出於意想。

從信古到疑古，顧頡剛是疑古思潮的開創者。他不僅指出層累歷史現象的存在，還指出了這種層累歷史所產生的背景。他推測，這種

1　參王汎森：《古史辨運動的興起：一個思想史的分析》第一章"顧頡剛層累造成說的特質與來源"，臺北：允晨文化實業公司，1987年。

情況始於秦始皇，"秦始皇又成了統一的事業。但各民族間的種族觀念是向來極深的，祇有黃河下流的民族喚作華夏，其餘的都喚作蠻夷。疆域的統一雖可使用武力，而消弭民族間的惡感，使其能安居於一國之中，則武力便無所施其技。於是有幾個聰明人起來，把祖先和神靈的'橫的系統'改成了'縱的系統'"，"他們起來喊道：'咱們都是黃帝的子孫，分散得遠了，所以情誼疏了，風俗也不同了。如今又合為一國，咱們應當化除畛域的成見！'這是謊話，卻很可以匡濟時艱，使各民族間發生了同氣連枝的信仰"。"這種說法傳到了後世，便成了歷史上不易消釋的'三皇五帝'的症瘕，永遠做真史實的障礙。"[1] 這就是疑古思潮，在疑古派看來，東周以上無信史，即認為文獻上所記載的東周以前的歷史都是不可信的。

隨著近代考古學的發展，疑古的觀點也受到了衝擊。王國維利用安陽殷墟出土的甲骨文材料，寫了《殷墟卜辭中所見先公先王考》，證明了《史記・殷本紀》記載的確切，向東周以上無信史之說提出了挑戰。被疑古派批判成偽書的一些書，比如《尉繚子》、《六韜》等，也在後來的西漢墓葬考古工作中被發現，這就給疑古派及其疑古思想帶來了更致命的衝擊，由此學術漸漸從"疑古"走向了"釋古"。

所謂"釋古"，就是把文獻資料和考古材料相結合進行解釋，李學勤在《走出"疑古時代"》中提出："把文獻研究和考古研究結合起來，這是'疑古'時代所不能做到的。充分運用這樣的方法，將能開

1　顧頡剛：《古史辨第四冊序》，載《顧頡剛全集》第 1 冊，北京：中華書局，2011 年，第 110—111 頁。

拓出古代歷史、文化研究的新局面，對整個中國古代文明作出重新估價。"[1]

下面，我們就結合中國考古學的發現，來談談中華文明的起源問題。

著名的北京猿人頭蓋骨距今大約五十多萬年，屬於舊石器時代。這些年學界討論比較多的問題，是生活在大約五十萬至二十萬年前的北京猿人究竟是不是現代中國人的祖先。這其實是人類"多地區起源說"與"非洲起源說"的爭論。以前這是不太成為問題的，從舊石器時代到新石器時代，在北京地區，從北京猿人到山頂洞人有一個發展脈絡。但是這一認識隨著分子生物學的發展而受到了挑戰。其中比較重要的，是 1987 年美國加州大學伯克利分校的學者，通過對 147 個胚胎的綫粒體 DNA 的研究，發現女性的始祖可以追溯到一個大約二十萬年前的非洲女性個體，這個非洲女性個體及其後代走出了非洲，走到了世界各地，成為各地人類的祖先。這項研究的結論，有力支撐了"非洲起源說"。十年以後的 1997 年，美國斯坦福大學的學者通過對男性 Y 染色體的研究，得出一個近似的結論，認為現代男性的始祖也是出自非洲的某一個體，這就是所謂的"亞當說"。而之前那個女性始祖說則被稱為"夏娃說"，這就是"夏娃理論"。

夏娃理論對"多地區起源說"造成了很大衝擊，不過學者也並不都贊成。2000 年，美國猶他大學和密執安大學的學者通過對澳大利亞蒙戈湖附近發現的古人類頭骨進行研究，認為澳大利亞的早期現代

1　李學勤：《走出"疑古時代"》，《中國文化》1992 年第 2 期，第 7 頁。

人並不是來自非洲古人類，而是起源於東南亞的爪哇。中國的學者吳新智也對"非洲起源說"提出過質疑，他指出，中國古人類所具有的顏面較扁、鏟形門齒等體質特徵，是從舊石器時代到新石器時代直到現代的中國人都具備的特點，可以認為中國從舊石器時代到現代的發展有一貫性，並不是後來外來的人種代替了以前存在的人種。夏娃理論認為，目前沒有在中國發現處於大約距今十萬至五萬年前時期的化石，此期間是一寒冷期，非洲祖先的後代來到了現在的中國，成為現代中國人的祖先。吳新智則提出，首先，我們不知道這個空白期是不是能一直空白下去，有可能有新的發現。其次，在寒冷期舊的人口生活不了，那麼新的人口進來，是不是能夠存活也成問題。不過目前，總的來看，夏娃理論在一定程度上還是得到了更多的支持。也就是說，北京猿人真的不一定是現代中國人的祖先，我們的祖先可能是來自非洲。關於這　問題的研究還在不斷推進，最近十幾年來，隨著湖北黃龍洞、廣西智人洞等年代在大約十萬年前的具有現代人形態的人類化石的發現，非洲早期現代人在六萬年前進入中國、此前中國沒有現代人的觀點又受到了有力挑戰。[1]

　　對於中國舊石器時代文化的研究，成果頗豐，嚴文明在《中國史前文化的統一性與多樣性》中做了總結。他認為，中國舊石器時代的文化，自始至終都具有獨特的風格，具有一些共同特徵，例如：石片石器遠多於礫石或石核石器；各類石器的加工往往是單面的；石器類

---

[1]　劉武、吳秀傑：《現代人在中國的出現與演化：研究進展》，《中國科學基金》2016 年第 4 期。

型始終以刮削器和尖狀器為主，未曾有以砍砸器為主的時期和地區。這三點既表現了中國舊石器文化的統一性的一面，也是其區別於外國舊石器文化的基本內容。同時，中國國內不同地區的舊石器時代文化又有明顯的差別，首先是華北和華南這兩個大區的差別，兩區內部又有較小的差別，從而形成互有聯繫又相互區別的不同譜系。[1] 在對中國舊石器時代石器傳統連續性認識的基礎上，中國學者又提出了"連續進化，附帶雜交"的假說，認為東亞地區從直立人到智人的進化過程是連續的，其間存在外來人口與土著人群的雜交和基因流動。[2]

說到文明起源，更多的還是著眼於新石器時代。距今大約一萬二三千年以前，中國的史前文化進入了早期新石器時代。以前我們對新石器時代瞭解是很不夠的，隨著考古學的發展，到目前為止，在中國的土地上，發現了萬餘個新石器時代遺址。對這麼多的材料，如何去理解，就是擺在學者面前的問題。學者不僅有資料的積累，也有理論的闡釋，在諸多理論當中，蘇秉琦的理論影響最大。

我們可以參考蘇秉琦《中國文明起源新探》[3]，具體來說就是他提出的中國考古學的"文化區系類型"理論，其中"區"是塊，"系"是條，"類型"是分支。他把目前所發現的新石器時代遺址，按照各自的發展脈絡分成六個區，分別是以燕山南北長城地帶為中心的北方，以山東為中心的東方，以關中、晉南、豫西為中心的中原，以環太湖

1　參嚴文明：《中國史前文化的統一性與多樣性》，載嚴文明：《史前考古論集》，北京：科學出版社，1998 年。

2　參高星、彭菲、付巧妹、李鋒：《中國地區現代人起源問題研究進展》，《中國科學：地球科學》2018 年第 1 期。

3　蘇秉琦：《中國文明起源新探》，北京：生活・讀書・新知三聯書店，1999 年。

為中心的東南部，以環洞庭湖與四川盆地為中心的西南部和以鄱陽湖至珠江三角洲一綫為中軸的南方。在這六大區系當中，蘇秉琦尤為強調的一點是，這些文化區域有各自的文化淵源、特徵和發展道路。

下面就六大區的一些特徵性文物做一簡單介紹。第一個是燕遼文化區，是從興隆窪文化、紅山文化到小河沿文化。圖 1.1 是紅山文化"女神"像，圖 1.2 是紅山文化孕婦陶塑像，被認為是生殖崇拜的體現。紅山文化的另一代表，是遼寧凌源牛河梁第二地點的積石冢和祭壇（圖 1.3），積石冢和祭壇意味著宗教因素的出現，就是比較典型的文明因素了，值得重視。另外還有紅山文化的玉豬龍，頭部似豬，軀體作蛇形（圖 1.4），也是紅山文化有代表性的玉器。山東文化區，其大體的發展脈絡是從北辛文化、大汶口文化到龍山文化。圖 1.5 是大汶口文化的代表性器物 —— 龍山文化蛋殼陶的黑陶杯。中原文化區，是從磁山文化、仰韶文化到中原龍山文化。其中代表性器物是小

圖 1.1　紅山"女神"像

圖 1.2　紅山孕婦陶塑像

口尖底陶瓶。江浙文化區是河姆渡文化、馬家浜文化、崧澤文化和良渚文化，其中特別值得一提的是良渚文化。良渚文化出土的最典型的器物，就是圖1.6的這種玉琮，它呈現為一個方圓結合的形象，學者認為這是中國古代天圓地方觀念的體現。"琮"既是天地貫通的象徵，也是一種貫通天地的法器，誰能夠掌握它，誰就能夠掌握貫通天地的權力，這樣的法器以及權力的凸顯，也是文明產生的重要因素。長江中游文化區，是從城背溪文化、大溪文化、屈家嶺文化到石家河文化。甘青文化區是從仰韶文化、馬家窯文化到齊家文化，馬家窯文化的彩陶瓶（圖1.7），也是很有特點的器物。

圖1.3　牛河梁積石冢和祭壇

圖 1.4　玉豬龍

圖 1.5　蛋殼黑陶杯

圖 1.6　玉琮

圖 1.7　彩陶瓶

　　蘇秉琦在《中國文明起源新探》中總結說：六大區系並不是簡單的地理劃分，而是各有自己的文化淵源、特徵和發展道路。中原地區是六大區系之一，中原影響各地，各地也影響中原。這同以往在中華大一統觀念指導下形成的"黃河流域是中華民族的搖籃，中國民族文化先是從這裏發展起來，其他地區的文化比較落後，祇是在中原地區影響下纔得以發展"的觀點有所不同，從而對於在歷史考古界根深蒂固的中原中心、漢族中心、王朝中心的傳統觀念提出了挑戰。其學術意義不言而喻。

　　下面我們就結合剛纔所談的新石器時代考古學的成果，來談中華文明起源問題的新認識。學術的推進表現在兩個方面，一是從外來說到本土說，二是從一元論到多元論。

"外來說"就是中華文明西來說，這個觀點是 20 世紀的瑞典學者安特生（Johan Gunnar Andersson）提出來的。安特生是瑞典地質學家，大約在 1914 年，他受北洋政府的邀請來中國進行地質調查，特別是進行鐵礦的調查，他對中國新石器時代考古的發展起了重大的推動作用。1921 年，安特生在河南省澠池縣仰韶村發現了中國第一個新石器時代的遺址，安特生將其命名為仰韶文化。安特生是中國近代考古學的開創者、奠基者之一。

仰韶文化的典型特徵是彩陶文化，幾年後同樣是被安特生發掘的甘肅齊家文化，也是一種彩陶文化。在當時的考古學成果背景下，安特生認為，齊家文化是仰韶文化的上游，因此齊家文化影響了仰韶文化。與當時發掘比較多的中亞彩陶文化相對照，安特生於是提出了一個兩河流域的彩陶文化影響了齊家文化，齊家文化又進一步影響到仰韶文化的發展脈絡和綫索，這就是中華文明西來說。平心而論，在當時發現不多、研究尚不充分的學術條件下，這樣的觀點是有道理的。但隨著學術發展，外來說受到了衝擊。衝擊依然是來自考古發現。學者通過發掘比齊家文化更早的裴李崗文化遺址，發現實際上是仰韶文化影響了齊家文化，而非齊家文化影響仰韶文化，澄清了安特生認識上的錯誤。學者們也意識到，彩陶文化並不是高科技的文化，祇要有陶土，各地都可以生產彩陶，所以這種彩陶文化，不必以安特生的文化傳播說來解釋。我們現在可以說，中華文明起源的"本土說"，基本上是為國際學界所承認的，即中華文明有它自身的獨立起源。

中華文明起源問題認識上的第二層推進，是從一元論到多元論。"一元論"就是中原中心說，也就是前面說的古史傳說體系，認為中華文明的發展是從中原開始的。20世紀以來，它已陸續地受到學者的質疑。顧頡剛的疑古派就打破了一元論。此後王國維、傅斯年、蒙文通和徐旭生，從各自角度分別提出了自己的說法。王國維的殷周差異論，就認為商和周族屬不同、文化有異。傅斯年提出了夷夏東西說，同樣提出了東西兩系的發展脈絡。蒙文通和徐旭生注意到了南方，分別提出了"河洛、海岱、江漢"和"華夏、東夷、苗蠻"三系發展脈絡，這都是從一元論到多元論的發展。

隨著考古發現的增多，蘇秉琦用"滿天星斗"來形容中華文明的起源，他認為中國各地的新石器時代文化，有很多都已經站到了文明的門檻上，這是典型的多元論的說法。但是我們也需要注意到一個現象：雖然很多文明都已經站到了文明的門檻上，就要步入文明了，但是從國家產生的狀態來看，目前我們已知的最早、且得以延續的國家還是在中原地區產生的，中原地區國家等級政體的發展最終明顯領先於其他地區。對此現象，嚴文明用"重瓣花朵式結構"這一形象的觀點來解釋：中原文化區是"重瓣花朵"的"花心"，其餘文化區是"花瓣"。中原地區易於受到周圍文化的激盪和影響，能夠從各方面吸收有利於本身發展的先進因素。同時，包括中原地區在內的整個大北方地區內部集團、族群競爭激烈，衝突、戰爭頻繁，而戰爭是促使國家產生的一個重要的因素，這也有可能是中原地區最早產生國家的原因和背景之一。

2019年7月，杭州的良渚古城遺址被列入《世界遺產名錄》，這標誌著中華五千年文明史的實證被聯合國教科文組織和國際主流學術界廣泛認可。包括良渚古城、古城外圍大型水利工程在內的一系列新發現，大大豐富了對良渚社會發展狀況的認識，學界開始了對於良渚國家形態的討論。[1]今天中國境內最早進入國家形態的地區可能不在中原。但良渚文明並未延續下去，它的衰落也是有意義的話題，新的發現與討論必將帶來對中華文明起源的新的認識。

二、迷霧中的夏文化

文明起源還有一個很重要的問題是國家的產生。20世紀20年代發現了新石器時代仰韶文化遺址，30年代對殷墟的大規模發掘，證明商代文化已經高度發展了，但商代和仰韶新石器時代文化之間是有缺環的。從古史體系來看，夏是最早的國家，其後是商、周，這樣的文化缺環，推動著考古學家去尋找商的祖先，此問題也是中國考古學界幾十年來的重要追求之一。

這就涉及文明、國家的因素問題，不同的學者從不同的角度都有不同的描述，大體上包括金屬的使用、文字的產生、城市的出現、禮儀中心的出現、貧富分化、人牲人殉的發端等等。但是哪些可以總結起來定義國家呢？這就見仁見智了。應該說，到目前為止還不存在這樣一套放之四海而皆準的定義國家的文明因素。王震中《中國古代國家的起源與王權的形成》認為，古代國家的特徵包括具有強制性的權力，這是國家區別於前國家社會的本質特徵，其次是國家產生了階層分化，以及國家裏的國民超越了血緣關係，而被地緣關係結合在一起。這三點是尋找商和仰韶文化的聯繫，特別是尋找夏文化時可以參

1　參趙輝：《良渚的國家形態》，《中國文化遺產》2017年第3期。

考的因素。

　　對於夏國家的記載可見於先秦的文獻中。大家都知道大禹治水的故事。下面兩張圖就是大禹的形象，一幅是來自於東漢的畫像石（圖1.8），另一幅是南宋畫家馬麟的作品（圖1.9）。兩幅畫像的差異也很有意思，第一幅圖中的禹還是一個胼手胝足的農民形象，而到了南宋時代卻變成一個典型的帝王形象，我想這也是一個"層累造成"的古史。從考古學方面來說，20世紀30年代，考古學家梁思永提出了"後崗三疊層"分期，最下面是仰韶文化，中間是龍山文化，最上面是商文化。越靠近地面，離我們現在越近；越疊壓在下面，離我們時代越遠，相互間是文化疊壓的關係。到了50年代末，鄒衡對河南王

圖 1.8　東漢畫像石禹像　　　　圖 1.9　南宋馬麟繪禹像

灣文化做了進一步的分期，在龍山文化與商文化之間，又找到了一個二里頭文化。考古學家鄭光認為，河南龍山的龍山文化與二里頭文化是密切相接的，以至於不能再找到一個文化插進這三者之間了，所以夏文化實際上就是在新石器的龍山文化與早商文化之間的二里頭文化當中去尋找。

二里頭文化遺址的發掘，多年來一直在進行，最重要的是發現了二里頭遺址宮殿區中規劃縝密、佈局嚴整的道路網絡。此類遺址的發現，意味著這個文明已經進入到國家的狀態了。但二里頭文化本身也是有分期的，這就使具體何時進入國家狀態的問題複雜化了。目前來看，二里頭文化有四期，對這四期和夏文化的關係，學界有不同意見。第一種觀點認為一期是夏文化，二期以後是商文化。第二種觀點認為一、二期是夏文化，三、四期是商文化。第三種觀點認為，一至三期是夏文化，四期是商文化。還有一種觀點認為，一至四期都是夏文化。大家如果有興趣，可以參考孫慶偉的著作《追跡三代》[1]，此書梳理了中國考古、歷史學界對夏文化的探索過程，分析了各家各派的觀點以及它們之間的學術討論，對瞭解夏文化、理解考古學都是相當有幫助的。對二里頭文化四期的討論還在繼續，大家知道的夏商周斷代工程也涉及了這個問題。夏商周斷代工程的研究認為一至四期都是夏文化，但也不一定能夠認為從一期開始夏文化就進入國家狀態了。劉莉《中國新石器時代：邁向早期國家之路》認為，傳統上所謂的夏朝在它的早期，即從龍山文化晚期到二里頭文化第一期階段，可能還不

1　孫慶偉：《追跡三代》，上海：上海古籍出版社，2015 年。

具備國家水平的社會組織。最早的國家水平，見於二里頭文化二期，其原因在於宮殿遺址和貴族墓葬的發現，可以據此認為國家的權力突出了，社會的階層差異擴大了，能夠標誌夏代國家的產生。這就是目前學界對夏文化的部分認識，當然這個認識還不像對商代的認識那樣有更多的明確考古材料支持。所以說對夏文化的研究和爭論，仍然會持續下去。[1]

三、商代青銅文明

把中國文明史放到世界範圍來看，有兩個比較特殊或者說獨樹一幟的地方，一個是下面我們要談的商周時代，特別是以商朝為鼎盛時期的青銅文化，一個是秦漢以後的制度文明。

關於夏的文獻材料稀少，尚未有明確的考古資料，目前對於夏代的認識還頗為模糊，相比之下，對於商朝的認識就要清楚多了。除文獻記載相對豐富之外，更得益於百年來的考古成果。在此基礎上，經過學者不懈努力，我們對商代面貌的認識較為清晰。商朝從公元前16世紀到公元前11世紀，共傳十七世三十王，六百年左右。在商代早期，華夏文明已經發展到相當高的程度，是中國青銅時代的巔峰。為什麼說它是青銅時代呢？可以參考張光直的看法。在他看來，無論是出土青銅器的數量，還是出土青銅器的類型，中國境內所出土的青銅器比世界其他地方所出土的青銅器的數量、類型的總和還要多。而

---

1 關於二里頭及夏文化新近研究，可以參考許宏：《最早的中國》，北京：科學出版社，2009 年；孫慶偉：《鼏宅禹跡：夏代信史的考古學重建》，北京：生活・讀書・新知三聯書店，2018 年。

且，在早期文明的發展過程中，青銅器在中國文明中所處的地位也是最為突出的。[1] 所以學界以青銅文化或者青銅時代，作為商周文明特別是商朝文明的代表。

《詩經·商頌·玄鳥》記載了一則傳說，"天命玄鳥，降而生商"，有娀氏之女簡狄吞食了燕子的蛋而生了契，契就是商的始祖。學者認為傳說反映了這時的商還處於母系氏族的階段。從契開始，就進入了父系氏族的發展階段。自契至成湯八遷，就是指其間商的都城有八次遷徙。東漢張衡的《西京賦》記載："殷人屢遷，前八後五。"前八是指自契至成湯八遷，後五是指湯滅夏建國以後又有五次遷徙。商代遷都的最後一次，就是盤庚遷殷，此後直到商紂滅亡，近三百年的時間商人沒有再次移都。

都城的遷徙，是商及其他一些早期國家共同存在且十分突出的現象。根據這些記載可以對商的發展階段進行劃分，從成湯滅夏到盤庚遷殷以前，稱為商朝的前期，大約有二百年的時間。盤庚遷殷以後，商朝獲得了比較大的發展，特別是商王武丁在位的五十多年，是商朝的鼎盛時期。圖 1.10 反映的是湯建國以後的五次遷徙，這個範圍大體上就是今天山東的西部、河南的北部以及河北的南部。對殷人屢遷的原因，從古至今有不同的說法，包括去奢行簡說、水患說、游牧說、游農說、軍事說、政治說等，至今還難有定論。

目前學界對商代的認識是與考古成果密切相關的。20 世紀 20 年

1　張光直：《中國青銅時代》，載張光直：《中國青銅時代》，北京：生活·讀書·新知三聯書店，1999 年。

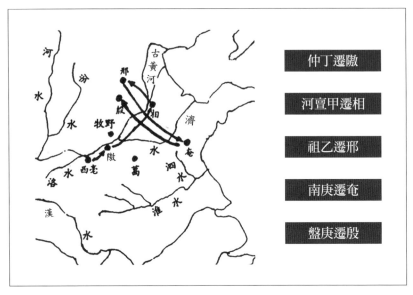

圖 1.10　商代都城的遷徙

代末開始對殷墟，也就是盤庚遷徙以後的最後一個都城進行考古發掘，我們因此得以深化對商的認識。殷墟遺址有 36 平方千米，分為宮殿宗廟區和王陵區。水管和地下排水設施的發現，反映出當時具有較高的城市規劃和建設水平。另外，殷墟武官村大墓也出土了許多器物，比如大家比較熟悉的武丁的夫人婦好墓，雖然祇有 22 平方米，卻出土了青銅器 468 件，總重達 1.6 噸之多，其中有銘文的更是多達 200 餘件，另外還有 755 件玉器，可以稱得上是商代文物的寶庫。

　　從現有的考古發現來看，大約在公元前 3500 年以後，我們的祖先已經知道銅，而且製造了一些小的銅件，如 1977 年在甘肅仰韶文化馬家窯類型遺址中發現的一把青銅刀，其年代在公元前 2900 年左右。青銅器的鼎盛時期則在商代以及西周的前期，出現了巨大、精美的器物，青銅器製造技術水平及藝術水平都很高。而到了西周晚期，青銅器就已經走向衰落。張光直在其《中國青銅時代》中說到，青銅器在文明中的地位是很高的，尤其是在商代的文明中。《左傳》有云："國之大事，在祀與戎。"祀是祭祀，戎是戰爭。中國青銅時代最大的特徵在於青銅的使用與祭祀和戰爭分不開。換言之，青銅代表了政治的權力。

可以舉幾個例子，以體現青銅器與當時的國家權力的密切相關性。《左傳·宣公三年》記載："桀有昏德，鼎遷於商，載祀六百。商紂暴虐，鼎遷於周。"桀是夏代的最後一個王，紂是商代的最後一個王。隨著三代的更迭，與之一同變遷的是象徵著國家權力的鼎。第二條是《墨子》的記載："九鼎既成，遷於三國。夏后氏失之，殷人受之。殷人失之，周人受之。"同樣是說夏商周三代變遷，與鼎的變遷密切相關。"問鼎中原"這個詞，也是出自春秋時期。楚莊王帶兵打到了洛陽附近，周天子派人來慰勞楚莊王，楚莊王很不客氣地向使者打聽周天子之鼎的大小和輕重。在當時，這意味著楚莊王對周天子權力的覬覦和挑戰。可見鼎是與國家的權力、王的權力密切相關的。圖1.11 是目前所發現的最大的青銅鼎 —— 后母戊方鼎，這個鼎重達 833千克，高達 1.3 米。鑄造這樣一個鼎，據估計需要三百多人同時工作，這是當時青銅製造規模和工藝的反映。張光直認為，這些青銅器多飾以動物紋樣，實際上是通天階級的一個必要的政治手段，它在政治權力之獲得與鞏固上所起的作用，是可以與戰車、戈戟、刑法等統治工具相比的。青銅器不是宮廷中的奢侈品、點綴品，而是政治權力鬥爭上的必要手段。因此，對於鑄鼎原料銅錫礦的掌握，也就是對通

圖 1.11　后母戊鼎

圖 1.12　殷墟甲骨坑起運場景

天工具的掌握。從這個角度，張光直提出，三代王都履遷的目的，就是對銅礦和錫礦的追求。

　　青銅器及其銘文，是我們認識商朝的手段之一，另一重要手段，就是甲骨文。對青銅器的研究價值，從北宋開始就有學者注意到了，而對甲骨文的認識卻是比較晚近的事情。甲骨文是商朝後期統治者因占卜記事而刻在龜甲獸骨上的文字，它是 19 世紀末纔被發現的。傳說國子監祭酒王懿榮在 1899 年的時候生了一場病，大夫給他開的藥裏有一味龍骨。王懿榮對龍骨很感興趣，後來有機會從文物商手裏看到了龍骨，骨上還有刻畫，他認為這些刻畫是一種文字，並進行了初步的研究，這就是甲骨文的發現。後來隨著更多甲骨的出土，學者陸續對其進行了研究。目前在河南殷墟所出的有文字的甲骨已達十五萬片，另外還有許多沒有刻字的。圖 1.12 所示是 20 世紀 30 年代，殷墟 YH127 甲骨坑起運時的情景，該坑出土甲骨 17096 片。

　　所謂甲骨文，是刻在龜甲或獸骨上的文字，龜甲主要是龜的腹甲，另外還有牛或者鹿的肩胛骨。其占卜程序為：先把骨頭上的血肉清理乾淨，在兩面分別用小刀或者青銅鑽鑽出一排一排有規則的小坑，然後由專人用火炙烤，炙烤以後，甲骨表面就會出現一些裂紋，就是圖 1.13 中的這種卜字型的裂紋，形成所謂卜兆，之後根據卜兆對事進行占卜。所以說甲骨文的文體是比較特殊的，都是占卜性的文字。王懿榮發現甲骨文以後，引起了當時學界的重視，王懿榮搜集的這批甲骨，在他去世以後就到了《老殘遊記》的作者劉鶚手中。劉鶚結合他自己的收藏，在 1903 年出版了第一部甲骨文資料彙編《鐵雲藏龜》，促進了對甲骨文的研究。

　　在甲骨文研究的早期，有四位學者起了相當大的推動作用，分別是羅振玉、王國維、董作賓和郭沫若，合稱為 “甲骨四堂”。為什麼叫 “甲骨四堂” 呢？因為他們的字或號裏面，都帶一個 “堂” 字，羅

圖 1.13　龜甲刻辭與燒灼後的卜兆

振玉號雪堂，王國維號觀堂或禮堂，董作賓字彥堂，郭沫若字鼎堂。目前的研究共發現了甲骨文的五千多個單字，能夠識別的不到三分之一。甲骨文是一種比較成熟的文字，漢字造字的象形、會意等六書在其中都有體現，因此在它之前肯定還有文字，祇不過到目前為止我們還不知道而已。

甲骨文主要是占卜性質的文字，占卜記錄的文字稱為卜辭（圖1.14）。一條完整的卜辭由敘辭、命辭、占辭和驗辭四部分構成。舉《甲骨文合集》的一條來說：“癸丑卜，爭，貞旬無禍？王占曰：有祟有夢。甲寅允有來艱，左告曰：又亡㝢自益，十人又二。”其中的敘辭就是“癸丑卜，爭”，癸丑是干支計日中的一天，爭是具體操作占卜的人。命辭“貞旬無禍”就是占卜的內容，“貞”是問的意思，“旬”是計日單位，十天一旬。連起來，就是問未來十天內會不會有不好的

圖 1.14　甲骨卜辭

事情發生。占辭是"王占曰：有祟有夢"，就是說王做了一個壞夢，意味著可能有不好的事情發生。最後一部分是驗辭，"甲寅允有來艱，左告曰：又亡䒼自益，十人又二"。這個不好的預兆後來確實應驗了，在甲寅這個時間有人來報告，從益這個地方逃跑了十二個畜牧的奴隸。這就是一條完整的卜辭。從這裏大家可以感受到，占卜中占辭是決定一次占卜吉凶最重要的環節，而這是由王來決定的，權力掌握在王的手裏。

從目前發現的十多萬片甲骨來看，商朝占卜有兩個特點：第一，占卜涉及的範圍很廣，商王做任何事情都要占卜，以取得天神的應允和指示。戰爭之類的大事自不必說，一些天氣的情況也被納入占卜的範圍，還要從正反兩方面占卜。第二，占卜時神在龜甲或獸骨上的指示，吉則可行，凶則不可行，這是由商王來決斷的，就是上文的"王占曰"。可以推測出，商代時王是全國最高的宗教領袖，占卜的內容被選出來，刻在甲骨上的用意，就是為了顯示占卜這種行為的正確性和神聖性，以此來加強王權。[1] 從這裏我們可以看到，商代的王權和宗教的權力緊密地結合在一起，王權佔主導地位，宗教權力袛是加強王權的一種手段。這與世界其他文明的發展軌跡相比，具有特殊性，比如瑪雅文化的宗教權力就比王權要強。這也許是在文明形成模式上，商文明所能帶給世界文明的最大貢獻。[2] 商代王權突出的特點，與此後中國古代史的發展有密切關係。

1　參李學勤主編：《中國古代文明與國家形成研究》，昆明：雲南人民出版社，1997 年，第 406－413 頁。
2　張渭蓮：《商文明的形成》，北京：文物出版社，2008 年，第 238 頁。

商代國家存在一個內外服制的結構。所謂內服是商朝國家的中心地區，即王畿所在地，是商王能夠直接控制、治理的地區。在商朝的中後期，也就是盤庚遷殷以後，這一地區大致位於安陽至淇縣一綫，西南至沁陽，最大的範圍包括河南北部、山東西部一些地區，不是很大。與此相比，外服則要大得多，包括商代國家的外圍地區，亦即四土，為各類地方勢力管轄。現在已知的情況是，分封在商代已有萌芽，但還沒有成為制度，各地方的勢力和中央之間的關係，因時因地有很大差異。從目前發現來看，商代青銅文化的影響範圍很廣，不僅影響了南方地區，還遍及西南地區。這些都反映了中原文化對四周的影響，也就是商文化對它鄰近地區的影響。

四、西周禮樂制度

周朝延續的時間較長，可以分成西周和東周兩部分。

西周大約佔了周朝整個歷史的三分之一。這個時期的特點是周天子的權力比較大，全國大小諸侯都向周天子承擔一定的義務，以此維持著統一的局面。這時候周王居於西方的都城宗周，所以史稱西周。之後東周的都城是在今天的洛陽附近，故名東周。本節主要介紹西周的建立及其所創立的一些制度，這些制度對秦漢以後的社會，有著深遠的歷史影響。

先來看西周的建立。武王滅商是耳熟能詳的事件，但對於武王滅商的具體時間則有很多爭論，比較新的說法是根據 1976 年在陝西臨潼出土的一件青銅器來確定的。這件青銅器名為利簋（圖 1.15），上面刻有三十三字銘文，記載了周武王征商這一天的天文現象，日在甲

圖 1.15　利簋

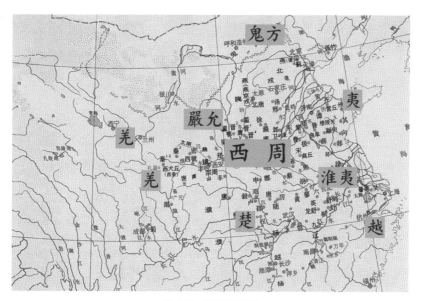

圖 1.16　西周形勢圖

子，清晨歲星當頭，與《尚書》、《淮南子》等文獻吻合。學者利用此天象，對照文獻的記載，認為公元前1046年是武王克商之年的首選，這可能是一個比較接近事實的說法。從周和商的關係來看，周在商朝時期就已經存在了，位於商的西部，勢力較小。隨著周勢力的擴大，一些商控制的領域為周侵蝕，武王通過一次戰役滅掉了商朝，圖1.16是西周建立後的形勢圖。

這裏就出現了一個很重要的問題：周的勢力即使在滅商的時候，也並不是很強，是"小邦周"打敗了"大邑商"。那麼作為一個以西方為根據地的小邦周，如何去統治東方的大邑商呢？周人採取的措施之一，就是把商人遷徙到周人直接控制的地方，這可以得到金文的證實。西周史牆盤底部有284字銘文，其中一段記載了武王克商之後，商的貴族家族微氏被遷往西周的舊地並加以控制的情況。這種強制遷徙的方式在中國歷史早期是一種比較有效的控制辦法，一直到漢武帝的時候，都不斷地出現。除此之外，周還建立了影響中國古代更深遠的封建制。

"封建"這個詞，大家都很熟悉，祇不過這裏的封建制，與"封建社會"的封建是不同的。《左傳·僖公二十四年》記載：周公"封建親戚，以蕃屏周"，封建就是封土建國之意。《荀子》也記載：周公"兼制天下，立七十一國，姬姓獨居五十三人"。姬姓是周王的姓，周王對自己的同姓親屬和異姓貴族進行了分封，讓他們作為藩籬屏障，保衛周天子和周王室。封土建國中還有一些關鍵性的因素，即土地上的人民。大盂鼎（圖1.17）銘文反映了西周早期的分封情況，其中有幾個很重要的字，叫"受民受疆土"，指的就是封建。當時無主的荒

圖1.17　西周早期大盂鼎及其銘文

地是不少的，但是勞動力不足，因此土地上必須有勞動者，纔能發揮土地的價值，即所謂"有民斯有土"。經過了受民受疆土的分封後，這些諸侯與周王之間，就形成了一種權利義務關係：政治上，諸侯被認為是國王的臣屬，有些諸侯國的國君在中央任職。這些諸侯國中一些重要的官職是由天子任命，據《禮記·王制》"大國三卿，皆命於天子；次國三卿，二卿命於天子，一卿命於其君"。中央對諸侯國有一定的控制。經濟上，諸侯要向周王貢納各種特產。軍事上，諸侯有義務率領本地的軍隊參與周王所組織的征伐戰爭。學者認為這是一種比較成熟的封建制，在商代應該已經有了分封的萌芽，但是在制度化程度上不如西周。

對於分封，許倬雲認為，西周的分封，並不祇是周人殖民隊伍分別佔有一片東方的土地，分封制度是人口的再編組，每一個封君受封的不僅是土地，更重要的是分領了不同的人群。新封的封國，因其與原居民的糅合，而成為地緣性的政治單位，逐漸演變為春秋的列國制度。周人封建制度的本意，是為了軍事與政治目的，頗不必用經濟發展的理論當作歷史演化過程中的必經一環。[1] 許倬雲也強調了封土和封民相結合，特別是土地上的人群。同時，他也關注到古代的封建與今天我們說的封建的差異性。古代的封建是一個政治名詞，即分封人民土地、建立國家之意。和封建或者分封制相對的，是秦漢以後的郡縣制。現代的封建，是經濟和社會形態的名詞，是與奴隸社會、資本主義社會相對的概念。本節所述封建，是指古代意義上的封建，即分封之意。今天所說封建的內涵，實際上是日本學者用古代的封建，對西方學者類似概念的翻譯，所以纔出現了這樣一個同名異義的問題。封建制或者說分封制，對中國古代社會有長遠的影響。

西周另一項同樣對後世產生重要影響的制度，是宗法制。它是中國古代社會利用血緣關係對族人進行管理的基本原則，其主要內容是嫡長子繼承制。商代也有王的繼承問題，大體上說有兩種繼承原則，一是兄終弟及，一是父死子繼。到商代後期，主要就是父死子繼了。嫡長子繼承制屬於父死子繼的一種形式，強調的是嫡長。後世皇帝的後代，皇后所生的纔能稱為嫡，其他嬪妃所生的就不能稱為嫡了。嫡長子繼承制的優點，是減少王位繼承中的爭奪，使王位繼承變成一個自然選擇的過程，而非人為地選擇、爭奪。商代已經有了嫡長繼承的雛形，到西周時期，宗法就發展成為系統的制度，即《禮記·大傳》所謂 "別子為祖，繼別為宗，繼禰者為小宗。有百世不遷之宗，有五

1　許倬雲：《西周史》，北京：生活·讀書·新知三聯書店，1994 年，第 150、162 頁。

世則遷之宗。百世不遷者，別子之後也。宗其繼別子之所自出者，百世不遷者也"。如圖1.18所示，左邊這一欄，一世、二世、三世、四世、五世、六世，就是所謂的大宗，右邊的分別是庶子繼承的，就是所謂的小宗，大宗和小宗具有相對性。西周時期，雖然在實際繼承中並非如禮書規定的那樣嚴格，但嫡長子在繼承中確實具有優先性。嫡庶區別決定了每個社會成員在社會中的地位。宗法制的功能，是與封建制相結合的。《左傳》云："故天子建國，諸侯立家，卿置側室，大夫有貳宗，士有隸子弟，庶人、工、商各有分親，皆有等衰。是以民服事其上，而下無覬覦。"分封與宗法結合的結果，形成了一種等級制，其功能就在於"民服事其上，而下無覬覦"，社會中每個人的位置是固定的，不能因為有所覬覦而想通過努力跳出自己的等級，以此

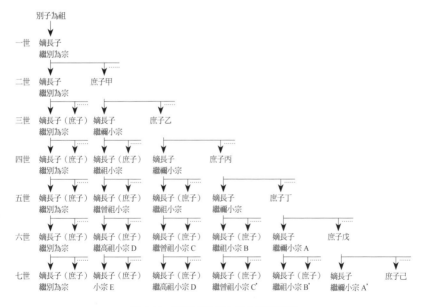

圖1.18　西周宗法制大宗小宗示意圖

維繫社會等級，維持社會穩定。

　　與之相配套的還有禮樂制度。禮來自風俗。進入國家後，統治者把這些風俗固定下來，並且落實於文字，漸漸地就成為了禮。禮有所謂八禮和五禮之分，實際上是兩種分類的方式，內容大體上是一樣的。八禮包括冠禮、婚禮、喪禮、祭禮、射禮、鄉禮、朝禮和聘禮。五禮是另一種分類方式，吉禮是祭禮，凶禮是喪禮，賓禮包括了射禮、鄉禮、朝禮和聘禮，嘉禮包括冠禮和婚禮，軍禮在八禮之外。通過宗法制和分封制，社會上每個人的地位不同，位置也是固定的，因此他的行為舉止、穿著等都有禮進行具體的規定。禮的目的在《禮記‧坊記》中說得很清楚："夫禮者，所以章疑別微，以為民坊者也。故貴賤有等，衣服有別，朝廷有位，則民有所讓。"禮規定了每個人的等級和行為規範，以此對其進行約束，目的還是維持社會穩定。

　　西周時期，最重要的禮是諸侯的冊命禮。諸侯雖然可以世襲，但諸侯對周王的臣屬關係需要通過特定的冊命儀式來予以肯定。諸侯國在最初分封時要經過冊封，每一位襲封的諸侯也要由周王重新冊命，不斷強調諸侯的權力來源於周王。換句話說，禮儀和維護周王的地位相關。其實各種禮都有類似維護社會秩序的作用，在各種典禮儀式當中，不同社會地位的參與者，有各自不同的、具體的行為規範，通過這樣的行為規範，區別尊卑、親疏、貴賤、賢愚等社會範疇。禮的系統化和制度化，一方面體現了統治手段的擴展，統治者的權力由以武力為基礎的強制性、命令性權力，發展出以被統治者對禮制秩序認同為基礎的同化式權力，這是一種權力方式的演進；另一方面，規整的禮儀也代表著統治階層內部秩序的固定，成員間的權利義務有明確可知的規矩可以遵循。這樣的好處是減少內部競爭的衝突，增加統治階層本身的穩定性。

我們可以舉個例子，便於更好地理解。印度社會的貧富分化很嚴重，但是因此產生的社會矛盾卻不太突出。有的學者指出，這就是因為印度的種姓制度，即婆羅門、刹帝利、吠舍、首陀羅等階層的長期存在，使不同種姓的人認同自己種姓的生活狀態和命運，所以對貧富分化的容忍度很高。西周的禮制也有類似的社會功能。任何制度都有兩面性，西周禮制對維繫等級社會有幫助，但對等級的強化壓抑了社會的流動與活力，春秋以後的變化與此相關。

五、夏商周三代關係

在傳統史學認識中，夏商周三代是縱向的關係，"殷因於夏禮"，"周因於殷禮"，即商代夏、周代商。從疑古派開始，就有學者對此提出了不同見解。顧頡剛提出，商周兩族自己不以為同出於一系。此後，王國維結合文獻和甲骨文寫了《殷周制度論》，他談到，"殷周間之大變革，自其表言之，不過一姓一家之興亡與都邑之轉移；自其裏言之，則舊制度廢而新制度興，舊文化廢而新文化興"，強調了商周差異。傅斯年的《夷夏東西說》也說，夷與商屬東系，夏與周屬西系，認為商周之間的差異，是東西之間的兩個種族、兩個文化的差異。張光直在現代考古成果基礎上進一步指出，夏商周三代的關係，不僅是前仆後繼的朝代繼承關係，而且一直是同時的列國之間的關係。從全華北的形勢看，後者是三國之間的主要關係，而朝代的更替

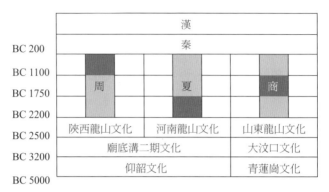

	漢		
BC 200	秦		
BC 1100	周	夏	商
BC 1750			
BC 2200			
BC 2500	陝西龍山文化	河南龍山文化	山東龍山文化
BC 3200	廟底溝二期文化		大汶口文化
BC 5000	仰韶文化		青蓮崗文化

圖 1.19　夏商周三代關係示意圖

祇代表三國之間勢力強弱浮沉而已。[1]（圖 1.19）

　　夏商周之間有差異，但也有共同之處。張光直指出，從社會組織特性和發達程度來看，夏商周具有基本的共同特點，就是城邑式的宗族統治機構，夏代是姒姓的王朝，商代是子姓，周代是姬姓，姓各不同，而以姓族治天下的原則是一樣的。另外，從國家結構來看，包括商朝在內的夏商周三代都屬於複合制國家結構，祇是其發展的程度，商代強於夏代，周代又強於商代。在夏代，其複合制國家的特徵主要是由夏王乃"天下共主"來體現的；而到了商代，除了商王取代夏而成為新的"天下共主"外，其複合制國家結構更主要是由"內服"和"外服"制來構成的；到了周代，周王又取代商而為"天下共主"，其複合制國家結構則通過大規模的分封和分封制而達到了鼎盛。[2]因此，

1　參張光直：《從夏商周三代考古論三代關係與中國古代國家的形成》，載張光直《中國青銅時代》，北京：生活·讀書·新知三聯書店，1999 年。
2　王震中：《中國古代國家的起源與王權的形成》，北京：中國社會科學出版社，2013 年，第 472 頁。

從國家制度演進的角度看，夏商周三代之間，也有一定的連續性。所以在前引張光直的文章中，他講到，"夏商周三代的文化大同而小異。大同者，都是中國古代文化，具有共同的大特徵；小異者，代表地域、時代與族別之不同"。這樣在一定程度上，人們的認識似乎又回到了以前，不過經過了一百年的研究，這個認識更為精確了，既看到了夏商周的相似，又看到它們代表不同的地域、時代、族別，具有不一樣的特質。

對三代的認識，當然是和考古學的發展密切相關。進入 21 世紀以來，西周考古又有重大的發現。2004 年，北京大學考古文博學院於岐山縣城西北 7.5 公里的鳳凰山南麓發現周公廟西周大型墓葬。鑽探的大型墓葬有 22 座，其中首次發現帶四條墓道的墓葬 10 座，三條墓道的墓 4 座。先秦時代，墓道的多少反映了墓葬的等級，四條墓道就是最大型、等級最高的墓葬了，因此學者推斷這是周公家族墓或西周王陵。到了 2011 年，又發現了周人滅商以前的宮殿建築的遺址。從 2004 年至今，在這個地區出土了包括大量刻辭甲骨在內的近萬片西周甲骨，而且可辨識的西周甲骨文字，也達到了兩千五百多個。這不僅比全國其他地區發現的西周甲骨文總和的兩倍還要多，而且其中也反映了一些很重要的信息，包括王季、文王等周王的稱謂。在周公廟遺址研究剛剛開始的時候，鄒衡就指出，周公廟遺址西周大型墓地的發現，從學術價值上說堪與 20 世紀初安陽殷墟的重大考古發現相媲美，是新中國堪稱第一的、最重大的考古發現。周公廟遺址的價值現在得到越來越多學者的重視，這也推動了學界對於西周的認識和研究。

本講一開始就強調，近一百年以來，在中國古代史各個領域當中，發展最快的就是對先秦史的研究，其核心就在於考古發現。這些考古發現是前代學者看不到的，先秦史研究的面貌發生了很大改變。張光直說，過去的考古學經驗告訴我們，新材料在不久的將來一定會出現，而建立在老材料上的假說，一定會坍塌。隨著考古的發現，學界對夏商周三代的認識，還會不斷推陳出新。

閱讀書目

高星、彭菲、付巧妹、李鋒：《中國地區現代人起源問題研究進展》，《中國科學：地球科學》2018 年第 1 期。

蘇秉琦：《中國文明起源新探》第四章、第五章，北京：生活・讀書・新知三聯書店，1999 年。

嚴文明：《中國文明起源的探索》，載嚴文明：《農業發生與文明起源》，北京：科學出版社，2000 年。

李伯謙：《中國古代文明演進的兩種模式 —— 紅山、良渚、仰韶大墓隨葬玉器觀察隨想》，《文物》2009 年第 3 期。

張光直：《從夏商周三代考古論三代關係與中國古代國家的形成》，載張光直：《中國青銅時代》，北京：生活・讀書・新知三聯書店，1999 年。

李學勤：《夏商周離我們有多遠 —— 讀張光直〈中國青銅時代〉一、二集》，《讀書》1990 年第 3 期。

張忠培：《中國古代文明研究的新階段 ——〈中國文明起源新探〉讀後》，《文物季刊》1997 年第 4 期。

● 春秋戰國時代的社會變動

第二講

從古至今，中國歷史經歷了兩次根本性的變化，一次就是今天我們正在經歷的、從 1840 年起至今仍在進行的現代化變革，還有一次就是本講要討論的春秋、戰國時代五百餘年間的社會變動。

　　五百餘年的時間分為春秋、戰國兩個階段，春秋是從公元前 770 年到公元前 476 年。這個階段，是從周平王東遷到今天的洛陽附近開始，一直到周敬王去世。叫"春秋"的原因，是因為魯國有一部名為《春秋》的編年史，記載了魯隱公至魯哀公時期的歷史，這個時間斷代正與我們所說的春秋時代大體吻合，所以就常常以《春秋》這部書的書名來指代這一歷史階段。

　　春秋以後是戰國，關於戰國的起始年代，存在一定爭議。這裏取公元前 475 年，是用司馬遷《史記·六國年表》的說法。公元前 453 年，韓趙魏三家滅智氏，三家分晉之勢已成。以此作為春秋結束、戰國開始的時間點，也得到不少學者的認可。和春秋一樣，"戰國"也是來自一部書名，它是西漢末年劉向彙編的《戰國策》。"戰國"的稱謂，也正好體現了這個時期各國混戰不休的歷史特點。

　　有一些學者為《春秋經》作了注，解經之作謂"傳"，《春秋》三傳分別是《公羊傳》、《穀梁傳》、《左氏傳》，後者也被稱為《左傳》。三傳當中，《左傳》與歷史的聯繫最為密切，記載了許多重要的歷史事實和歷史事件，所以《春秋左傳》也是今天瞭解春秋時代最重要的文獻。楊伯峻的《春秋左傳注》（圖 2.1），是今天《春秋左傳》研究中很重要、很有價值的一部著作。

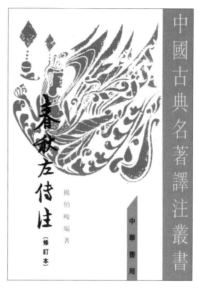

圖 2.1 《春秋左傳注》書影

在中國古代史文獻中，經常可以看到將"秦漢以下"與"三代以上"對舉的表述，這顯示出古人對此時代變革的認識。所謂"秦漢以下"，也就是秦始皇統一中國以後所建立的官僚制帝國。夏商周三代中的周分成西周和東周，處於東周時期的春秋和戰國時代就經歷著這樣一場劇烈的社會變動，變動的方向，是朝著秦漢以後的官僚帝國體制發展。

對春秋到戰國時期的大變革，古人有所探究。明末清初的大學者王夫之在《讀通鑑論》中，把春秋戰國時代稱為"古今一大變革之會"。同樣是明末清初的著名學者顧炎武，對春秋戰國的變革也有研究，而且他說得要更為具體一些："春秋時，猶尊禮重信，而七國則絕不言禮與信矣；春秋時，猶宗周王，而七國則絕不言王矣；春秋時，猶嚴祭祀、重聘享，而七國則無其事矣；春秋時，猶論宗姓氏族，而七國則無一言及之矣；春秋時，猶宴會賦《詩》，而七國則不聞矣；春秋時，猶有赴告策書，而七國則無有矣。邦無定交，士無定主。"（《日知錄集釋》卷一三"周末風俗"）這段文字比較了春秋和戰國的不同，認為春秋時仍重周禮、尊重周王、重視祭祀、重視國與國之間的聘享，而且在聘享的時候，還會誦《詩經》，此外春秋還很重視宗姓，在有重要的人物和貴族去世的時候還會派專人告訴其他國家，並由史官記錄下來。而這一切在戰國時期都看不到了，戰國時期出現了"邦無定交，士無定主"的現象。這就是顧炎武總結的春秋戰國時期的巨大變化。對於這些變動，可以從五個方面來考察。

一、經濟：從井田到小農

首先在經濟上，重要的發展，是從井田制過渡到了小農制。井田制在中國古代文獻中有所記載，但在考古資料中，還得不到多少佐證，學者們對它的認識存在一定分歧。大體上可以這樣來理解：圖2.2 是一張井田制的示意圖，中間是公田，四周是私田。井田制的基本原則，就是公田和私田的劃分。私田是由每戶農民來耕種的，收穫歸自己所有，公田是由大家通力合作來完成的，它的收成歸國家或者

私田	私田	私田
私田	**公田**	私田
私田	私田	私田

圖 2.2　井田制示意圖

圖 2.3 河北藁城臺西商代遺址出土鐵刃銅鉞 　圖 2.4 北京平谷劉家河出
　　　　　　　　　　　　　　　　　　　　　土商代鐵刃銅鉞

貴族。這樣的區分也體現了古代村社制的意味。井田制是一種在公田
和私田區分下的勞役制地租，正如《孟子》裏所說的 "同養公田，公
事畢，然後敢治私事"，就是說大家在公田上勞動，勞動的收穫是歸
貴族的，私田上耕作的收穫是歸自己的。隨著生產技術的進步、生產
力的提高，井田制受到衝擊。

　　商周時代，特別是商和西周，是青銅器鼎盛的時代，但基本生
產工具是石、骨、角、蚌質製品，青銅工具所佔比例很小，[1] 更沒有鐵
製的工具出現。與銅的利用情況類似，人類用鐵也是從天然鐵開始
的。[2] 考古發現的商代遺物中，見到了少量的鐵製武器，如圖 2.3、圖
2.4 所展示的兩個鐵刃銅鉞。它們的共同點，是其刃部都是由天然隕

1 　參徐良高：《中國青銅時代的生產工具》，載《三代考古》第五輯，北京：科學出版社，
　2013 年。
2 　參華覺明：《中國古代金屬技術 —— 銅和鐵造就的文明》，鄭州：大象出版社，1999
　年，第 296 頁。

圖 2.5　戰國鐵雙鐮範

鐵製成的，並非由人力來開礦冶煉。中國古代冶鐵技術的發展並不算早，就現在所知而言，掌握冶鐵技術、使用鐵器最早的是小亞細亞的赫梯，時間大約是在公元前 1400 年。

　　中國冶鐵技術的發展後來居上。從春秋中晚期到春秋戰國之際，中國的冶鐵技術取得了兩項十分重要的革新：一項是鑄鐵冶煉技術，簡單地說，就是由於鼓風爐的出現和改進，使爐溫得以升高，可以煉製出質量比較好的生鐵。另一項是鑄鐵柔化技術，就是將硬度比較高但韌性不夠的生鐵，通過柔化處理以增強其韌性，便於作為武器和農具。這兩項技術，大約比歐美要早 1900 年到 2000 年。[1]

　　新技術的發明固然十分重要，其推廣則更具實質意義。鐵製農具在戰國時代得到了比較廣泛的應用。圖 2.5 為戰國時期的鐵雙鐮範，是鑄造鐮刀用的。此類模具的出現，意味著像鐵製鐮刀這類農具在戰國時期已經廣泛使用了。這在文獻中也可以得到佐證，《睡虎地秦墓竹簡・廄苑律》中有一段記載，"假鐵器，銷敝不勝而毀者，為用書，受勿責"，意思是說，借來的鐵器由於使用了很長時間，已經比較破

1　參楊寬：《中國古代冶鐵技術發展史》第一、二章，上海：上海人民出版社，2004 年。

舊了，如果再使用受到了損壞，衹要書面向上報告就可以了，不用自己賠償。

據統計，戰國鐵器的出土地點已超過三百五十處，遍及今天二十三個省、自治區。[1]學者認為在戰國時期各國都有重要的冶鐵手工業地點，一些冶鐵中心也湧現出來，比如趙國的邯鄲、楚國的宛等。在當時的長江下游地區，從考古發現來看，青銅農具的數量、種類仍然比較多。

農業水平的提高，除了工具進步，還有賴於農學和技術的發展。戰國末期成書的《呂氏春秋》中《上農》、《任地》、《辨土》、《審時》四篇，被學者稱為戰國末年農學的代表性著作，是對當時農業技術的總結和推廣。其中《上農》篇講到"上田夫食九人，下田夫食五人，可以益，不可以損，一人治之，十人食之"，這反映了隨著生產力的提高，一個人耕種可以養活的人更多了。這就為春秋戰國時期的其他變革奠定了重要的經濟基礎。生產力的提高，對於井田制也產生了直接衝擊。

如前文所述，井田制的特點是公田和私田分開，採取勞役地租的形式。農民耕種公田以後再來耕種私田，公田的收成歸於貴族或國家。隨著生產力的提高，個人耕作能力加強，農民更願意把精力放在耕種私有土地而不是耕種公田上，即《呂氏春秋·審分》所謂"今以

1　中國社會科學院考古研究所編著：《中國考古學·兩周卷》，北京：中國社會科學出版社，2004 年，第 409 頁。

眾地者，公作則遲，有所匿其力也；分地則速，無所匿遲也"[1]。由於農民不願意耕種公田，或者不願意把更多的精力放在公田耕作上，從而造成了公田荒蕪的景象。[2]井田制是勞役地租，貴族的收成來自農民的勞作，如果農民出工不出力，貴族和國家的收入，當然會有所下降。這種情況推動了國家和貴族對相關制度進行調整。

齊國從公元前 685 年開始，採取了"相地而衰徵"的政策，根據土地的好壞和等級來徵收數量不同的賦稅。此後有晉國的"作爰田"，之後還有更著名的魯國的"初稅畝"等。一般認為，初稅畝的實行，標誌著魯國正式廢除了公田和私田的劃分。"稅畝"就是履畝而稅，一切按田畝多少來徵收實物稅，勞役地租變成了實物地租；實物地租成為君主、政權的主要財源，這意味著井田制完全瓦解，從而廢除了井田制。此後又有楚國的"書土田"、鄭國的"作丘賦"、秦國的"初租禾"，與初稅畝意義大致相同。提供實物地租的人，就是所謂小農。

隨著井田制的瓦解與小農的出現，社會結構也發生了相應的變化。吳榮曾認為："在井田制下面是'廬井有伍'，即田地和農民都是有組織的，組織即村社，國家通過村社來控制農民。戰國則不然，井田上的村社這一中間層次沒有了，國家直接把小塊田地頒授給每戶農民。"[3]

1　"無所匿遲也"，陳奇猷認為當作"無所匿其力也"。見陳奇猷校釋：《呂氏春秋校釋》，上海：學林出版社，1984 年，第 1033 頁。

2　參慈鴻飛、王志龍：《村社共有土地份地制的歷史考察》，《中國農史》2013 年第 4 期。

3　吳榮曾：《戰國授田制研究》，載吳榮曾：《先秦兩漢史研究》，北京：中華書局，1995 年，第 89 頁。

國家把土地頒授給農民，並收取農民以實物上繳的地租，這要求國家對人口和土地有比較清晰的掌控。因此，隨著經濟上由井田到小農的變化，國家制度也發生了重要的變革，"編戶"出現，也就是戶籍制度由此產生和發展。

中國的戶籍制度淵源已久，按照《漢書》顏師古注的說法，"編戶"就是列次名籍，政府以戶為單位，登記成員的名字身份。《周禮》有一段記載，"司民掌登萬民之數，自生齒以上皆書於版，辨其國中與其都鄙及其郊野，異其男女，歲登下其死生"，就是說司民官需要將百姓從出生開始的內容記錄下來，要記錄他的住所是在國、野、都、鄙，還要記錄他的身份、性別，每年還要統計家庭中是否有人去世了，或者有沒有新出生的人口。司民就是國家設立的管理人口的專職官員，從一家一丁到全家人口，國家都要瞭解清楚。戶籍制度的確立不晚於戰國前期，實際上是從春秋後期開始逐漸形成的，其目的是在井田制瓦解以後，有效地控制人力資源，掌控國家收入。文獻也可以與之相應，這裏舉兩個例子。一是《商君書·境內》篇："四境之內，丈夫女子皆有名於上，生者著，死者削。"人出生以後就要在戶籍上登錄，死了以後要去除。又《睡虎地秦墓竹簡·秦律雜抄》說："匿敖童，及占癃不審，典、老贖耐。百姓不當老，至老時不用請，敢為詐偽者，貲二甲。典、老弗告，貲各一甲。伍人，戶一盾，皆遷之。《傅律》。""傅律"指這個律文的名稱，跟戶籍有關。敖童就是成童，秦國規定，十七歲以上就要給國家服役。如果到了十七歲不向國家彙報或虛報殘疾以逃避賦役，典、老等基層管理人員要判以耐罪的處罰。秦國制度，六十歲為老，此後就不用給國家服役。若某人年齡未到六十歲而謊稱六十歲，或者到了六十歲不彙報，也要處罪，罰相當於兩副鎧甲的錢。基層管理人員如果知情不報，也要處罪資一甲。秦人有什伍連坐制度，伍人就是鄰居，即該人的鄰居每戶要罰價值一塊盾牌的錢，還都要被流放。可見，秦國對人口的控制是相當嚴格的。經濟上從井田到小農的變遷，推動了國家戶籍制的建立與發展，國家得以更嚴格地控制人口。這就是春秋戰國時代經濟的變遷，以及經濟變遷帶來的制度革新。

二、政治和軍事：從爭霸到兼併

變動的第二個方面，在政治和軍事方面，由春秋到戰國是從爭霸到兼併的變化。

王權衰微與大國爭霸，是春秋時期的特點。王權衰微的典型表現為：從"禮樂征伐自天子出"到"禮樂征伐自諸侯出"。這個時期，先後出現了若干個霸主，被稱為春秋五霸。春秋五霸有不同的說法，一種說法認為是齊桓公、宋襄公、晉文公、秦穆公、楚莊王。還有一種說法是齊桓公、晉文公、楚莊王、吳王闔閭、越王勾踐。其中共有的是齊桓公、晉文公和楚莊王。春秋爭霸最主要的綫索，可以視為晉楚之間的爭霸，即一南一北兩個政權之間的爭霸。張蔭麟《中國史綱》對春秋國家之間的戰爭模式做過概括，稱之為"晉楚爭霸的公式"。大意是說，晉楚之間發生了一場大戰，決出了勝負，如果甲方勝了，那麼原來依附於乙方的小國，都依附到甲方去；乙方經過一定的休整、發展以後，又打這些小國，一些小國被打擊以後，有可能又依附於乙方。一來二去，甲乙之間再來一場大戰，再分勝負。

春秋時期爭霸戰爭的特點是什麼？我們可以先來看看圖2.6，圖上是一輛戰車。春秋時期，一輛戰車稱為一乘，故有千乘之國、萬乘之國的說法。戰車就是春秋戰爭中最主要的武器或者叫作戰平臺，相當於現代戰爭中的主戰坦克。一輛戰車上有甲士三人，分別是車左、中御和戎右。中御或稱車御，是駕車的；車左掌管射箭，也是車的首

圖 2.6　春秋時期的一乘戰車

領；還有一個戎右或叫車右，掌持戈、矛應戰。連同戰車旁的步卒，一共三十人，他們共同構成一乘。[1] 這時候的戰車是單轅的，駕兩匹馬或是四匹馬。據學者研究，要用單轅駕馭兩匹馬或四匹馬是比較困難的。而且，在這個時代，戰車相當昂貴，一個國家所能配備的戰車數量也不是特別多。此外，這時候的士兵不是平民，而主要是貴族。這些因素都使得當時國家軍隊的數量不是很大。圖 2.7 展示了戰車的作戰方式，一個戰士站在車上，使用戈作為兵器，這也是當時最常見的一種兵器，其他的兵器還有矛、鉞、斧、戟等。圖 2.8 是一桿戈的示意圖，可以看得更清楚，戈頭加上桿大約有三米長。格鬥的方式，主

1　春秋中晚期，隨著戰爭的頻繁，兵源拓展，乘的編制中步兵數量增多，向一乘七十五人制過渡。參見劉昭祥主編：《中國軍事制度史‧軍事組織體制編制卷》，鄭州：大象出版社，1997 年，第 79 頁。

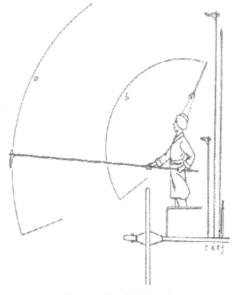

圖 2.7　戰車的作戰方式

圖 2.8　戈

要是在戰車相錯的時候用戈的頭啄擊或者鉤擊。後來戈與矛相結合，就構成了戟（圖 2.9），戟在當時是一種更為先進的兵器。在小說《三國演義》中，呂布、典韋、太史慈都是用戟的。從先秦到三國時期所使用的戟，都是這種戈與矛的結合體。

圖 2.9　戟

　　如前文所言，春秋時期，一個國家由於受到各方面的限制，其配備的軍隊和戰車的數量不是很多，春秋時期大國之間戰爭的主要目的是爭霸，這些使得春秋時期戰爭有如下特點：首先，由於戰車比較昂貴，軍隊是貴族構成，這決定了戰爭的規模不是特別大，持續時間也比較短，不過一兩天的時間。其次，講究禮節和程序，這是因為西周分封七十一國，姬姓有五十三，其中很多國家都是有親屬關係的，所以在戰爭中要講究禮節。例如，春秋中，晉士匄率軍攻齊，已經打到了齊的國都附近，這時候傳來了齊靈公去世的消息，在現代戰爭中，這或許正是打擊對手的絕佳機會，但是在春秋時代，有所謂"禮不加喪"的原則，晉就主動撤兵了。再如，一場晉楚之戰中，晉軍將領幾次在戰車的交錯中見到楚王，都會下車給楚王行禮。另外，在講究程序方面，當時的戰爭基本上是雙方約好時間和地點，排好陣勢，雙方互相射箭後，再駕車相互衝撞，剩下的就通過談判來解決。

如此戰爭，現在來看會覺得相當奇怪。一個很有名的故事，是宋襄公的例子。《史記》卷三八記載，宋襄公與楚成王戰於泓，楚人還沒有過河的時候，有人就向宋襄公提議說，敵人數量多，趁他們沒有過河正好攻擊他們，宋襄公不聽。楚軍已經過河還沒有排好陣勢，有人又勸宋襄公說，這時候可以打了，宋襄公說要等人排好了再打。等楚人陣成，宋人擊之，大敗，宋襄公還負了傷。國人都埋怨宋襄公，但宋襄公說："君子不困人於阨，不鼓不成列。"宋襄公雖然比較迂腐，但祇有在當時戰爭特點的背景下，纔能夠更好地理解宋襄公的行為，並不僅僅是愚蠢而已。

春秋時期大小諸侯國有一百多個，大國崛起而併吞小國，到了戰國時期，就剩下了所謂戰國七雄（圖 2.10）。這時期各國之間的無主荒地越來越少，各國相互接壤，戰爭目的從爭霸逐漸變為兼併，戰爭形式也產生了相應的變化。首先，軍隊數量擴張，原來的貴族兵變成了大量平民兵。其次，軍事行動範圍不斷擴大，並非僅僅是約好了地方和時間進行戰車的衝擊而已，軍隊變成主要由步兵和騎兵構成。原

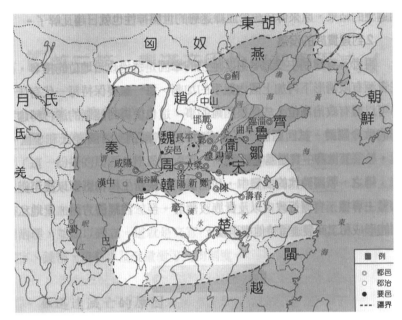

圖 2.10　戰國七雄示意圖

因在於：第一，戰車比較昂貴，難以擴大軍隊規模，所以更多地通過增加步兵以擴軍。第二，從戰爭方式來看，《孫臏兵法》曰"易則利車，險則利徒"，如果在比較開闊的平原地帶打仗，車戰比較方便，但是如果在險要的地方佈陣、據守、伏擊，就需要步兵進行野戰和包圍戰。步騎兵取代戰車而成為戰場的主角，車的地位也逐漸下降，後來主要用於輜重運輸。第三，新武器的發明，特別是弩的發明，對戰車的衰落有重要作用。圖 2.11 中的三張圖分別是戰國弩臂、秦始皇陵出土銅弩和西漢的弩機。弩相對於弓來說，力量更大、射程更遠、穿透力更強。更重要的是，弩可以延時發射，便於以更密集的射擊對付戰車。所以弩的發明和使用，加速了戰車的衰落。

戰國弩臂

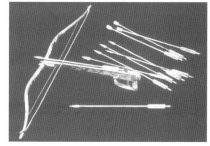
秦始皇陵出土銅弩

西漢弩機

圖 2.11

　　騎兵也在戰國時期出現了。著名的趙武靈王胡服騎射，便是借鑑了當時游牧族群的裝備組建了騎兵。騎兵的速度更快，衝擊力更強。《戰國策》對當時各國軍事實力有如下記載："秦虎賁之士百餘萬，車千乘，騎萬匹"，"楚帶甲百萬，車千乘，騎萬匹"，"趙帶甲數十萬，車七千乘，騎六千匹"，這些反映出當時步騎兵的興起，而且步兵的數量要遠多於騎兵。士兵的防護裝備也有進步，當時的皮甲冑主要是用水牛皮、犀牛皮來做的。據記載，一套好的甲冑可以用上百年。有的甲冑上還附著青銅組件，加強對身體重要部位的防護。

　　從春秋到戰國，士兵的防護、進攻裝備，軍隊兵種構成，包括戰爭的方式都有所演變。戰國時代，戰爭的慘烈程度也大為增加，春秋時期具有一定競技色彩的、文質彬彬的戰爭蕩然無存，代之以《孟子‧離婁上》所說的"爭地以戰，殺人盈野；爭城以戰，殺人盈城"。

秦國在統一道路上所經歷的一系列戰爭，動輒斬首萬人以上，可以顯示出戰爭的慘烈程度。其中最著名的一次，是公元前 260 年，秦將白起率軍破趙於長平，雙方參戰人數多達百萬。《史記》謂之"誅屠四十餘萬之眾，盡之於長平之下，流血成川，沸聲若雷"。近年在山西高平地區發現了一些古戰場的遺址，而且發現了白骨坑，學者分析認為死者是被殺後亂葬的趙軍亡卒。[1]

從春秋到戰國戰爭的演變，就是由爭霸到兼併，軍隊規模大大擴展，以平民為主的步騎兵成為軍隊的主體，戰爭以消滅對方的有生力量為目的，其殘酷程度大大增加。與此同時，人們對戰爭的思考、研究也越來越深入，逐漸成為一種專門的學問，並為各國諸侯所重視。最著名的兩部著作是《孫子兵法》和《孫臏兵法》，它們是先秦時代兵家思想的代表作。《孫子兵法》開篇即言，"兵者，國之大事。死生之地，存亡之道，不可不察也"，將軍事視為關係到國家生死存亡的大問題。軍事專著的出現，是由戰爭推動的軍事思想方面的發展。《孫臏兵法》是否真實存在，原來曾經被懷疑，1972 年在山東臨沂銀雀山漢墓同時出土了《孫子兵法》和《孫臏兵法》的竹書，其存在得到證明。隨著戰爭的專業化程度的提高，到了戰國，文職與武職逐漸分離。

1　山西省考古研究所、晉城市文化局、高平市博物館：《長平之戰遺址永錄 1 號屍骨坑發掘簡報》，《文物》1996 年第 6 期。

三、政治制度：從宗法分封制到專制官僚制

春秋戰國時期，政治制度變化的指向也是很清晰的。概括地說，是從宗法分封制走向專制官僚制。

這可以從幾個方面來看：第一，是從"世卿世祿"到俸祿制度的變化。西周分封體制下，形成了天子、諸侯、卿大夫、士的等級貴族制。在周的王畿和各諸侯國中，世襲的卿大夫按照聲望和資歷擔任官職，並且享有一定的采邑收入。采邑大小由其爵位和職務的高低決定，不同等級的貴族以此方式獲得一定數量的土地以及土地上的勞動者，這就是世卿世祿制。近年李峰的研究表明，世襲繼承是西周獲得政府職位的重要途徑之一，世襲任命多集中出現在西周中期，隨著時間的推移，周王任命的官員中，非世襲性的所佔比例越來越高，即使一個人憑藉其家族的服務史獲得了任命，也不能保證他擔任其祖、父曾經服務的職位。[1]

春秋延續了西周的世卿世祿制，官職是由貴族世襲的，但並非父子官職的嚴格世襲，祇是按貴族的等級地位輪流擔任差不多的官職。也就是根據父、祖的地位，子孫也可以獲得相應的職位並保持他們的貴族身份，這是世卿世祿制的特點。在世卿世祿制下，官員的地位和榮耀主要來自於其父、祖。

俸祿制與世卿世祿制相對，通俗地說，俸祿制就是由國君給官員發工資。先秦的典籍對俸祿制度有很形象的描述，《荀子》裏面講俸

1　李峰：《西周的政體：中國早期的官僚制度和國家》，北京：生活・讀書・新知三聯書店，2010 年，第 212 頁。

祿制是“傭徒鬻賣”之道，具體如《韓非子》所言，“主賣官爵，臣賣智力”，國君提供官爵，官員為國君服務、出力。《韓非子》又說：“明主之吏，宰相必起於州部，猛將必發於卒伍。” 這是說在俸祿制下，實際上也是在一種僱傭制度之下，更多的平民有機會獲得顯赫的位置，並不像春秋時期父一輩、子一輩那樣了。戰國時期君主朝廷中的大臣有許多已經不是名門顯貴，而是平步青雲攝取公卿者。這樣的大臣在朝廷中的位置多由君主好惡決定。[1] 戰國與春秋的差異，體現於戰國時代社會流動性的增強，平民可以通過不同的方式進入到統治階層中。世卿世祿制下，官員的榮耀主要來自其父、祖，而俸祿制之下，官員的地位則來自國君，這是從世卿世祿制到俸祿制的一個很重要的變化，也體現出國君權力的增強。童書業在《春秋左傳劄記》中說：“封土賜民之制，實為造成割據局面之基礎。及穀祿制度興，臣下無土地人民以為抗上之資，任之即官，去之即民，在上位者任免臣下無復困難，乃有統一局面出現之可能。故穀祿制度之興，實春秋戰國間政治、經濟制度上一大變遷。”[2] 君主權力的上升過程，直接指向了秦漢以後的皇帝制度。

相應地，君主也在制度安排上做文章，希望建立有利於維護、加強君主權力的制度。

符璽制度是保證君主權力的一種技術性手段。公文用璽，發兵用符，出使用節，官員都是代表君權的，輔助君主行使他的權力。舉

1　晁福林：《春秋戰國的社會變遷》，北京：商務印書館，2011 年，第 725 頁。
2　童書業：《春秋左傳研究（校訂本）》，載《童書業著作集》第一卷，北京：中華書局，2008 年，第 663 頁。

一個例子，圖 2.12 是秦國的杜虎符，是 20 世紀 70 年代出土的，是現存的三枚秦虎符之一。

圖 2.12　秦杜虎符

杜虎符左右兩半，上面刻有銘文"兵甲之符，右在君，左在杜，凡興士披甲，用兵五十人以上，必會君符，乃敢行之，燔燧之事，雖毋會符，行殹（也）"。這個虎符一半在國君手裏，另一半是在杜這個地方領兵將領手裏，如果要調動五十人以上的軍隊，需要兩半虎符能夠合上纔行。這是用技術手段保證發兵權掌握在國君手中的制度。這樣，我們就能理解為什麼有信陵君"竊符救趙"的故事了。虎符的使用也一直延續到了後代。

對官員管理的水平和技術也有新的進展，出現了官員考核制度，即上計、考課制度。上計是地方行政官員定期向上級彙報地方治理情況，並且由中央加以考察。戰國後期的《睡虎地秦墓竹簡》中有一篇《為吏之道》，其中講吏有五善，"一曰忠信敬上，二曰清廉毋謗，三曰舉事審當，四曰喜為善行，五曰恭敬多讓，五者畢至，必有大賞"。對官員提出了五個方面的要求，主要著眼點在於官員的工作態度和工作作風。"五善"之外還有"五失"，"一曰誇以迣，二曰貴以泰，三曰擅裚割，四曰犯上弗知害，五曰賤士而貴貨貝"。所謂誇以迣，指這些官員奢侈而沒有限度；貴以泰、擅裚割，是指沒有得到上級的允許，擅自作為。以上要求也就成為日後考察官員的依據。明文規定考察依據，有利於君主加強對官員的管理和監督。傳世文獻當中也有類似的記載，《荀子‧王霸》篇說"歲終奉其成功，以效於君。當則可，不當則廢"。"當"是稱職之意。意即以工作是否稱職作為賞罰的依據。

國家對地方官也有一些具體要求。《商君書‧去彊》記載："彊國知十三數，竟內倉口之數，壯男壯女之數，老弱之數，官士之數，以言說取食者之數，利民之數，馬牛芻藁之數，欲彊國，不知國十三數，地雖利，民雖眾，國愈弱至削。"這就是說國家對基層一些具體的數字要有所掌握，包括人口及其構成等情況，它們實際上也是國家要求地方官掌握的數字。以這些數字對地方官的政績加以考核，這就是考課制度。

從春秋到戰國的種種變革中，最能體現從宗法分封制到官僚制發展現象的是郡縣制的建立。郡縣制建立以前，地力實行的是分封制下的等級貴族制，卿大夫作為采邑主有自己的宮室、朝廷，甚至還有宗廟和社稷，並且掌握著一支獨立的軍隊。春秋時代的卿大夫之家，是諸侯之下相對獨立的政治組織。到戰國時期，這種貴族等級制便向郡縣制變化。郡縣制不是一下子推行起來的，縣最早出現在春秋初期，原來是國君直接統治的領邑，它的特點是國君直接控制，和國君分賞給卿大夫的采邑不同。在采邑上，卿大夫作為采邑主擁有比較完整的權力，而縣的長官卻沒有，縣是國君直接控制的地區，這是兩者最主要的差別。此後，在春秋末年又出現了郡。郡開始設置在邊地，與軍事、邊防有一定關係，其特點是地盤比縣大，但是地位並不高。《左傳》記載"克敵者，上大夫受縣，下大夫受郡"，可以看出郡的地位比縣還要低一些。

縣與卿大夫的采邑不同，縣內有一套集中的政治和軍事組織，特別是有整套的徵賦系統，便於國君集中統治，郡的存在又加強了邊防，它們漸漸地就取代了貴族的采邑。戰國社會變動劇烈，一些貴族沒落，其土地被國君沒收，不再進行分封，而是變成了郡和縣。隨著國君權力的擴大，實施郡縣制的範圍也在擴張，這是相輔相成的過程。郡縣的長官由國君任免，不得世襲，郡縣領域由國君控制，不作封賞，因此郡縣組織漸漸成為國家權力直接支配的國土區域，成為各國加強中央集權制的重要步驟。

四、社會：從世襲到流動

第四個方面，是社會的變化，從世襲走向流動。所謂"世襲"的典型，就是西周春秋時期"士之子恆為士，農之子恆為農"的固定不變的社會等級。戰國以後，逐漸形成了"士農工商"的四民社會，並且從富貴合一變成了富貴分離。等級貴族制下的貴族既尊貴又富有，到了流動的社會，富與貴並不一定是合一的，庶人可以通過工商致富。《史記》中說，"有國強者或併群小以臣諸侯，而弱國或絕祀而滅世"，指的是在國家兼併中社會上產生的巨大變動，在這些變動中，特別值得注意的一點，是"齊民化"，意思是使國家的百姓整齊化了。在西周春秋的等級貴族制下，社會階層也是分成若干等的。春秋戰國時期，從整體上說是貴族的勢力受到了君主的打擊，封國內分屬國君和不同等級貴族的人民的身份也逐漸整齊劃一了，打破了以前的等級貴族制結構。這種齊民化的歷程也是封建制度崩潰、郡縣制建立的過程，是君主權力不斷上升的過程。

　　齊民化的過程，讓我們看到了中央集權制政府的影子。從理論上說，中央集權的政府，其基礎是要掌握全國的人力資源，控制全國的財稅資源，還需擁有最高的法權。"編戶齊民"就是其中尤為重要的一項。"編戶齊民"是列入國家戶籍、身份平等的人民，戶籍制度就是國家控制戶口人丁，並且據以徵收賦稅、徵發徭役的主要手段。國家對人力資源的掌控，既是對社會的控制，同時也是國家財稅資源的重要保證。所以說編戶齊民既構成了中央集權的基礎，也造就了中央集權國家的社會結構。這種結構是一種二元結構，皇帝之下，萬民平齊。這就是所謂編戶齊民的結構，也是秦漢以後的官僚帝國體制中央集權政府下的社會結構。

五、學術：從貴族到民間

　　春秋戰國時期是中國古代思想文化最為活躍的時期，戰國"百家爭鳴"局面的出現，為後人津津樂道。在這個時期，學術從貴族到民間，是"百家爭鳴"出現的重要基礎之一。孔子（前551—前479）（圖2.13）是春秋末的教育家。在孔子以前，學在官府，教育是貴族的專利。教育的主要內容是所謂"六藝"，即禮、樂、射、御、書、數。春秋末年，孔子宣揚"有教無類"，提倡人人都有讀書受教育的權利，奠定了教育、學術平民化的基礎。若再往後看一點兒，也可以說是奠定了日後"布衣將相"的基礎。

　　教育普及的直接結果，是"士"階層的崛起。在西周和春秋時期，士是貴族中等級最低的一級，到了戰國以後，其意義發生了變

圖2.13　南宋馬遠繪《孔子像》

化，士成為知識分子的代稱，士的數量迅速增加，社會地位也顯著提高，並成為當時社會上最活躍的一個階層。戰國時期，遊說和從師是士進入仕途的兩個主要途徑，當時一些有名的知識分子都有很多徒弟，他們周遊列國、遊說君主，有的人就可因此進入仕途。當時社會對這些知識分子也是比較重視的，典型的現象是在戰國中期以後，各國有權勢的大臣都養士為食客，著名的戰國四君子，平原君、孟嘗君、春申君、信陵君，以及戰國後期的呂不韋等，身邊都食客眾多，聚集了大量人才，當然其中也不乏雞鳴狗盜之徒。

　　總的來說，這個時期，士成為一個活躍的社會階層，他們在政治、社會上的影響逐漸擴大。正是由於士的發展，文化學術的繁榮景象纔得以出現，形成了"百家爭鳴"的局面。所謂"諸子百家"，

"子"是古代對人的尊稱,"諸子"就是這些士人當中的佼佼者。《漢書‧藝文志》對諸家的來源有一些探討,說這個時期"王道既微,諸侯力政,時君世主,好惡殊方,是以九家之術蜂出並作,各引一端,崇其所善,以此馳說,取合諸侯"。面對當時社會的變革,各國都有富國強兵的追求,知識分子們紛紛利用自己的學識和能力迎合各國君主的需求,參與到這場社會變革中來,各家學說也紛競而起。其中著名的、影響比較大的有儒、墨、道、法、名、陰陽等等。

儒家的創始人是孔子,"仁"是其學術的核心因素之一。但與後代的儒家相比,孔子的儒家學說更加偏重個人道德的修養。孟子、荀子以後,儒家學說漸漸地與國家治理相結合,孟子提出了"仁政論"、"性善論",荀子則走出了更重要的一步,主張"禮法並重,德主刑輔",這對後代儒家學說的發展,特別是在促使儒家成為國家政治學說的過程中,起到了關鍵性作用。當時與儒家齊名的墨家,影響也比較大,他們主張兼愛、非攻和尚賢。道家則分成老子、莊子兩派,老子一派與國家的學說有一定的關聯,稱為"黃老之說",以至於後來在漢初成為國家的重要指導思想。相對於老子,莊子一派更強調相對主義和個人主義,更強調個人方面消極自由的人生觀。此外,名家主要強調邏輯問題,產生過一些著名的邏輯命題,如合同異、離堅白、白馬非馬等。

諸家學說除了內容不同,還有一些地域上的差異。儒家興起於魯國,墨家興起於宋國,道家主要開始於南方,法家興起於三晉地區,在秦尤其得到發展。這些學說與各地的文化傳統有一定聯繫,出現了色彩繽紛的百家爭鳴的局面。這裏就引發出一個問題:戰國時期如此活躍的學術和學說，為什麼到了西漢就成了“獨尊儒術”？除了漢武帝個人的推動以外，有沒有其他原因？諸子的學說有無共同性？戰國末年成書的《呂氏春秋》說“王者執一，而為萬物正。軍必有將，所以一之也；國必有君，所以一之也；天下必有天子，所以一之也；天子必執一，所以摶之也。一則治，兩則亂。今御驪馬者，使四人，人操一策，則不可以出於門閭者，不一也”[1]，就是說，國家要有統一的管理者，就像駕馬車，如果四人同時趕車，車是無法前進的，這就強調了君主的權力。以色列學者尤銳在《展望永恆帝國》中提出，戰國諸子思想中的共性，在於他們對君主權力的肯定。他說：“作為君主集權思想並不明顯的孟子，和極端王權主義的法家學者，其思想的交匯並不是偶然的。事實上，沒有任何一個文獻，對君主壟斷行政管理權力提出質疑。”[2] 這個結論是有說服力的，也是和我們對這個時代大趨勢的認識是一致的。

總之，春秋戰國之際是古今一大變革之會，從此廢去了以禮制為核心的貴族統治，建立了編戶齊民體制，開始走向秦漢以後大一統的歷史進程。春秋戰國時代，如果我們把它放在中國古代史發展的總體中去考慮的話，是處於中國古代中央集權的專制君主官僚制國家的萌芽時期。這一定位強調了春秋戰國變革的指向，即秦漢以後君主專制的官僚制國家體制。

1　陳奇遒校釋：《呂氏春秋校釋》卷一七《執一》，上海：學林出版社，1984 年，第 1132 頁。

2　尤銳：《展望永恆帝國：戰國時代的中國政治思想》，孫英剛譯，王宇校，上海：上海古籍出版社，2018 年，第 68 頁。

閱讀書目

童書業：《春秋史（校訂本）》第七至十二章，載《童書業著作集》第一卷，北京：中華書局，2008 年。

楊寬：《戰國史（增訂本）》第五、六章，上海：上海人民出版社，1998 年。

李學勤：《東周與秦代文明》第二十、二十九章，上海：上海人民出版社，2007 年。

羅泰：《宗子維城：從考古材料的角度看公元前 1000 至前 250 年的中國社會》第七至九章，吳長青、張莉、彭鵬譯，上海：上海古籍出版社，2017 年。

吳榮曾：《戰國授田制研究》，載吳榮曾：《先秦兩漢史研究》，北京：中華書局，1995 年。

俞偉超：《古史分期問題的考古學觀察》，《文物》1981 年第 5、6 期。

劉澤華：《戰國時期的 "士"》，《歷史研究》1987 年第 4 期。

秦始皇及其遺產

第三講

秦始皇創建了以專制皇權為核心的官僚帝國體制，這一體制延續了兩千多年，從這個角度來說，秦始皇作為“千古一帝”是一點兒也不過分的。本章的內容，主要是圍繞秦國的歷史，特別是圍繞秦始皇展開的。

譚嗣同和毛澤東都曾經從中國古代史的長遠尺度來評價秦始皇及其創建的體制，譚嗣同說“二千年來之政，秦政也”，毛澤東說“百代都行秦政法”。芬納則在世界史範圍內加以評論：“在世界歷史上，也沒有哪一個能夠像他（秦始皇）一樣在政府體制方面留下如此偉大而不可磨滅的印記。儘管他作為皇帝祇統治了十一年，但他對於中國政治制度的變革卻是決定性的。”[1]他們都強調秦始皇創建之制度，給後代留下了許多歷史遺產，並且源遠流長，綿延中國古代兩千多年的歷史。

關於秦代的歷史，可以提出很多問題。首先，為什麼戰國七雄當中秦能夠完成統一？有人說是由於秦實行了變法，完成了富國強兵的目的，所以完成了統一。但是請注意，在戰國時代，很多國家先後都

---

1 芬納：《統治史（卷一）：古代的王權和帝國 —— 從蘇美爾到羅馬（修訂版）》，王震、馬百亮譯，上海：華東師範大學出版社，2014 年，第 503 頁。

曾進行變法，秦是實行變法最晚的國家，卻是最成功的，其中原因值得我們思考。其次，秦統一以後為什麼二世而亡？秦的制度和政策是有延續性的，在秦國時期，它使秦走上了富國強兵的道路，最終完成了統一，但是秦將同樣的政策、制度用於統一國家的時候，卻為什麼造成了它的速亡呢？這也是本章要討論的問題。

一、"虎狼之秦"：法家思想與秦軍國主義發展特色

先看第一個問題。首先，需要引入兩個概念幫助我們理解秦的發展道路。這兩個概念一是綜合國力，二是國家能力。綜合國力是指一個國家在一定時期全部可以動用的物質力量的總和，國家能力是指國家實現自己意志的能力。這兩個概念既有一定關係，又存在一些差異。綜合國力強的國家，並不意味著國家能力也一定強。相較於綜合國力，國家能力的強弱，是決定戰爭勝負更加重要的因素。從這個角度來說，秦國塑造了強大的國家能力，它使秦國能夠在比較短的時間內，迅速把國家的人力、物力、財力集中起來。關於這一過程，可以從秦國的發展歷程角度進行考察。

秦地處西部，相對於東部諸國來說，秦是一個後起國家，西周末年方列為諸侯。秦地處戎狄之間，與戎狄的戰爭是秦的立國根基，這相當深刻地影響了它的社會風貌，造就了秦人尚武、剽悍之風。秦國社會歷來具有比較濃厚的軍事化色彩，因而秦國比較早就發展出了專

制君權以及相當高的政治控制力和強大的社會動員能力。[1] 這些正是構成國家能力最重要的部分。《商君書·兵守》載，秦國有三軍，"壯男為一軍，壯女為一軍，男女之老弱者為一軍"，秦國軍隊數量是比較多的，在人口中佔的比例是比較大的。《吳子·料敵》稱："秦性強，其地險，其政嚴，其賞罰信，其人不讓。"性強、地險、政嚴，說的正是秦地的政治文化特色。

在東方國家看來，秦屬於異類。東部國家對秦國的評價多是"秦與戎、翟同俗，有虎狼之心，貪戾好利而無信，不識禮義德行。苟有利焉，不顧親戚兄弟，若禽獸耳。此天下之所同知也"[2]。這裏說"秦與戎、翟同俗"，戎是西戎，翟是北翟，即北狄。西戎和北狄是當時華夏族對西部、北部少數族的稱呼。這便是說，秦地處西陲，和西部、北部少數族的風俗相差無幾。其風俗是"有虎狼之心，貪戾好利而無信"，貪戾指的是貪婪、暴虐。秦"不識禮義德行"，而講究禮義德行正是西周以來東部國家的政治文化色彩。"苟有利焉，不顧親戚兄弟，若禽獸耳"，類似的描述，在華夏歷史文獻對北方少數族的描述當中，時常出現。

《戰國策·韓策一》還記載："山東之卒，被甲冒冑以會戰，秦人捐甲徒裼以趨敵，左挈人頭，右挾生虜。夫秦卒之與山東之卒也，猶孟賁之與怯夫也。"這條材料做了更加形象的對比。請注意，此"山

1 參閱步克：《士大夫政治演生史稿（第三版）》，北京：北京大學出版社，2015 年，第200—201 頁。
2 諸祖耿：《戰國策集注匯考（增補本）》卷二四《魏三·魏將與秦攻韓》，南京：鳳凰出版社，2008 年，第 1266 頁。

東"與今天所說的山東省不同,先秦的文獻中"山東"是指崤山以東,與當時流行的另一概念"關東",即函谷關以東所指是差不多的。大體上說,這個"山東"指的就是戰國時期的六國地區。將六國的軍隊和秦國軍隊做對比:六國之卒打仗的時候是穿甲戴冑的,而秦國的士兵把鎧甲扔掉,光著膀子就上了戰場。秦國士兵左手提著敵軍的人頭,右胳膊夾著俘虜,十分勇猛。孟賁是戰國時期有名的武士。秦國的士兵勇猛異常,相比之下,六國的軍隊就像懦夫一樣了。由此可見,在六國人眼中,秦和六國的差距是巨大的。

"虎狼之秦"也是當時六國人對秦的一個普遍看法,對此現代學者也有研究和討論。劉文瑞認為:秦文化具有濃厚的功利和實用色彩。與關東六國相比,它沒有嚴格的宗法約束,缺乏人工的禮義雕琢,具有粗獷、剽悍乃至野蠻的西北風味。同時,它又處於狹隘閉塞的關隴之中,膏壤沃野千里而又視野狹窄,自春秋時農業生產就居於先進之列,"好稼穡,殖五穀"使其注重實際,不尚幻想,具有樸實、淳厚乃至蒙昧的民情鄉俗。在行為準則和價值取向上,秦人是重農耕、講實用、非道德、不浪漫的。秦文化的這種功利性和實用性,自秦穆公時已經濫觴。[1]

春秋五霸的構成有不同說法,其中一說就包含秦穆公,也就是說,從春秋時期開始,秦功利性和實用性的政治文化就已經初步獲得了成功。在這樣的政治文化背景之下,我們首先看到的是秦孕育出了

---

1 劉文瑞:《征服與反抗 —— 略論秦王朝的區域文化衝突》,《文博》1990 年第 5 期。另參何晉:《秦稱"虎狼"考》,《文博》1999 年第 5 期。

圖 3.1　秦公一號墓遺址

比較強的王權。秦公一號墓遺址（圖 3.1）是至今所發現最大的先秦墓葬，其面積有五千餘平方米，其一百八十多個人牲、人殉也是先秦墓葬中數量最多的。在早期歷史上，大型的公共工程往往是與集中化的強大王權相聯繫的。秦在春秋諸國當中並不是最富有的，技術也並不是最先進的，但是祇有秦國出現了規模如此龐大的公共工程。可以理解為秦國的王權相當地強，能夠集中全國的人力、物力來建造如此巨大的工程。魏特夫在《東方專制主義》裏提及，在早期國家當中，集權的君主往往是偉大的建設者，在君主權力集中的國家裏，往往能夠出現規模巨大的建築工程。學者推測秦公一號墓的主人是春秋時期的秦景公（？—前 537），可見在春秋時期，秦國君主的集權程度就相當高了。

秦孝公時期（前 361 年—前 338 年在位）的商鞅變法，是秦國發展史上的重大事件。商鞅變法以前，戰國變法已經開始了。魏有李悝變法，楚有吳起變法。商鞅到秦國以後，與秦孝公先後談了幾次。先談帝道，又談王道，再談霸道。秦孝公對霸道最感興趣，商鞅就以此為基礎進行變法。商鞅變法的目的，與其他國家變法的目的一致，就是以法家思想為主導的富國強兵。

　　秦政治文化所具有的功利性、實用性色彩與法家的治國方略不謀而合。上一講談到，先秦諸子學說具有一定的地域性，孔子和儒家出自魯國，道家出自南方，而法家出自三晉。蒙文通指出："法家之士多出於三晉，而其功顯於秦，則法家固西北民族之精神，入中夏與三代文物相漸漬，遂獨成一家之說。"法家萌芽的地方就是今天的山西一帶，在地域上跟秦有著密切的關係。蒙文通還講："古今言者，胥以為商君變秦，為廢仁義而即暴戾，若由文而退之野。是豈知商君之為緣飾秦人戎狄之舊俗，而使漸進於華夏之文耶？凡商君之法，多襲秦舊，而非商君之自我作古。"[1]蒙文通認為，並不是商鞅以一套先進的制度去改造了秦國，商鞅這些變法的內容往往與秦的所謂戎狄舊俗吻合，是在秦的戎狄舊俗基礎上發展出來的。從這個角度就更容易理解，為什麼法家的變法在秦最為成功。

　　商鞅變法的核心是建立軍功爵制。《史記》卷六八《商君列傳》記："有軍功者，各以率受上爵……宗室非有軍功論，不得為屬籍。明尊卑爵秩等級，各以差次，名田宅臣妾衣服以家次，有功者顯榮，

1　蒙文通：《法家流變考》，載蒙文通：《古學甄微》，成都：巴蜀書社，1987 年，第 304 頁；蒙文通：《秦之社會》，載蒙文通：《古史甄微》，成都：巴蜀書社，1999 年，第 237 頁。

無功者雖富無所芬華。"《韓非子·定法》也說："商君之法曰：'斬一首者爵一級，欲為官者為五十石之官；斬二首者爵二級，欲為官者為百石之官。'官爵之遷與斬首之功相稱也。"爵位和軍功直接掛鈎，是激勵百姓去戰場殺敵、立功的有效手段。

在商鞅變法措施的激勵之下，秦國的社會結構也發生了變化。杜正勝提出"軍爵塑造新社會"："封建制度的君子小人分野取消了，萬民同站在一條起跑綫上，憑藉個人在戰場上的表現締造自己的身分地位"，"爵不僅是秦人的第二生命，甚至比生命還寶貴。它是個人社會地位的權衡，田宅產業的憑依，職官權力之所出，名譽榮辱之所繫，若欲出人頭地，則非具備高爵不可"，"商鞅軍爵制之樹立正因此勢而利導之，終於塑造成一個有別於封建階級的新階級社會。"[1]西周以來建立的等級貴族制社會，人們的地位、財富來自其父祖。商鞅變法則對其進行了改革，人的財富、地位來自軍爵，而軍爵來自戰場上的功勳。所以說軍爵塑造新社會，塑造的是一個不同於等級貴族制的新社會。秦由此漸漸地走上了"軍國主義"的道路。

這裏的"軍國主義"，主要指某個國家窮兵黷武，以對外擴張為目的，其他的政治、文化、經濟等政策，都服務於軍事。秦國就是走向了這樣一條道路。《商君書·畫策》說："民之見戰也，如餓狼之見肉，則民用矣。凡戰者，民之所惡也，能使民樂戰者王。彊國之民，父遺其子，兄遺其弟，妻遺其夫，皆曰：'不得，無返。'"這就是法

---

1 杜正勝：《編戶齊民：傳統政治社會結構之形成》，臺北：聯經出版事業公司，1990年，第334、358頁。

家學者希望在國家政策的引導之下塑造出來的社會情景：百姓希望通過戰爭改變自己、改變家族的社會地位，故民之見戰，如餓狼見肉。上陣之前，父親對兒子、哥哥對弟弟、妻子對丈夫都說，打不了勝仗就不要回來。這體現了國家政策對社會心理和社會行為的影響和塑造。《商君書・賞刑》裏講："富貴之門必出於兵，是故民聞戰而相賀也，起居、飲食所歌謠者，戰也。"百姓的地位、榮耀來自戰爭，因此聽說要打仗都興奮無比。生活中大家熱衷談論的，都是關於打仗的事。國家政策都是圍繞戰爭而設置，營造出了全民好戰的社會氛圍。經過商鞅變法，秦走上了軍國主義道路，構造了強大的戰爭機器。東漢王充在《論衡》中這樣評價："商鞅相孝公，為秦開帝業。"

秦走上了富國強兵的道路，與六國之間的差異也越發明顯。梁雲從考古學角度比較了六國與秦的不同。在墓葬等級序列上，六國是多階層、小間隔的，這與等級貴族制、宗法制塑造的社會相適應。秦國君主自身權力較大，變法以後，君權進一步上升，同時貴族的權力被壓抑，在墓葬等級上反映出來就是嚴重的兩極分化，國君墓和卿大夫墓的規格、規模的落差是特別大的。城址等級序列也反映了類似的情況，從城址可以看出，六國存在國都以下逐級遞減的大、中、小城市。而秦國的情況同樣兩極分化，國都之下直接為自然村落，缺乏中小城市。這都反映了君主和萬民的二元結構。梁雲對此做出總結："東西方在器物群演變、器用制度變化、都城形態演化方面的差別，主要屬於文化發展道路的差別。在墓葬及城址等級序列方面的差別，則屬於社會結構的差別。戰國中期商鞅變法直接導致了秦器物群總體風格的突變，也從根本上廢除了原來沿襲已久的用鼎和用圭制度。都

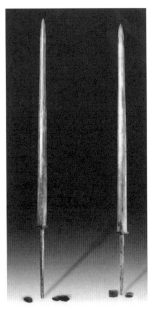

圖 3.2　秦始皇兵馬俑二號坑彩繪俑和青銅劍

城的新形態，充分體現了變法獨尊君權的精神。"[1]君權的獨尊以及君主和萬民的二元結構，也是秦漢以後中國兩千年的特點。在君主制的發展和社會結構的演變上，秦與六國相比是先行一步的。這個角度有助於理解為什麼秦能夠統一六國。

　　經過變法，秦建立了強大的軍隊，其戰鬥力可以從秦兵馬俑上看出端倪。雖然對兵馬俑所屬軍隊的性質尚有不同看法，但是兵馬俑所顯示的不同兵種組合、明確的等級、精良的裝備還是能夠體現秦軍的組織水平與戰鬥力。圖 3.2 左為二號坑的一尊彩繪俑，現在大家在秦

1　梁雲：《戰國時代的東西差別 —— 考古學的視野》，北京：文物出版社，2008 年，第262 頁。

圖 3.3　秦始皇兵馬俑出土石鎧甲（復原件）及青銅鏃

陵博物館看到的兵馬俑都是灰色的，但是在剛出土的時候，有些兵馬俑是彩繪的，祇不過彩繪很快就風化掉了，現在已經看不到它本身的顏色。右邊的是兩柄青銅劍，青銅劍出土的時候並沒有生鏽，依然很鋒利，表面有一種灰黑色的光澤。研究顯示，青銅劍劍身加工工藝精湛，組織細密，沒有沙眼。劍的表面可能經過鉻鹽氧化處理，具有良好的抗腐抗鏽性能。秦陵還出土了四萬多個三棱錐形銅箭鏃，鏃首呈三棱錐並帶有流綫型弧面的造型，具有導向性好、穿透能力強、加工容易等優點。對若干出土銅鏃的測量表明，所有銅鏃的三個棱脊的長度幾乎完全相等，顯示了秦始皇時代的兵器製造工藝水平的高超。[1]另外還值得注意，秦的戰車和馬具，很多部件是可以互換的，是一種標準化的產品，便於戰鬥時隨機利用、互換。這些都反映了秦國軍事力量的強大，構成了 "虎狼之秦" 的利爪（圖 3.3）。

1　參袁仲一：《秦兵馬俑的考古發現與研究》，北京：文物出版社，2014 年，第 215－218 頁。

二、"六王畢、四海一"：秦始皇的統一事業

戰國後期，不少國家都有統一的理想。當魏莊襄王問孟子，誰能夠統一天下的時候，孟子的回答是"不嗜殺人者能一之"，認為不願意多殺人的君主能夠完成統一。然而實際上，最後完成統一的卻是殺人無數的秦始皇。

秦始皇名嬴政（前 259—前 210），十三歲即位，成年以後的秦始皇身高 1.9 米以上，性格兇悍。他二十二歲時，除掉了嫪毐和呂不韋兩個權臣，大權獨攬，隨後開始了統一的進程。公元前 221 年，三十九歲的秦始皇終於完成了統一的偉業。

秦始皇在統一後多次出巡，在遊歷考察的過程中留下了一些刻石。秦始皇山東琅琊臺刻石云："六合之內，皇帝之土，西涉流沙，南盡北戶，東有東海，北過大夏，人跡所至，無不臣者。"始皇所立刻石今已不存，其後秦二世所立石刻詔書存留至今（圖 3.4）。"六合"指東西南北上下；"流沙"指今天的甘肅地區；"北戶"，學者認為是指今天越南的北部；"東有東海"，東已經到了海邊；"北過大夏"，秦的北邊，到達今天延安、太原一綫。在這個區域內的人，都是秦始皇的臣民，這就是秦統一後大致的地理範圍（圖 3.5）。

秦完成統一之後，首要問題是如何維繫統一。秦始皇統一後開始著手制度建設。首先，他建立了皇帝制度。今天的"皇帝"，就是來自秦始皇的創造。"王初併天下，自以為德兼三皇，功過五帝，乃更號曰：皇帝。"三皇、五帝是傳說中的上古領袖，秦始皇就從這裏面各取一字，創造了他自己的稱號 —— 皇帝。他還圍繞皇帝設立了為

圖3.4 秦二世琅琊臺詔書刻石

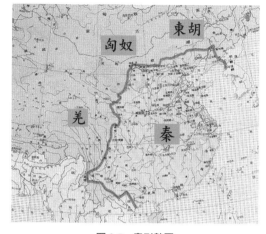

圖3.5 秦形勢圖

他所獨自享用的專稱，比如命為制、令為詔、自稱曰朕。當然這並不是秦始皇開創的，商代王就自稱"予一人"。設置"朕"和"予一人"的目的，都是創造尊君的氛圍。同時，秦始皇追尊其父秦莊襄王為太上皇。制曰："死而以行為謚，如此，則子議父，臣議君也，甚無謂，朕弗取焉。自今已來，除謚法。"謚法是人死以後，對前人的評價，秦始皇要把這個謚法除掉，認為人死以後子議父、臣議君不好，轉而想要"朕為始皇帝，後世以計數，二世三世至於萬世，傳之無窮"。當然這樣的理想沒有變成現實。

介紹一個古代如何稱呼皇帝的小知識。古代稱皇帝大體有兩類。第一類是死後纔有的稱呼。死後的稱呼，稱為廟號和謚號。皇帝死後牌位入廟受到後人的祭祀，在廟中所稱的名號就是廟號，往往被稱作"祖"或"宗"，祖有功，宗有德，比如唐高祖、唐太宗、宋徽宗等。其次是謚號，就是秦始皇希望除掉的稱號，但是後來的漢武帝、魏孝文帝、隋煬帝等都是以謚號稱呼的。謚號也有好壞之分，比如典型的壞謚號為煬，"好內遠禮曰煬"。廟號和謚號都是皇帝死了以後纔有的，是後人稱前代皇帝用的一種辦法。

第二類是皇帝生前就已經獲得的稱號，比如用年號和尊號來稱呼。年號主要用於明、清。明清兩代皇帝，除了明英宗和清太宗、清穆宗有兩個年號以外，其餘皇帝都衹有一個年號，所以稱皇帝用年號是比較方便、準確的，比如永樂、乾隆、光緒等。還有一種是稱尊號，不過今天習慣上用尊號來稱呼的皇帝並不多，比較常見的衹有武則天，其尊號為"則天大聖皇帝"。為什麼不稱尊號呢？因為稱尊號也比較麻煩，不少皇帝的尊號會多次進行加字、更改，導致尊號很長，不易稱呼。

秦始皇完成統一，是以軍事實力為基礎，在此後又創建了官僚帝國體制，軍事組織與官僚制之間有著密切的關係。閻步克在《士大夫政治演生史稿》中就說："軍功的提倡促成了社會的軍事化，而在一定條件下的高度軍事化，又經常意味著集權官僚制度化。發達的軍事組織與官僚制度之間，存在著天然的親和性：在集權制、科層制、分工制、非人格性以及對於效能和紀律的極意追求上，二者所遵循的原則經常是內在貫通的。"[1] 從這個角度我們可以理解，變法、富國強兵和此後秦建立的以皇帝制度為核心的官僚帝國體制之間的關係。

---

1 閻步克：《士大夫政治演生史稿（第三版）》，北京：北京大學出版社，2015 年，第 209 頁。

三、"海內為郡縣，法令由一統"：大一統帝制之創建

秦始皇統一以後，面臨的最大問題是在幅員和組織都空前巨大的帝國裏，如何能夠維持皇帝和皇室的統治權力。秦始皇當然是一個雄才大略、能力很強的皇帝。理論上所有的權力都是他的，所有的事情都是由他決定的，但實際上卻很難做到。《史記·秦始皇本紀》記載："天下之事無小大皆決於上。""上至以衡石量書，日夜有呈，不中呈不得休息。"皇帝的工作太繁重，秦始皇也忙不過來。於是他給自己定了工作量，一石在當時是一百二十斤，他一天的工作量是批閱一百二十斤的簡牘文書，並且幹不完就不休息。即便以如此的工作量，秦始皇也不可能做到"事無小大皆決於上"，因此皇帝必須要建立一套制度，幫助其管理龐大的帝國。秦始皇統一之後的制度建設，對後世產生了深遠的影響。

《商君書》云："聖人之為國也，壹賞、壹刑、壹教。"追求整齊劃一，是秦始皇制度建設的特點。首先是廢分封、行郡縣。分封制從西周開始到秦統一全國，已經實行了近千年，所以在秦始皇統一以後，丞相王綰等人就說"諸侯初破，燕、齊、荊地遠，不為置王，毋以填之"，邊遠地區，如果不封一個王，是不好管理的，因此"請立諸子，唯上幸許"，提出了分封的計劃。秦始皇把這事情讓百官來討論，"群臣皆以為便"，大臣們都認可分封的做法。這說明在當時人看來，已經實行了近千年的分封制有相當的合理性。廷尉李斯持反對意見，李斯議曰："周文武所封子弟同姓甚眾，然後屬疏遠，相攻擊如仇讎，諸侯更相誅伐，周天子弗能禁止。今海內賴陛下神靈一統，

皆為郡縣，諸子功臣以公賦稅重賞賜之，甚足易制。天下無異意，則安寧之術也。置諸侯不便。"他說分封制並不好，以前西周大行分封，最後諸侯相互殘殺，周天子無法控制。現在這些功臣、子弟，衹需要給他們一些物質上的賞賜即可，不必分封。秦始皇說："天下共苦戰鬥不休，以有侯王。賴宗廟，天下初定，又復立國，是樹兵也，而求其寧息，豈不難哉！廷尉議是。"[1]秦始皇拍板決定，肯定了李斯的意見，因此廢除分封，把戰國以來已經開始實行的郡縣制用秦的強力推行到秦國的版圖上。這是一次重要的變革。同時，秦還建立了配套的中央和地方制度，中央有三公和諸卿，地方是郡縣二級制。這些在漢代的一講當中還會進一步介紹。

其次，建立嚴格的戶籍制度和繁密的法律制度。戶籍制度在講春秋戰國變革時已經談到，它是和富國強兵的目的聯繫在一起的。同樣，秦始皇統一全國之後，"使黔首自實田"，黔首是指百姓，讓百姓登記自己的田畝、戶口，國家力圖準確掌握全國的人力資源和財稅資源。掌握最高法權也是集權的重要基礎，《漢書·刑法志》稱秦始皇"專任刑罰"。秦統一六國以後，以秦律為基礎，參照六國律，制定了通行全境的法律。換句話說，秦朝基本上是把秦律推行到了全國範圍，秦律的特點在於法網嚴密、條目繁重、輕罪重刑、嚴刑酷法。其嚴密到甚至人穿什麼樣的鞋子都有具體的規定，嚴酷到死刑之下就是不設期限的徒刑，用今天的話說，就是所有徒刑都是無期徒刑。嚴刑酷法與秦的速亡是相關的。

---

1 《史記》卷六《秦始皇本紀》，北京：中華書局，1982 年第 2 版，第 238—239 頁。

軍吏俑

將軍俑

士兵俑

圖3.6　秦兵馬俑

　　秦統一後還建立了統一的軍事制度，它規定：男子爵在不更以下，年齡在傅籍以上，一生中隨時都有被徵兵的可能性。秦軍主要是由步兵和車、騎兵構成的混合編隊，以步兵為主。通過秦始皇兵馬俑，對秦的軍隊情況也可以窺其一二。從兵馬俑中可以看到，秦已經實行了類似今天的軍銜制度。兵馬俑的不同冠飾，可以區分其身份。將軍俑頭戴鶡冠、軍吏俑著板冠，而士兵俑則沒有冠，祇著介幘或為圓髻、扁髻（圖3.6），類型等級清晰，制度化程度很高。

　　除了政治制度的建設，秦也相當重視政權合法性的宣揚，最主要的是採納了“五德終始說”。這種思想，是戰國以來興起的，認為世界是由金、木、水、火、土五種基本元素構成的。這五種元素構成了相剋和相生兩種關係，相剋關係表現為：金剋木、木剋土、土剋水、水剋火、火剋金，以此解釋政權更替的合法性。秦始皇採納此說，"以為周得火德，秦代周，德從所不勝"，周是火德，秦就自稱為水德，以水剋火之故。"方今水德之始，改年始，朝賀皆自十月朔。衣服旄旌節旗皆上黑。數以六為紀，符、法冠皆六寸，而輿六尺，六尺為步，乘六馬"（《史記・秦始皇本紀》），十月為歲首、顏色尚黑、數字配六等，都是以水德為基準進行的相關制度安排。

在中國古代，五德相剋主要用來論證通過戰爭獲得政權的合法性。中國古代政權更迭的方式，除了戰爭以外，還有禪讓。解釋禪讓政權的合法性，往往利用五德相生的說法。水生木、木生火、火生土、土生金、金生水。對政權合法性的論證，是秦政權建設中的重要一環，也為後代所繼承。

《史記・秦始皇本紀》載秦始皇"平定天下，海內為郡縣，法令由一統，自上古以來未嘗有，五帝所不及"。總的來說，皇權的加強和神化，郡縣制的全面推行，體現專制皇權的官僚機構和各種制度的建立，法律的完備和統一，皇帝對軍隊的控制加強，對政權合法性的論證等，都是專制主義中央集權的主要內容。這些內容在秦始皇建立統一帝國以後，基本建立起來，對後世產生了深遠的影響。周良霄的《皇帝與皇權》[1]，能夠幫助我們理解中國古代的皇權包括中國古代的官僚帝國體制，可供參考。

秦鞏固統一的措施還有一些。秦朝的疆域空前，為了鞏固統一，加強中央對地方的控制，就要修築道路，當時被稱為馳道。《漢書・

---

1 周良霄：《皇帝與皇權（第三版）》，上海：上海古籍出版社，2019 年。

賈山傳》記，秦"為馳道於天下，東窮燕、齊，南極吳、楚，江湖之上，瀕海之觀畢至。道廣五十步，三丈而樹，厚築其外，隱以金椎，樹以青松"。"道廣五十步"，相當於今天的六十九米左右，據考古發掘秦直道和漢馳道遺跡，路面寬度往往達到五十至六十米，與文獻所述相當。"厚築其外"就是通過多層夯築，使整個路面高於地表。"隱以金椎"，"隱"即"穩"字，即以金錐築之使堅穩。[1] 羅馬帝國建立以後，也修築了大量的道路，或許可以說明這是穩固統一帝國所必需的工作。

為了達到一統，秦還推出了統一的文字、錢幣、度量衡。中國各地的方言千差萬別，雖然語言不通，但秦以後使用同樣的文字，使書寫交流成為可能，這對中華民族文化的發展及文化認同的產生，意義極其深遠。

四、"天下苦秦"：秦國的暴政和速亡

對秦二世而亡的討論，自古就有。唐代柳宗元《封建論》說，秦"不數載而天下大壞，其有由矣。亟役萬人，暴其威刑，竭其貨賄。負鋤梃謫戍之徒，圜視而合從，大呼而成群。時則有叛人而無叛吏，人怨於下而吏畏於上，天下相合，殺守劫令而並起。咎在人怨，非郡邑之制失也。……酷刑苦役，而萬人側目。失在於政，不在於制，秦事然也"。大體上是說秦的滅亡，不是由於秦始皇奠定的這套以專制皇權為核心的官僚帝國體制，而是因為秦的暴政。

1　參王子今：《秦漢交通史稿》，北京：中共中央黨校出版社，1994年，第33—38頁。

柳宗元認為秦的速亡和其暴政有著直接的關係。這樣的分析是有見地的，史料也確實揭示出秦國在民力上的巨大濫用。《史記·秦始皇本紀》記載，秦國"隱宮徒刑者七十餘萬人，乃分作阿房宮，或作麗山。發北山石椁，乃寫蜀、荊地材皆至。關中計宮三百，關外四百餘"。參與勞作的人數量很大，工程很多，牽涉的地域範圍也很廣。"始皇初即位，穿治酈山，及併天下，天下徒送詣七十餘萬人，穿三泉，下銅而致椁，宮觀百官奇器珍怪徙臧滿之。令匠作機弩矢，有所穿近者輒射之。以水銀為百川江河大海，機相灌輸，上具天文，下具地理。以人魚膏為燭，度不滅者久之。"這段文字是對秦始皇陵墓的描述。他動用了巨大的人力物力，建設規模巨人、豪華無比的工程。雖然目前並沒有對秦始皇陵地宮進行挖掘工作，但據探測，始皇陵地宮範圍內的汞含量是相當高的，和文獻記載的"以水銀為百川江河大海"相吻合。[1] 圖 3.7 為 2001 年在始皇陵區的七號坑發現的銅仙鶴，與動物本身一樣大，十分精美，也從側面反映出始皇陵的奢華。

中國古代的帝王陵墓主要有兩種：一種叫作覆土為陵，就是在地面上建一個墳包。還有一種是依山為陵，從山上挖進去建造墓室，著名的唐高宗、武則天之乾陵，就是依山為陵的。而在覆土為陵的陵墓當中，規模最大的就要數秦始皇陵了。規劃中的秦陵封土高度不低於 115 米，受戰爭影響並沒有完成，卻也已經達到了五十多米，是中國古代封土墓葬中最高的。封土堆下發現墓壙周圍有一組環繞墓壙

1　參段清波：《秦始皇帝陵園考古研究》第六章第一節，北京：北京大學出版社，2011年，第 101—104 頁。

　　　　　　　　　　　　　　　第三講　秦始皇及其遺產

圖 3.7　秦始皇陵銅仙鶴

周邊、上部高出地表三十米左右、體量巨大、夯土厚約六至八厘米的臺階式夯土臺，可以想像始皇陵是規模多麼浩大的工程。工程都是由刑徒完成的。與浩大工程相應的，是在秦始皇陵以西趙背戶村發現的三十二座秦代墓葬。這裏共發現了骨架一百具，基本上是二三十歲的青壯年。M41 出土的一仰身直肢葬者，頭骨上有刀傷痕跡，腰部殘斷。M33 出土的八具骨架中，有一具有刀傷痕跡，俯身作掙扎狀。M34 出土骨架五組，計十一具。其中第二組的三具骨架身首異處，四肢骨與軀幹骨分離，堆置疊壓，顯係肢解。始皇陵的奢侈，趙背戶墓葬群的悲慘，可以說是秦代社會的一幅縮影。[1]

　　秦對民力的過分壓榨，是造成秦速亡的一個重要原因。《淮南子‧氾論》記載道：“秦之時，高為臺榭，大為苑囿，遠為馳道，鑄

1　李學勤：《東周與秦代文明》，上海：上海人民出版社，2007 年，第 158 頁。

金人，發適戍。入芻稿，頭會箕賦，輸於少府。丁壯丈夫，西至臨洮、狄道，東至會稽、浮石，南至豫章、桂林，北至飛狐、陽原，道路死人以溝量。"由於秦對民力榨取的苛酷，百姓疲於奔命，有的死於奔赴的路上。對秦的人口以及刑徒的數量，歷來學者的估計有比較大的差別，有估計一千萬、兩千萬者，而葛劍雄推測有四千萬左右，[1] 他是深入研究相關史料並辨析前人成果後做出的審慎判斷。李開元認為，僅阿房宮、驪山陵、長城、南越兩疆的人力動員就已經達到九百萬，按一家五口計，連累家屬就已超過了四千萬。因此他說，秦的這些大的工程，包括戰爭，幾乎牽動帝國的全部人口。[2] 這是對秦濫用民力的一個直觀認識。

秦要實施大的公共工程，加上對外戰爭，對百姓經濟上的榨取是相當苛酷的。《漢書·食貨志》稱，秦"力役三十倍於古；田租口賦，鹽鐵之利，二十倍於古"。

從秦暴政、濫用民力角度理解秦的速亡，是有道理的。近些年來一些新的研究，推進了對此問題的認識。比如對區域文化差異的揭示，有利於從更為廣闊的時空背景中來思考這一問題。這實際上回到了秦與六國的差異問題上來。前文已述，在六國人眼中，秦是虎狼之輩，其文化面貌和六國的差異較大。秦統一全國，需要統一制度，其中就包括法律的統一，還致力於移風易俗的工作。《睡虎地秦墓竹簡》的《語書》說："南郡守騰謂縣、道嗇夫：古者，民各有鄉俗，其所利及好惡不同，或不便於民，害於邦。是以聖王作為法度，以矯端民

1　葛劍雄：《中國人口史》第一卷，上海：復旦大學出版社，2002 年，第 312 頁。
2　李開元：《復活的歷史：秦帝國的崩潰》，北京：中華書局，2007 年，第 98 頁。

心，去其邪僻，除其惡俗。法律未足，民多詐巧，故後有間令下者。凡法律令者，以教導民，去其淫僻，除其惡俗，而使之之於為善也。"《語書》是在秦統一六國的大局已定時發佈的，這裏"鄉俗"被斥為"惡俗"而加以否定，讓地方官做移風易俗的工作，清除各地原有價值體系下存在的風俗習慣，目的是徹底貫徹秦的法律。[1]

如此，就引發出了新的問題。秦在政治上統一了全國，但各地在文化上的差異仍相當大。在這種情況下，把適合在秦地實施的法律強力推行到六國以後，加劇了六國舊地人民對秦政的不滿。從這個角度就可以理解，為什麼這些法律在秦國實施已久，使秦走上了富國強兵的道路，最終完成了統一，但同樣的制度推行於六國，卻造成了秦的速亡。對於這個問題，代表性論著是陳蘇鎮的《〈春秋〉與"漢道"》。陳蘇鎮指出，秦之"法律令"與關東文化存在距離，特別是與楚俗之間存在較大距離。由文化差異與衝突引起的楚人對秦人的反感，及齊、趙等地人民對楚人反秦戰爭的同情，是導致秦朝滅亡的重要原因之一。區域文化差異的因素是有解釋力的，它不僅能夠解釋天下苦秦和秦速亡的問題，而且和隨後的漢初歷史也有密切聯繫，能夠幫忙我們理解漢初的歷史。

五、"天下之勢，方病大瘇"：漢初王國問題

將漢初王國問題放在秦這一節裏，與近二十年來秦漢史研究的推進有關。漢初，尤其是在漢武帝之前這六十年，實行的郡國並行制與

1　工藤元男：《睡虎地秦簡所見秦代國家與社會》，廣瀨熏雄、曹峰譯，上海：上海古籍出版社，2010 年，第 357—361 頁。

秦有著密切的聯繫，故而放在這一講中更為合適。

　　首先來看看楚漢戰爭和西漢初年的分封。前文已述，分封制是從西周開始的，已經實行了近千年，秦廢分封，推行郡縣制，但二世而亡，在秦末之人看來，分封是具有合理性和正當性的，因此在楚漢戰爭中，項羽就已封王了。在項羽（前232—前202）和劉邦（前256—前195）之間，還有一些關鍵性的人物，韓信就是其中之一。當時武涉就對韓信說"當今二王之事，權在足下"，二王指的是劉邦

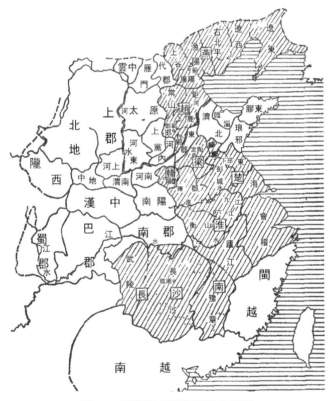

圖 3.8　西漢初年異姓諸侯王國示意圖

和項羽，"足下右投則漢王勝，左投則項王勝"。蒯通也講"當今兩主之命懸於足下，足下為漢則漢勝，與楚則楚勝"（《史記‧淮陰侯列傳》）。韓信在楚漢相爭中處於舉足輕重的地位，後來韓信支持劉邦，打敗了項羽。在功臣韓信、彭越等人的要求下，劉邦分封了七位異姓王，分別是楚王韓信、趙王張敖、韓王信、梁王彭越、淮南王黥布、燕王臧荼、長沙王吳芮。圖 3.8 是一張異姓王的分佈圖，和戰國地圖比較的話，就可以很清晰地看到，這時異姓王所居的地區就是戰國六國的舊地，從某種程度上可以說，戰國格局在漢初以分封異姓王的形式再次出現了。因此，把戰國末年到漢初的歷史，放到這樣一個單元中來看，是有其合理性的。

由於分封制傳統的存在，六國的舊貴族要求重新分封，這就促成了異姓王的形成。劉邦對這些異姓王當然是放心不下的，不久就平定了燕王臧荼的叛亂，後來又殺掉了韓信等異姓王，最終祇剩下了一個地處邊遠的長沙王吳芮。剪除異姓王之後，劉邦推行郡縣制也存在障礙，陳蘇鎮研究認為，"秦以郡縣治東方，用秦吏秦法經緯天下，移風濯俗，結果激起東方社會的反抗，其中楚人表現得最激烈，齊人、趙人次之，其間包含著區域文化差異與衝突。而在劉邦重建帝業的過程中，這種區域文化的差異與衝突又一次顯現出來，且仍以楚、齊、趙三地最為明顯。由此我們看到，在東西文化尚未充分融合，戰國時代的文化佈局依然存在的情況下，劉邦建立漢家帝業，一方面必須'承秦'，包括承秦之制，另一方面又必須尊重東方社會的習俗"，這"是漢初實行郡國並行制的深層背景"，"郡國並行的本質可能是東西異制，主要意義則是允許東方王國在一些方面和一定程度上從俗而治"。[1] 在劉邦除掉異姓王後，六國舊地和秦舊地的差距仍然存在，推行以秦法為基礎的漢法仍然存在問題，所以在除掉異姓王之後，劉邦並沒有馬上推行郡縣制，而是在異姓王的舊地接著分封了同姓王。這是分封同姓王的重要因素之一，另外還有一個因素，就是通過對秦二世而亡的反思，統治者普遍認為還是需要分封宗室拱衛皇權。

西漢從因功封王變成了因親封王（表 3.1），地盤仍然是六國的舊地。在分封之初，同姓王的地盤相當大，當時漢朝共有 54 個郡，諸侯國佔據了 39 個，而且《漢書·諸侯王表》說大的王國，"夸（跨）州兼郡，連城數十，宮室百官同制京師"。諸侯國經濟上也有相當實力，各王國統治的人口總數，將近中央直轄地區人口的一倍。人口在古代史上是極其重要的資源，而漢初這種現象就意味著，諸侯國的力量要強於中央，這對中央地區無疑構成了一種潛在的威脅。另外，在王國內，諸侯王也有相當大的自主權。諸侯王"自置吏，得賦斂"，政治上，除了王國相由皇帝任命，剩下所有的官員由諸侯王自己任命；經濟上，有置稅權和徵稅權，需要徵的稅和徵稅方法都由諸侯王自定。諸侯王"自為法令，擬於天子"，諸侯國法律用的不是漢律，而是以六國習俗、舊律為基礎的法律。

1　陳蘇鎮：《〈春秋〉與"漢道"：兩漢政治與政治文化研究》，北京：中華書局，2020年，第 85、73 頁。

表 3.1　漢初同姓王

國名	荊	楚	齊	吳	淮南	趙	梁	淮陽	代
王名	劉賈	劉交	劉肥	劉濞	劉長	劉如意	劉恢	劉友	劉恆
與劉邦關係	從父子	弟	子	兄子	子	子	子	子	子

　　因此，西漢前期諸侯國的存在，是在經濟權力、政治權力、法律權力上對皇權的分割。面對此種局勢，中央十分忌憚。賈誼的《新書》談到，"建武關、函谷關、臨晉關者，大抵為備山東諸侯也"，這些關隘的設置就是為了對付山東的諸侯國勢力。這個山東，還是指崤山以東地區，即關東地區。"天子之制在陛下，今大諸侯多其力，因建關而備之，若秦時之備六國也"，賈誼已經清楚地看到了漢初和戰國格局的相似性，"禁遊宦諸侯及無得出馬關者，豈不曰諸侯得眾則權益重，其國眾車騎則力益多，故明為之法，無資諸侯"，要限制一些戰略物資從關中地區流入關東地區。辛德勇對此也有論述："西漢初年，沿承秦制，嚴厲限制關中與關東地區的人員往來。秦漢時期在地緣政治意義上，有一更為強烈的 '關中本位政策'，其核心內容是區別對待關中和關東地區，依託關中，控御關東，特別是中原地帶。"[1] 不論是漢人的看法，還是現代學者的討論，都指明了一點：這個時期，地處秦關中舊地的中央對東方的勢力是頗為忌憚的，而這種格局也是戰國格局的延續。

　　這樣的情況，西漢文帝、景帝後開始著手處理。文帝即位初年，

---

[1]　辛德勇：《兩漢州制新考》，載辛德勇：《秦漢政區與邊界地理研究》，北京：中華書局，2009 年，第 112 頁。

發生了淮南王劉長和濟北王劉興居的叛亂，雖然叛亂很快就被鎮壓，但是諸侯王對中央造成威脅的萌芽已經出現。當時就有人提出應對策略，比如賈誼上《治安策》，分析了當時的形勢，"天下之勢，方病大瘇，一脛之大幾如要，一指之大幾如股"，意思是說，現在天下的形勢就像一個人得了腫病一樣，人的小腿腫得跟腰一樣粗，一個指頭腫得跟大腿一樣粗。"失今不治，必為錮疾"，現在不去管它，以後更管不了；"後雖有扁鵲，不能為已"，即使有扁鵲這樣的神醫，都醫治不了。因此，他給漢文帝的建議是"眾建諸侯而少其力"，某位諸侯去世後，他的地盤要分給他的若干個兒子。這樣諸侯的數量增多了，每一個諸侯的力量就變得小了。漢文帝採納了他的建議。漢景帝時，御史大夫晁錯意識到諸侯國對中央威脅的加劇，上《削藩策》，說按照現在的形勢來看，諸侯國"削之亦反，不削亦反。削之，其反亟、禍小；不削，其反遲，禍大"，即，現在削藩，諸侯王可能馬上就會出現動亂的局面，但是造成的影響比較小；如果現在不削，諸侯王遲早還會反叛，等到了那個時候，動亂的影響就會更大。晁錯提出削藩的建議，相對於"眾建諸侯少其力"來說，是一種更激進的措施。"眾建諸侯少其力"祇是把諸侯的地盤一分為二，一分為三，總的地盤沒有變化，而削藩是把諸侯國所屬的郡縣直接歸屬中央，自然是更為激進。當漢景帝按照晁錯的建議實行了削藩以後，也正如晁錯所預料的那樣，爆發了諸侯國的叛亂，是為"吳楚七國之亂"。戰亂爆發以後，中央派周亞夫率兵鎮壓，過程比較順利，因為漢文帝的"眾建諸侯少其力"政策已經發揮了作用，除了吳、楚以外，剩下的勢力都不堪一擊。

從景帝平定叛亂到武帝時期，中央又進一步做了制度上的調整。景帝五年（前 152）下詔，"諸侯王不得復治國，天子為置吏"，中央開始任命諸侯國的官員。到了漢武帝時期，進一步推行了"推恩令"、"左官律"、"附益法"等。經過一系列措施以後，"諸侯惟得衣食租稅，不與政事"（《漢書·諸侯王表》），諸侯王祇剩下經濟上的特權，政治上已經沒有什麼權力，王國的問題基本得到了解決。

這裏想推薦一部近二十年來秦漢史研究中很有影響的著作 —— 李開元的《漢帝國的建立與劉邦集團》，前述內容也多參考此書。李開元提出，"西漢二百餘年，以武帝期為界，前後之歷史狀態差異極大。漢初之六十餘年間，其歷史狀態具有相當的獨特性，而此種獨特性，又在很大程度上是戰國末年以及秦楚漢間歷史特徵的延伸。"[1] 他清晰地指出，漢初的歷史放在戰國末年至秦、楚、漢初這段歷史來看的話，更能成為一個完整的歷史單元，便於我們理解這段歷史。為此，他提出"後戰國時代"的概念，認為漢初這段歷史是戰國格局的復活。此概念揭示了時代特性，對深入地理解這段歷史，有重要價值。書中還提出了另一個更具學術張力的概念 ——"馬上天下"，此概念有不同的層次。一方面，中國古代國家的建立通過戰爭完成，戰爭形成了一個軍功的受益集團，此集團的發展影響了國家的發展。另一方面，李開元還從"馬上天下"概念，引申到中國古代王朝的循環問題，把思考引向了中國古代史的基本問題。

---

1 李開元：《漢帝國的建立與劉邦集團 —— 軍功受益階層研究》，北京：生活·讀書·新知三聯書店，2000 年，第 74 頁。

近二十年來，秦漢史研究領域一個相當重要的推進，就是注意到，秦在政治上統一之後，文化上還沒有統一，政治統一和文化統一是不同步的。以前學界重視政治統一，對文化統一這方面重視不夠，所以在解釋秦亡的歷史時，多強調秦的暴政。但是如果我們僅僅以暴政角度，就難以解釋漢初六國格局復活的歷史狀態。若從文化的角度，從政治、文化統一不同步的角度來談，對形成整體的解釋更有益處。這裏再引用陳蘇鎮的研究："劉邦雖已稱皇帝，其實仍是項羽式的'霸王'。此後出現的劉邦消滅異姓王以及文景削弱同姓王的過程，既是楚漢之爭的繼續，也是承秦立漢的繼續，這一過程完成之際纔是漢家帝業真正建成之時。"[1] 各地區，特別是秦舊地與六國舊地之間文化的差異減小了，統一纔能真正地建立起來；漢帝國繼承的秦制，纔能夠在此基礎上完善起來。胡寶國也有類似的論述："極而言之，政治上結束戰國是秦代，而文化上結束戰國卻是在漢代。衹是政治的演變往往有明確的界標，而文化的變遷卻沒有清晰的標誌。"[2] 以上三位學者都是從不同的角度，關注到漢初這段歷史的特殊性，使我們對這段歷史，有了更深刻的認識，對秦的速亡，以及漢初的實行郡國並行制，也有了更深入的理解。

本講內容強調了戰國時代秦和六國的差別，秦國固有的戎狄性與法家的治國方略有相契合之處，這使得秦的變法後來居上，富國強

1　陳蘇鎮：《〈春秋〉與"漢道"：兩漢政治與政治文化研究》，北京：中華書局，2020年，第79頁。
2　胡寶國：《〈史記〉與戰國文化傳統》，載胡寶國：《漢唐間史學的發展（修訂本）》，北京：北京大學出版社，2014年，第8頁。

兵，最終完成了統一。而政治的統一和文化的統一是不同步的，秦完成了政治統一以後，把秦政強行推行到六國，由於文化差異存在，引起了六國強烈的不滿和衝突，這是秦二世而亡的重要原因之一，同時也是漢初實行郡國並行制的深層背景。當文化上的統一漸漸完成之時，漢代的帝國體制纔真正地建立起來。在這個時期，也發生了重要政治地理格局的變化。本講一直在強調秦與六國之間的差別，也就是一個東西並立的問題，而在秦漢之際還有一種新的政治地理格局正在出現，就是南北對峙。所謂的北，指的是秦始皇統一中國之際出現的匈奴帝國，這是一個統一的游牧帝國。游牧帝國和農耕帝國之間、游牧文化與農耕文化之間的對立和衝突，影響了此後中國兩千年的歷史。

閱讀書目

李學勤：《東周與秦代文明》第十四章、第十五章，上海：上海人民出版社，2007 年。

閻步克：《士大夫政治演生史稿（第三版）》第六章、第七章，北京：北京大學出版社，2015 年。

李開元：《漢帝國的建立與劉邦集團：軍功受益階層研究（增訂版）》第三章、第六章，北京：生活·讀書·新知三聯書店，2023 年。

陳蘇鎮：《〈春秋〉與"漢道"：兩漢政治與政治文化研究》第一章，北京：中華書局，2020 年。

陳蘇鎮：《研究中國古代政治文化的力作 —— 讀〈士大夫政治演生史稿〉》，《北京大學學報（哲學社會科學版）》1998 年第 1 期。

葉煒：《自覺的理論意識 —— 讀李開元先生〈漢帝國的建立與劉邦集團〉》，《北京大學學報（哲學社會科學版）》2001 年第 1 期。

陳侃理：《讀〈《春秋》與漢道〉》，《讀書》2012 年第 7 期。

● 漢代從無為走向全盛

第四講

本講主要介紹兩漢四百餘年的歷史。

秦統一以後，建立了以專制皇權為核心的官僚帝國體制，但它因秦朝的速亡而瓦解。實際上，西漢（前206—9）初年並沒有繼承統一的帝國體制，而是實行東西異制、從俗而治的方針，封建制度重新復活。真正把秦始皇的這套體制繼承並穩定下來，成為此後兩千年中國古代政治制度基礎的，是在西漢中期的漢武帝時期。這個過程也是西漢從無為走到全盛的過程。此外，西漢中期不僅從政治體制上奠定了此後兩千年的基礎，而且還從統治思想上奠定了儒表法裏的意識形態基礎。同時，作為帝國的早期階段，從制度到政治，還體現出不成熟的特徵，宗室、外戚、宦官問題的接連出現，便是一種體現。從西漢到東漢，豪強士族的勢力逐漸興起，東漢（25—220）的政治深深打上了豪強士族的烙印。而豪強士族也是東漢從統一走向瓦解的重要因素之一。因此，本講主要圍繞這三個問題來講述兩漢四百餘年的歷史。

一、從無為到全盛

如上一講所述，西漢初期實行郡國並行制，特別是在東方地區採用了從俗而治的管理方式。對於西漢整體而言，也是採取黃老無為而治。"黃老"是和"莊老"相對而言的概念。黃老和莊老是道家思想的兩個分支，"黃"指黃帝，"老"指老子，黃老之術與政治、統治思想息息相關。採用黃老之術的主要原因在於，漢初社會經濟凋敝、統治者吸取秦速亡的教訓、"布衣將相"之局，以及東西異制、從俗而治的政治狀態。

"漢興，接秦之敝，諸侯並起，民失作業而大饑饉。凡米石五千，人相食，死者過半。……天下既定，民亡蓋藏，自天子不能具醇駟，而將相或乘牛車。"出自《漢書·食貨志》的這段文字，描述的就是漢初天下凋敝的狀況。秦末戰亂，民不聊生。漢初天下雖然已經安定，但是老百姓家裏沒有什麼積蓄，就連皇帝都找不到四匹顏色一樣的馬來拉車，而將相則可能連馬車都沒有，祇能將就乘牛車了。《史記》亦稱"大城名都散亡，戶口可得而數者十二三"。這表明當時戶口數量的急劇減少。我們多次強調，戶口的數量反映了古代的經濟發展水平和政府控制能力。戶口的減少，一方面意味著經濟的凋敝，同時也意味著國家所能夠掌控的戶口數下降，國家的經濟實力和能力都被嚴重削弱了。在此狀況下，採取無為而治的方針就是有緣由的了。

經過了秦的短暫統治，以及秦漢之際的動盪不安，漢初時人反思這段歷史，《老子》受到更多的關注，他們重新閱讀《老子》，發現書中所講的道理正好和秦以及秦漢之間這段歷史相吻合。《老子》有這樣的說法："法令滋彰，盜賊多有"，秦的法令繁密且殘酷，但盜賊多起；"民不畏死，奈何以死懼之"，即便法令嚴酷，秦末百姓還是揭竿而起，並不怕死。老子還說，"飄風不終朝，驟雨不終日"，大風大

圖 4.1　唐吳道子繪老子像

雨持續的時間是不會長的，就好像秦的統治一樣，二世而亡；"為者敗之，執者失之"，"為者"是有為者，"執者"是執意堅決者，秦始皇和項羽都是這樣的為者、執者，但最終他們都失敗了；而"自勝者強"，在當時人看來，劉邦就是這樣一個自勝者。劉邦是地痞無賴出身的酒色財氣之徒，但是他攻下了咸陽以後，"財物無所取，婦女無所幸"，他能夠抑制自己的慾望，最終成功。所以《老子》裏的話，在當時人看來正是和這段歷史吻合的，漢初時

人又重新思考《老子》，並獲得了啟發。在世界史中也可以看到類似的影子。《老子》在世界的影響，以一戰後在德國的影響為最大，當時的德國也是處於戰爭後的社會凋敝之中，那時候人們也有興趣去讀《老子》。據說當時《老子》的譯本包括注本達到幾十種。從秦始皇到漢高祖的歷史是道家學說最好的注腳，故漢初之人對老子及其道家學說更為重視。[1]圖 4.1 是唐代吳道子所繪老子像。

1　參張蔭麟：《中國史綱》第十章第一節 "道家學說的全盛及其影響"，上海：上海古籍出版社，1999 年。

清代著名史學家趙翼（1727—1814）在其著作《廿二史劄記》中，提出"布衣將相之局"的觀點："漢初諸臣，惟張良出身最貴，韓相之子也。其次則張蒼，秦御史；叔孫通，秦待詔博士。次則蕭何，沛主吏掾；曹參，獄掾；任敖，獄吏；周苛，泗水卒史；傅寬，魏騎將；申屠嘉，材官。其餘陳平、王陵、陸賈、酈商、酈食其、夏侯嬰等，皆白徒。樊噲則屠狗者，周勃則織薄曲、吹簫給喪事者，灌嬰則販繒者，婁敬則挽車者。一時人才皆出其中，致身將相，前此所未有。蓋秦、漢間為天地一大變局。"這是很有眼光的認識，他揭示出了一個很大的變化：先秦以來的建國者，都是貴族出身，到了西漢，纔有從皇帝到重要功臣，都是非貴族出身的情況。漢初從皇帝劉邦到將相，他們出身都是比較低微的，這意味著他們受的教育並不多，對儒家和法家的治國理論都不很熟悉，而道家的思想相對比較容易掌握，採用道家的治國理念也就是順理成章的了。

再看看"東西異制"的問題。秦的速亡一方面是由於暴政，同時也在於文化上存在廣泛的差異，當秦把它的一套政治措施推行到六國的時候，遭遇到了反彈。在文化依然沒有統一的情況下，漢初退一步而行，在秦的舊地和六國的故土實行不一樣的政策，這就是"從俗而治"。從俗而治實際上就是符合道家"無為而治"主張的，即不對當地多加干預，各地按照自己的方式和傳統治理。以上四個方面共同構成了漢初採用黃老道家思想，採取無為而治的背景。

具體探討"無為而治"，首先要理解黃老的思想。《漢書·藝文志》說："道家者流，蓋出於史官，歷記成敗存亡禍福古今之道，然後知秉要執本，清虛以自守，卑弱以自持，此君人南面之術也。"君人南面之術，指的是君主的治國之術、政治哲學，所以黃老道家思想與莊老道家思想是不一樣的。黃老道家思想包含統治思想在內，這在莊老道家思想中是沒有的。西漢陸賈反思道："秦始皇設刑罰，為車裂之誅，以斂姦邪，築長城於戎境，以備胡、越，征大吞小，威震天下，將帥橫行，以服外國，蒙恬討亂於外，李斯治法於內，事逾煩天下逾亂，法逾滋而天下逾熾，兵馬益設而敵人逾多。秦非不欲治也，然失之者，乃舉措太眾，刑罰太極故也。"陸賈認為秦失敗的關鍵在於"舉措太眾，刑罰太極"，國家對民力使用過度，治理措施又過於嚴酷、繁密，為六國舊地的百姓所不能容忍，導致秦之速亡。好比說秦國是一輛馬車，由於跑得太快而散架了，西漢想要繼續駕駛這輛破車，就必須由駕駛者放慢速度以維持穩定。陸賈提出統治的核心理念是"道莫大於無為，行莫大於謹敬"[1]。

漢初丞相曹參的所作所為，能夠比較典型地反映"無為而治"的思想及其治理方式。《史記·曹相國世家》記載，曹參相齊，"聞膠西有蓋公，善治黃、老言，使人厚幣請之。既見蓋公，蓋公為言，治道貴清靜而民自定，推此類具言之"。蓋公對黃老之術是比較熟悉的，認為國家和地方政府對百姓的生活、生產，不過多地干預，這樣百姓的生活就可安定下來。"參於是避正堂，舍蓋公焉。其治要用黃老術，相齊九年，齊國安集，大稱賢相"，由於曹參請了蓋公，並採取了蓋公提出的建議，他相齊之九年的政績是比較好的。後來曹參代蕭何為漢相國，"舉事無所變更，一遵蕭何約束"，這就是大家耳熟能

1　王利器：《新語校注》卷上《無為第四》，北京：中華書局，1986年，第59—62頁。

詳的"蕭規曹隨"的故事。曹參施政的主要特點是,"擇郡國吏木訥於文辭,重厚長者",實行無為而治用"長者",長者一般指年歲比較大的人,在當時的背景之下,還有寬厚、仁慈、廉潔等特點,曹參選拔這類人做他的僚屬。與此相對,"吏之言文刻深、欲務聲名者,輒斥去之",他不用那些想要有所作為的人。曹參"日夜飲醇酒。卿大夫已下吏及賓客見參不事事,來者皆欲有言。至者,參輒飲以醇酒,間之,欲有所言,復飲之,醉而後去,終莫得開說,以為常",曹參不給那些想提建議者說話的機會。用現在的話說,"不折騰",這就是"無為而治"的重要特點。

《漢書·循吏傳》載,漢初"反秦之敝,與民休息,凡事簡易,禁罔疏闊,而相國蕭、曹以寬厚清靜為天下帥","民務稼穡,衣食滋殖"。無為而治的政策之下,在漢文帝和漢景帝時期,出現了歷史上有名的"文景之治"。統治者躬修節儉,帶頭過著比較儉樸的生活。文帝曾經打算修一座露臺,後來聽說修建的費用達到百金,相當於普通人家十家的財產,於是便放棄了。在此期間,還採取了輕徭薄賦的政策,十五稅一,甚至三十稅一。此外,相對於秦嚴刑酷法,漢初輕刑慎罰。近年湖北江陵張家山漢墓出土了《二年律令》和《奏讞書》,使學者得以瞭解西漢前期的法律及其執行情況。從刑名上來講,很多刑罰來自秦國的法律,但是在量刑上比秦要寬鬆一些。文帝廢除了肉刑,把秦的無期徒刑改為有期徒刑。在這樣的治理措施下,也就是在漢初的無為而治之下,出現了百姓生活比較安定的局面,這就是歷史上的文景之治。文景之治與日後的貞觀之治、開天盛世、康乾盛世都不太一樣,其特點在於社會整體並不是十分富庶,但是老百姓生活相對比較寬鬆、安定。

經過了漢初的休養生息，國家的財富不斷積累，到了漢武帝時期，統治方針發生了變化。漢武帝是一位雄才大略的皇帝，開始放棄黃老之術和東西異制，轉向建立一套大一統的體制，把秦始皇所建立的以專制皇權為核心的官僚帝國體制鞏固了下來，真正奠定了此後兩千年的基礎。

漢武帝時期，加強皇帝和中央的權力，是其政策的核心之一。政治上主要舉措是，規範中央制度，加強對地方的控制。秦已經建立了三公諸卿的制度，三公由三個職位共同構成，在不同的時期，三公的名稱並不一致。秦和西漢前期的三公，是太尉、丞相、御史大夫；西漢後期的三公是大司馬、大司徒、大司空；東漢的三公是太尉、司徒、司空。秦和西漢前期的三公，地位並不平等。丞相是主要負責人，御史大夫是丞相的副手，太尉並不常設，經常由丞相代理。這個時期可以說是以丞相為主的三公制。從西漢後期到東漢則是"三公鼎立"，意即三公按照職責有所區分，但地位上大體一致。

在秦和西漢前期，三公中的丞相地位最高，是當時的宰相。在中國古代史上，宰相並不是一個特別規範的名稱，稱為"宰相"的職位祇在契丹所建立的遼朝出現過，而其他的時期，哪些職位可以認為是宰相就是可以討論的了。我們參考祝總斌的著作《兩漢魏晉南北朝宰相制度研究》，他主要從宰相權力角度界定了中國古代史上的宰相，提出宰相應該具備兩種權力：參與討論國家大事的議政權和監督百官執行權。用《後漢書・陳忠傳》的話說，就是三公"入則參對而議政事，出則監察而董是非"。董，即督察之意。

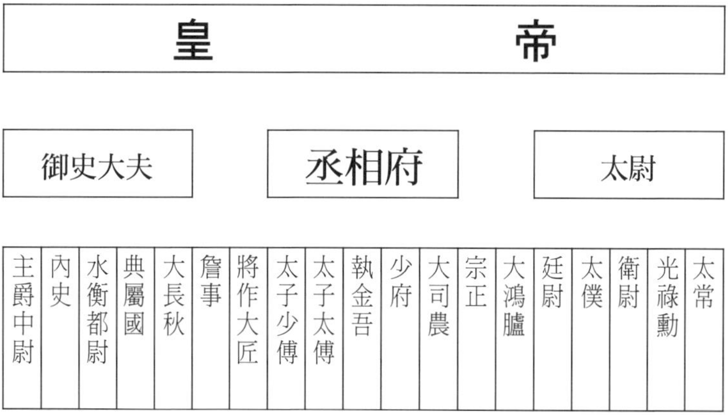

皇　帝

御史大夫　　丞相府　　太尉

主爵中尉　內史　水衡都尉　典屬國　大長秋　詹事　將作大匠　太子少傅　太子太傅　執金吾　少府　大司農　宗正　大鴻臚　廷尉　太僕　衛尉　光祿勳　太常

圖 4.2　秦漢三公諸卿示意圖

　　西漢丞相有一個龐大的機構，稱為丞相府。丞相府有若干曹，具體的曹名現在並不十分清楚。丞相府的屬官，除了長史和司直由皇帝任命外，其餘各曹的僚佐都由丞相自己來聘請委任，這就造成這些曹的屬員與丞相之間構成了又一重的君臣關係，他們忠於自己的長官丞相，甚於忠於皇帝，這與後世的宰相具有比較大的差異。

　　在三公之下有所謂"九卿"，這九卿並不是一定有九個，而是一個約定俗成的說法，準確地說應該是"諸卿"（圖 4.2），這是對丞相、御史大夫以下所設立的分掌實際政務的機構長官的總稱，相當於今天國務院下屬的各個部。西漢諸卿最顯著的特點在於，其中不少尚有為皇帝個人服務的色彩和使命。比如太常，原來又稱奉常，負責管理皇帝家廟；光祿勳負責皇帝的保衛工作；衛尉也是負責皇帝保衛的，它和光祿勳有分工，光祿勳是更貼身的保衛，衛尉則負責外圍的保衛；太僕是給皇帝駕車的；廷尉負責刑獄；大鴻臚負責外交；宗正負責管理皇帝的宗族事務；大司農管理國家財政；少府管理帝室財政。諸卿中的太常、光祿、衛尉、太僕、宗正、少府都與皇家的事務相關。國家機構與帝室機構關係密切，這是帝國建立早期的顯著特點，國家機構深深打上了皇帝個人及其家庭的烙印，其中在財政領域表現得尤為明顯。國家的財政由大司農掌管，少府管理皇帝財政，即所謂的"大司農供軍國之用，少府以養天子"。《漢書·王嘉傳》記載，西漢後期元帝"溫恭少欲，都內錢四十萬萬，水衡錢二十五萬萬，少府錢十八萬萬"。這是國家一年的收入，其中都內錢四十萬萬為大司農掌管，水衡錢和少府錢都是皇帝的收入，加起來達到四十三萬萬，超過了國家財政的收入，帝室財政在整個財政收入中佔的比重相當大。

制度相對穩定，但不會一成不變。西漢中期特別是武帝時期，制度發展出現了一些新的現象，而這些現象漸漸成為日後制度變更的起點。其中最引人注目的是中朝官和尚書的發展。"中朝官"的"中"是內的意思，相對於朝廷的"外"，"中朝官"即在宮內辦公、值班，為皇帝處理日常政務，特別是重大政務充當參謀、顧問的角色，包括大司馬、侍中等。還有一類是尚書，"尚"是掌管的意思，"書"指文書，尚書原來是傳遞文書的一些小官，職位並不太重要。漢武帝時，由於機構、大臣上疏太多，皇帝自己看不過來，因此需要找人幫助皇帝，對文書做先行處理，或是總結，或是提出初步的處理意見等。這樣，尚書的權力漸漸提升。之後"領尚書事"一職設立，成為尚書的首領，幫助皇帝審批文書，尚書機構由此發展。

中朝官和尚書的共同特點，是他們都在皇帝周圍工作，幫助皇帝處理政務，這可以與上文講的無為而治聯繫起來看。漢初的布衣將相大多文化程度不高，而且又實行無為而治的政策，他們對儒家、法家的治國理念並不需要特別在意。這些功臣們的子弟，也沒有因為自己家庭優越的地位而獲得更好的教育。按照漢武帝以前的慣例，三公祇能由功臣子弟擔任，而這些功臣的後代又不能成為皇帝有力的輔佐，故而漢武帝的用人問題愈發突出。在中國歷史上，當皇帝認為宰相能力不足的時候，通常有兩種處理方式，一是增加宰相的人數，讓更多的人參與到謀議中來；一是任用近臣，皇帝與身邊的人商量。漢武帝即選擇了後者。所以此時，在皇帝身邊的中朝官以及幫助皇帝處理文書的尚書，就漸漸地發展壯大，使得三公的地位有所下降。隨著尚書機構的發展，東漢產生了尚書臺這一機構。

尚書臺的產生也有其背景。東漢光武帝劉秀（前 5 — 57）建國以後，不願大權旁落，重蹈西漢後期的覆轍，所以不重三公，而是利用自己更信任的、更易操控的尚書機構。尚書臺有一位千石的尚書令作為長官，副官包括尚書僕射、尚書左右丞等，以及諸曹尚書、諸曹郎。相比於當時秩級萬石的三公，尚書令的秩級僅僅是千石，兩者地位差距很大。任用千石之官的優點，一方面在於制度對其資格限制較少，皇帝可以比較靈活地選任；另一方面因為其地位與三公相比較低，皇帝也更便於驅使。

制度一方面具有相對穩定性，同時也在不斷地調適、變化。前文已述，西漢以丞相為主導的丞相府的府屬，除了長史、司直，都由丞相自己任命，這些府屬對丞相的效忠程度甚至超過了對皇帝。對於異己力量，皇帝自然不能任其發展下去。因此，到了東漢尚書臺時期，尚書令和諸曹郎均由皇帝任命，較為妥善地解決了這個問題。從政治學的角度來看，丞相和丞相府屬之間是一種二級結構，而尚書臺是尚書令、尚書僕射、尚書左右丞、諸曹尚書的多層級結構，也是更為合理的安排。在皇帝主觀不願大權旁落和客觀行政合理化的雙重背景下，東漢時期，尚書臺的地位越來越重要，所以有"雖置三公，事歸臺閣"一語，即雖然東漢三公仍然是制度上的宰相，但是政事卻多由尚書臺處理。發展到了西晉以後，尚書臺成為新的宰相機構。[1]

漢武帝時期，中央對地方的控制也大為強化。西漢前期，中央對地方的控制較弱，有所謂"東西異制"，即東方諸國從俗而治，地方的權力相對較大。而隨著漢武帝推行了一系列政策，諸侯王國的問題得以解決，中央對地方的控制程度也有所上升。其中很重要的一個制度建設，是設置了監察官員。漢武帝在元封年間設置了十三個監察區，稱為十三州部，每一州部設一個刺史。《北堂書鈔》說"刺者，言其刺舉不法"，對不法的事情進行糾察；"史者，使也，言為天子之所使也"。刺史是協助皇帝監督地方的官員。

州是監察區而非行政區，而且，州刺史也沒有固定的治所辦公，即"傳車周流，匪有定所"。刺史也沒有制度上的僚佐，而是一個人帶著隨從，定期對地方進行巡查、監督。刺史的地位也比較低，祇是一個六百石的官，而他的監督對象是二千石的郡太守。具體監察內容，被稱為"六條問事"。第一條是"強宗豪右佔田逾制、以強凌

1　關於中央制度的討論，參祝總斌：《兩漢魏晉南北朝宰相制度研究》第二至五章，北京：北京大學出版社，2017 年。

弱"，第二條是"二千石不奉詔書"、"侵漁百姓"，等等。[1] 從中可以看到，第一條針對豪強，後五條針對二千石的郡太守。所以，刺史代表、協助天子管理地方，特別是管理地方官的意義是十分明確的。刺史是中國古代最早設立的地方監察官，奠定了中國古代監察制度的基礎。用小官監察大官的設計思路，也為後代監察制度所繼承。對於這種制度設計，顧炎武《日知錄》說"夫秩卑而命之尊，官小而權之重，此小大相制，內外相維之意"；趙翼《陔餘叢考》也說"官輕則愛惜身家之念輕，而權重則整飭吏制之威重"。這些人的地位較低，為了升遷，會更加努力地履行其監督職責。

漢武帝時期，頻繁的征戰耗費了大量的財富，因此武帝施行了一系列經濟上的壟斷措施，以加強中央的財政能力。西漢前期，鑄幣的權力相當分散，有些諸侯國也可以自己鑄幣。武帝首先改鑄全國統一使用的五銖錢，嚴禁私鑄。之後又收回了郡國鑄錢的權力，五銖錢由中央專門的水衡三官鑄造。其次是推行鹽鐵專營。鹽是日常生活必需品，隨著西漢時期鐵農具的推廣，鐵的地位也越來越重要，漢武帝希望把這些關乎國計民生的大宗生意控制在國家手裏。元狩四年（前119），漢武帝在產鹽區設置鹽官，在產鐵區設置鐵官，由鹽鐵官統一

1　具體詳見《漢書》卷一九上《百官公卿表》顏師古注引《漢官典職儀》："一條，強宗豪右田宅踰制，以強凌弱，以眾暴寡。二條，二千石不奉詔書遵承典制，倍公向私，旁詔守利，侵漁百姓，聚斂為姦。三條，二千石不卹疑獄，風厲殺人，怒則任刑，喜則淫賞，煩擾刻暴，剝截黎元，為百姓所疾，山崩石裂，祅祥訛言。四條，二千石選署不平，苟阿所愛，蔽賢寵頑。五條，二千石子弟恃怙榮勢，請託所監。六條，二千〔石〕違公下比，阿附豪強，通行貨賂，割損正令也。"班固：《漢書》，北京：中華書局，1962 年，第 742 頁。

主持生產和銷售，嚴禁私產私售，這樣朝廷一方面獲得了重利，另一方面也打擊了以前從中得到巨額收入的富商大賈和大手工業者。《鹽鐵論》評價道："當此之時，四方征暴亂，車甲之費、克獲之賞以億萬計，皆贍大司農"，此皆"鹽鐵之福也"。與之相應，中央實行均輸和平準，即調劑運輸和平抑物價。均輸是調劑運輸，國家控制土特產品的徵收、運輸、買賣；平準是國家以賤買貴賣的方式平抑物價。國家以此調控國家經濟，並從中獲利。此外，武帝還推出了直接打擊富商大賈的算緡和告緡政策。算緡是對大商人徵收的不動產稅，每兩千錢收一百二十錢，直接上交國家。若有人隱瞞資產，不按照這個比例上交，國家鼓勵揭發，被告者的財產全部沒收，其中一部分獎勵告發者，即為告緡。

從社會角度說，武帝的主要措施是打擊不利於中央集權的勢力，尤其是豪強和游俠。當時的豪強主要包括六國的舊貴族和一些新興的商人地主，這些人"武斷鄉曲"，在自己家鄉的影響力相當大，如《史記》說，"濟南瞯氏，宗人三百餘家，豪猾，二千石莫能制"。解決的舉措則為遷徙，如《史記·主父偃列傳》所記，"茂陵初立，天下豪桀并兼之家，亂眾之民，皆可徙茂陵，內實京師，外銷姦猾，此所謂不誅而害除。上從其計"。皇帝即位後很重要的一件事，是要給自己修建陵墓，茂陵即武帝陵。有人建議，趁此機會把那些豪強地主強行遷到茂陵。離開了宗族、鄉里的背景，豪強地主的實力自然大打折扣。這種控制地方勢力的辦法，並不是武帝的新創，而是從商周以來就有的方式。

武帝著手打擊的另一對像是游俠，他們屬於一種更古老的勢力。

先秦學者就提出"俠以武犯禁"。《史記·游俠列傳》說"今游俠，其行雖不軌於正義，然其言必信，其行必果，已諾必誠"，同書《季布列傳》也說，"楚人諺曰，得黃金百，不如得季布一諾"。游俠是社會形成的一種力量，"不軌於正義"，與當時的法律有一定的衝突，但卻被民間所信賴，對中央來說也是一種異己力量。游俠與國家所制定和維護的秩序相衝突，自然要嚴屬打擊。游俠階層在當時與東方的文化配合得更為緊密，所以游俠階層是東方社會抗拒漢朝整合文化、實現法度大一統的最後堡壘。這裏法度的大一統，指的是西漢把繼承秦法而來的西漢法律推行到全國。打擊游俠的辦法實際上也主要是遷徙。郭解就是一位有名的游俠，影響力很大，有許多追隨者。郭解的家境並不富有，達不到要遷徙的程度，但是中央仍然要遷徙他，甚至把他殺掉。當時的御史大夫公孫弘解釋說，郭解是"布衣為任俠行權，以睚眥殺人"。所謂"以睚眥殺人"，就是某人瞪了郭解一眼，可能就會有人把瞪郭解的人殺掉。雖然郭解自己不知道，但是"此罪甚於解殺之"，其造成的社會影響比郭解親自殺人還要嚴重，因此朝廷一定要殺掉他。

陳蘇鎮認為，"在舊貴族和諸侯王問題都已基本解決之後，漢朝終於向游俠宣戰了。於是，在武帝的支持和直接干預下，大批關東豪俠被遷入關中，郭解則'家貧'而被徙，'無罪'而被誅。武帝這一舉動所針對的不僅是郭解，也不僅是關東豪傑，而是整個東方文化，是與漢朝法律仍然抵牾不合的關東舊俗。公孫弘說得好，郭解身為布衣，卻按民間的習俗和準則行使官府的權力，這比親手殺人危害更大"，自武帝遷徙豪傑，誅殺郭解之後，關東游俠的活動大大衰落了。[1]

　　經過了制度上的規範和變革，經濟上的壟斷財力，社會上的打擊豪強和游俠等措施，西漢中央集權得以加強，大一統的體制逐漸確立，這就是本節所說的從無為到全盛的過程。此時西漢發展到了全盛時期，大一統的體制也真正奠定下來，影響了此後中國兩千年的歷史。

二、儒表法裏統治思想之確立

　　漢武帝時期，以專制皇權為核心的中央集權的官僚帝國體制，得到了鞏固和發展，同時，在這個時期，統治思想也發生了變化。西漢初年"東西異制"，奉行的是以"無為"為特點的黃老之學。但到了漢武帝時期，東西異制的局面逐漸結束，黃老思想也不再合時宜了，需要新的統治思想以適應大一統的需要，儒家學派遂走向前臺。

　　這個時期，先後有人提出尊儒思想。《漢書・武帝紀》載，武帝建元元年（前 140），"詔丞相、御史、列侯、中二千石、二千石、諸侯相舉賢良方正直言極諫之士。丞相〔衛〕綰奏：'所舉賢良，或治申、商、韓非、蘇秦、張儀之言，亂國政，請皆罷。'奏可"。皇帝下詔讓大臣給國家推薦人才，被推薦的人才中，有人學的是申、商、韓非的法家思想，也有人學的是蘇秦、張儀的縱橫思想。但丞相衛綰認為，學習這些學說的人，對國家發展沒有好處，需要把他們廢掉，

1　陳蘇鎮：《〈春秋〉與"漢道"：兩漢政治與政治文化研究》，中華書局，2011 年，第262 頁。

建議得到了皇帝的認可。這表明，以衛綰為首的大臣有統一思想的意識。至於統一到何處，董仲舒提出，"《春秋》大一統者，天地之常經，古今之通誼也。今師異道，人異論，百家殊方，指意不同，是以上亡以持一統"，他認為當時的思想比較混亂，需要統一起來，"臣愚以為諸不在六藝之科孔子之術者，皆絕其道，勿使並進。邪辟之說滅息，然後統紀可一而法度可明，民知所從矣"（《漢書·董仲舒傳》），提出把儒家的思想放到最高的位置上，對其他的思想則需要有所壓制。

當時黃老道家思想還有一定的影響，特別是在有權勢的人之中仍十分受推崇，如竇太后"好《老子》書"，看不起儒家學說。因此，雖然董仲舒等人提出尊崇儒家思想，但是並沒有馬上得以推行，而是有一個漸進的過程。其中有幾件比較重要的事情：首先，建元五年（前136）設置五經博士，儒家學說被定為官方認可的學說。第二年，支持黃老道家學說的重要人物竇太后去世，黃老道家的勢力大受打擊。隨後，田蚡為丞相，"絀黃老、刑名百家之言，延文學儒者數百人"。接下來的一年，還有一個更具有標誌性的事件，即元光元年（前134）"初令郡國舉孝、廉"，以儒學作為考察、選拔人才的標準，察舉制得以確立。"公孫弘以《春秋》，白衣為天子三公，封以平津侯"，公孫弘是一位儒生，本身沒有什麼背景，因為有儒學學問，而被天子命為三公。以公孫弘為榜樣，"天下之學士靡然鄉（向）風矣"（《史記·儒林列傳》）。

察舉制是一種推薦制度，以儒家的思想學說作為考察人才的標準，向國家推薦人才進入仕途。一方面，察舉制確立了以儒家學說為選拔人才的指導思想，另一方面也使國家官員的來源更為廣泛。需要注意的是，察舉起到的是指揮棒的作用，這個過程並不是一蹴而就的，從當時官員的知識結構來看，儒家的思想漸漸佔據上風，還要經歷一個比較長的時間。察舉制度是漢魏南北朝時期長期實行的選拔官員制度，閻步克《察舉制度變遷史稿》對這項制度有細緻入微的研究。[1]

武帝"罷黜百家、獨尊儒術"的做法，以統一思想為目的，與秦始皇焚書坑儒的訴求異曲同工。顧頡剛在其名著《秦漢的方士與儒生》（又名《漢代學術史略》）中論道："秦始皇的統一思想是不要人民讀書，他的手段是刑罰的裁制；漢武帝的統一思想是要人民衹讀一種書，他的手段是利祿的誘引。結果，始皇失敗了，武帝成功了。"[2] 王健文也說：罷黜百家"與秦始皇、李斯'禁私學'的考量如出一轍。不過其所選擇發揚的思想內容不同：一為刑名，一為儒學；其表現形式相異：一為暴力鎮壓，一為利祿誘引"[3]。

獨尊儒術之後，也並沒有完全按照儒家的理念來治國。據《漢書·元帝紀》，西漢宣帝時，太子"見宣帝所用多文法吏，以刑名繩下，大臣楊惲、蓋寬饒等坐刺譏辭語為罪而誅，嘗侍燕從容言：'陛下持刑太深，宜用儒生。'宣帝作色曰：'漢家自有制度，本以霸王道雜之，奈何純任德教，用周政乎！'"宣帝的太子見到宣帝用了很

1　閻步克：《察舉制度變遷史稿》，北京：中國人民大學出版社，2009 年。
2　顧頡剛：《秦漢的方士與儒生》，北京：北京出版社，2012 年，第 56 頁。
3　王健文：《學術與政治之間：試論秦皇漢武思想政策的歷史意義》，載王健文主編：《政治與權力》，"臺灣學者中國史研究論叢"三，北京：中國大百科全書出版社，2005 年。

多的文法吏。文法吏是指並非儒生出身的官員，他們熟悉法家學說並利用法家"以刑名繩下"的方法進行管理。太子認為，宣帝以法家理論治理國家並不合適，應該任用儒生治理。宣帝聽了以後很生氣地說："漢家自有制度，本以霸王道雜之。"所謂"霸王道雜之"，即融合儒家和法家的理念，不偏向任何一家，這纔是"漢家制度"。這其實也反映了中國古代的統治思想，亦可稱作"儒表法裏"，內以法家思想為核心，外用儒家思想作為圓飾，這也與秦始皇的思想有共同之處。蕭公權《中國政治思想史》說，"儒家思想至漢代取得正統學派之地位。此人所共知，無待贅述。然吾人如襲舊說，謂秦滅古學，至漢驟興，則又與事實不盡相符。……實則始皇混一之後，即不真行法治，亦未摒棄儒術"，他認為秦始皇也並未完全廢棄儒術。"故始皇之治，兼用法、儒。上背孝公之舊制，下與武帝相契合。所不同者，始皇以任法為主，列儒術為諸子之一，武帝尊孔子為宗師，用管商以佐治而已"，蕭公權認為秦始皇與漢武帝有類似之處，都是儒家和法家的結合，祇不過秦始皇以法家思想為主，而漢武帝以孔子為宗師，用管子、商鞅的法家思想作為輔佐而已。[1] 從目的到措施，秦始皇與漢武帝有一脈相承之處，也就是說以專制皇權為核心的帝國體制建立以後，統治者都有同樣的目的和需求，做法也異曲同工。"儒表法裏"的統治理念，成為此後中國兩千年統治思想中最核心的內容之一。

1　蕭公權：《中國政治思想史》，北京：商務印書館，2017 年，第 281、282 頁。

三、東漢政治與豪強士族

談到東漢的歷史，特別是政治史，就不能不提及外戚勢力和豪強士族的發展問題。

外戚憑藉與皇帝的婚姻關係，而成為皇帝家族的成員，主要指皇帝的母族和妻族。在中國古代史上，外戚問題最嚴重的，就是在東漢時期。西漢時期，外戚的勢力已經開始漸露頭角，最早的是劉邦的夫人呂后。劉邦公元前 195 年去世，惠帝即位，大權掌握在呂后手中。其間，呂后家族的諸呂被封為王，打破了"非劉氏不王"的傳統。雖然這種情況並沒有改變國家"無為而治"的策略，但卻開啟了皇帝暗弱、外戚當權的外戚政治格局。

當皇帝個人的權威很強時，外戚寄生於皇帝的陰影之下，不會對皇權構成威脅。武帝夫人衛子夫的兄弟衛青及其外甥霍去病，都有顯赫的軍功，權力也相當大，他們並沒有對武帝的皇權構成威脅或對政治造成更多負面影響。當皇帝本身比較懦弱時，皇權容易旁落到身邊人手中，外戚的勢力就會更為突出地顯露出來，西漢後期和東漢都是如此。以西漢後期元、成、哀、平四位皇帝為例，元帝時，信任堂舅許嘉，許嘉被任命為大司馬、車騎將軍，權傾一時。成帝的母親是王皇后，成帝時王氏兄弟掌權，以大將軍王鳳勢力最大。史料載，成帝曾打算直接任用劉歆做常侍，左右覺得不妥，認為需要報告王鳳纔行。成帝說這祇是一個小官，不必報告給王鳳，左右不聽，一定要報告。王鳳不同意，最終成帝也沒有能夠任命劉歆。可見此時王家的勢力在政治中的巨大影響。西漢的滅亡也與外戚直接相關，西漢王朝最終結束在王家的王莽手中。

到了東漢，外戚的影響更為廣泛。東漢前期，外戚的勢力受到了皇權的壓制，但從東漢中後期開始，外戚在政治上的實力和影響大為加強，並且出現了外戚和宦官交替專權的局面，這是東漢政治史上一個引人注目的現象。出現這樣的局面，與東漢中後期皇帝自身的特點有關：一是皇帝即位年齡小，二是皇帝壽命不長（表 4.1）。和帝以後，即位時年紀最大的皇帝不過十幾歲，他們中壽命最長的，也不過三十幾歲就去世了。即位年齡小且壽命不長意味著，皇帝即位後無法有效地行使皇帝的權力，同時子嗣也很少。這又造成東漢中後期皇帝的第三個特點，多由外藩入繼大統，就是他們多不是上一個皇帝的兒子自然繼承皇位的，而是由太后和外戚從其他藩王的子弟中選出來的。其中，安帝、少帝、質帝、桓帝、靈帝都是如此。這些宗室小孩子做了皇帝，他們的生母不能跟隨入宮，朝政則由當時的太后把持。皇帝周圍沒有親屬，一旦有能力執政，想剪除外戚時，所依賴的也祇能是身邊的宦官。這樣就造成了東漢中後期外戚與宦官交替專權的局面。

表 4.1　東漢皇帝即位及去世年齡

皇帝	即位年齡	去世年齡
和帝	10 歲	27 歲
殤帝	百天	2 歲
安帝	10 歲	32 歲
少帝	不詳	即位 7 月而卒
順帝	11 歲	30 歲

皇帝	即位年齡	去世年齡
沖帝	2 歲	3 歲
質帝	8 歲	9 歲
桓帝	13 歲	36 歲
靈帝	12 歲	34 歲

　　豪強士族是東漢時期一個很重要的社會階層。從西漢的"布衣將相"之局，到魏晉特別是東晉時期的門閥政治，要理解其間的過渡，就需要重點關注豪強士族及其形成和發展的問題。

　　豪強士族，亦可稱為士家大族或世家大族，其實是對同一個群體的不同稱謂。"士族"或"世族"的不同名稱，從不同側面揭示了這個群體的色彩。"士"意味著其文化色彩，"世"反映的是他們在政治上累世做官的特點，而"豪強"則意味著他們"武斷鄉曲"，在鄉里影響力頗強，往往具有比較強的經濟實力。這個群體具有經濟、文化、政治等方面的多重特點。

　　豪強士族或者說世家大族，形成於西漢後期，東漢以後慢慢發展、鞏固，其身份性逐漸加強。而這個階層的產生，與上文提到的獨尊儒術、設立察舉，使得讀書成為利祿之階息息相關。讀書，特別是讀儒家經典成為利祿之階，因而影響了人們讀書時的選擇，讀儒家的書，並且世代相傳。自武帝立五經博士、創立察舉制，到了西漢末年的元始（1—5）年間"百有餘年，傳業者浸盛，支葉蕃滋，一經說至百餘萬言"（《漢書·儒林傳》），對經的研究已經相當發達了，研究五經中一經的著作，已經達到百餘萬言。這意味著研究門檻不斷提高，需要經過長期的積累纔能達到。所以有諺語說，"遺子黃金滿籝，不如一經"，給後代留下錢財，還不如留下對一經的學術積累。

讀書和入仕聯繫起來，便出現了這樣一些情況。《漢書·蕭望之傳》載，"家世以田為業，至望之，好學，治《齊詩》"，蕭望之出身比較低微，但好學苦讀，後通過察舉入仕。《漢書·張禹傳》載，"禹為人謹厚，內殖貨財，家以田為業。及富貴，多買田至四百頃"，張禹當了官以後多置田產，經濟上也富裕起來了，所以《漢書·貢禹傳》說，"居官而置富者為雄桀，處姦而得利者為壯士，兄勸其弟，父勉其子，俗之壞敗，乃至於是"。余英時《士與中國文化》論述豪強士族之形成，"一方面，是強宗大姓的士族化，另外一方面，是士人在政治上得勢後，再轉而擴張家族的財勢。這兩方面在多數情形下，當是互為因果的社會循環。"[1]用現在的話說，這些經濟、政治、學術的精英，漸漸地融為一體，其結果就形成了東漢的豪強士族或者世家大族。

東漢還有一個引人注目的"累世經學"現象出現。前文已述，對於經書的研究，往往需要深厚的積累，不是通過簡單的學習，就能入得了門。通經可以入仕，所以一些經學素養深厚的家族，往往社會地位很高。學術局限於少數私家，出現"累世經學"的局面。陳蘇鎮提出，"家族教育功能，也是世家大族的特徵之一，甚至是最本質的特徵。因為正是這一特徵，使得世家大族同一般權貴、豪族、學者有了區別，也使世家大族向門閥士族的轉變及門閥制度、士族政治的形成，有了能為社會和歷史所接受的基本理由。世家大族的品格作風和

1　余英時：《士與中國文化》，上海：上海人民出版社，2003 年，第 197 頁。

政治素養，主要來自對儒學經典的研習和踐履，故世代傳經是他們的一大特點。"[1] 也正因為世代傳經、讀經又可入仕，便出現了"世為邊郡守"、"世為二千石"的情況，某些家族世世代代都可以達到一些比較高的官位。

在當時，最有名的家族要數弘農楊氏和汝南袁氏，由於他們世代傳經，通經入仕，形成了"累世公卿"的現象。弘農楊氏世傳歐陽《尚書》學，其家族被稱為"四世三公"，四代人為官都到了三公的層次。汝南袁氏世傳孟氏《易》學，其家族被稱為"四世五公"，四代人中，出了五位三公。這就從"累世經學"發展到了"累世公卿"。這種變化的影響，是這些世家大族逐漸控制了地方的選舉。史載"今選舉不實，邪佞未去，權門請託，殘吏放手，百姓愁怨，情無告訴"（《後漢書・明帝紀》），以豪強士族為代表的權門掌握了選舉。"郡國舉孝廉，率取年少能報恩者，耆宿大賢多見廢棄"（《後漢書・樊儵傳》），郡國舉孝廉，選的是比較年輕、家族背景比較好、當了官以後能給這些豪強士族回報的人。河南尹田歆也說，"今當舉六孝廉，多得貴戚書命，不宜相違，欲自用一名士以報國家"（《後漢書・种暠傳》），反映出東漢後期，地方的選舉被這些豪強士族所壟斷。這種局面的產生，就更為累世公卿的出現提供了基礎。他們累世居官而有文化，宗族關係更為密切，最終的結果是出現了門第。門第，也是理解魏晉南北朝史的核心概念之一。

1　陳蘇鎮：《〈春秋〉與"漢道"：兩漢政治與政治文化研究》，北京：中華書局，2020年，第 578 頁。

豪強士族獲得了權力以後，需要在經濟上鞏固自己的地位，再通過權門請託，鞏固政治上的地位。當時鞏固經濟地位的主要方式是買地並建設莊園，所謂"莊園經濟"，就是東漢豪強士族的經濟。"有求必給，閉門成市"是莊園經濟的特點，一些基本的生活必需品都可以自給自足。隨著東漢時豪強田莊的擴大，莊園經濟在整個社會經濟中所佔的比例也越來越大。西漢經濟發展，富的是國家，而東漢在豪強莊園經濟發展的背景下，經濟的發展和社會財富的增長，不是作為賦稅流入國庫，而是被豪強所攫取。這樣一來，政治上，豪強士族或者說世家大族"累世公卿"，而且掌控地方的選舉；經濟上，主要的財富越來越多地流入了豪強家族手中，地方豪強與中央政府的矛盾越來越突出。對地方豪強士族的考察，能夠幫助理解東漢瓦解的背景。

閱讀書目

祝總斌：《兩漢魏晉南北朝宰相制度研究》第四章、第五章，北京：北京大學出版社，2017 年。

閻步克：《帝國開端時期的官僚政治制度 —— 秦漢》，載吳宗國主編：《中國古代官僚政治制度研究》，北京：北京大學出版社，2004 年。

余英時：《東漢政權之建立與士族大姓之關係》，載余英時：《士與中國文化》，上海：上海人民出版社，2003 年。

陳蘇鎮：《〈春秋〉與"漢道"：兩漢政治與政治文化研究》第三章、第六章，北京：中華書局，2020 年。

陳蘇鎮：《讀〈兩漢魏晉南北朝宰相制度研究〉》，《北京大學學報（哲學社會科學版）》1991 年第 3 期。

● 從統一到分裂

雖然東漢的滅亡時間是 220 年，但是從 189 年董卓之亂開始，一個動盪的時代就已開啟，直到 589 年隋滅陳再次完成統一，經過了整整四百年時間。這四百年處於秦漢和隋唐兩個統一帝國之間，以族群鬥爭為核心的動亂和分裂是這個時期的主要特點。在紛繁複雜的歷史背景下，江南地區的開發和北方族群的凝聚，是這四百年的歷史成果。

　　漢晉之際，發生了東漢與西晉的兩次分裂，原因各有不同。東漢的分裂與豪強士族的發展，以及豪強士族與中央集權的矛盾密切相關，而西晉的瓦解則是與民族問題緊密聯繫。本講的四個問題，就是圍繞這兩次分裂，以及導致這兩次分裂的主要因素展開。豪強與民族問題是導致東漢、西晉分裂的不同原因，同時二者也是分裂局面長期存續的重要原因。

一、豪強士族與中央集權政府之矛盾

　　東漢豪強士族是從西漢後期慢慢發展起來的，東漢以後，其身份性更加成長，宗族性也有所發展。東漢的經濟發展並沒有促進國家的繁榮，而是使豪強士族實力進一步增長。它和中央集權政府的矛盾，主要表現在兩個方面：一是對人口的爭奪，二是對地方政權的控制。

作為一個中央集權政府，應該具備三個基礎：掌握全國的人力資源，控制全國財稅資源，擁有最高法權。豪強士族與中央集權政府的矛盾，首先表現在對人口的爭奪上，這在東漢初期，已初露端倪。東漢初年有一個著名的政治事件 —— 度田事件。光武帝建武十三年（37），"是時，天下墾田多不以實，又戶口年紀互有增減"（《後漢書·劉隆傳》）。東漢建國初期，豪強士族就已經發展到一定水平和規模了，中央政府難以掌握準確的墾田數字，也不能確切地掌握戶口數字以及人口年齡。當時條件下，中央集權政府想要壟斷財力，基礎就是對戶口和田畝的準確掌握。如果這兩個數字都掌握不了，那麼中央政府就無法有效地徵收賦稅，其財政基礎就要受到影響。兩年後的建武十五年，光武帝下詔，州郡檢核墾田頃畝及戶口年紀，並且考實二千石長吏阿枉不平者，這就是所謂"度田"。

"度田"的首要任務是檢核人丁，當時被稱為"案比"。類似的手段，秦時稱為"頭會"，隋唐時稱為"貌閱"，都是針對隱蔽人口、田地問題所採取的辦法。東漢"度田"工作進行得很不順利，原因在於東漢豪強士族在地方的勢力相當大。《續漢書·五行志》記載了當時的一句話，"小民負縣官不過身死，負兵家滅門殄世"，意即普通百姓如果冒犯了地方官，可能會引來殺身之禍；但是如果得罪了那些掌握私兵的豪強士族，其後果可能招致滅門之災。在這種情況下，建武十五年"詔下州郡檢核其事，而刺史、太守多不平均，或優饒豪右，侵刻羸弱，百姓嗟怨，遮道號呼"（《後漢書·劉隆傳》）。度田本來是針對豪強的，但是地方官執行的時候，卻對豪強沒有任何辦法，甚至欺壓百姓，拉攏豪強勢力，造成了"百姓嗟怨，遮道號呼"的結果。出現這種狀況，自然不能為中央政府所容忍。據《後漢書‧光武帝本紀》，建武十六年"河南尹張伋及諸郡守十餘人，坐度田不實，皆下獄死"。中央殺了一些地方官，卻引來了更大的反彈，"郡國大姓及兵長、群盜處處並起，攻劫在所，害殺長吏"。這些掌握私兵、有武裝的豪強並起，地方發生了暴動。不過這些人並沒有結成很大的實體，而是各自為政，官兵到了就解散，官兵走了又重新聚結，尤其是在青、徐、幽、冀等當時經濟最發達而且也是豪強勢力最強的地區，反抗尤為激烈。為解決問題，光武帝"遣使者下郡國，聽群盜自相糾擿，五人共斬一人者，除其罪。吏雖逗留迴避故縱者，皆勿問，聽以禽討為效。其牧守令長坐界內盜賊而不收捕者，又以畏懦捐城委守者，皆不以為負，但取獲賊多少為殿最，唯蔽匿者乃罪之"。面對地方兵長、群盜處處並起的情況，中央採取的措施是一面鎮壓，一面安撫，即使對那些或離職或逃脫的地方官，也不過多地加以追責，衹有隱蔽群盜的人才會受到處罰。於是地方官"更相追捕，賊並解散"，地方的緊張局勢得到緩解。接下來，"徙其魁帥於它郡，賦田受稟，使安生業"，把群盜當中勢力比較大的遷徙到其他的地方去，離開了以前的鄉里，其勢力就要大打折扣，"自是牛馬放牧，邑門不閉"。度田事件中，中央對豪強勢力進行打壓，引發了豪強士族的強烈反彈，中央不得不採取鎮壓與安撫並用的手段。事情雖然平息，但是豪強的勢力並沒有因此消滅下去，反而在東漢慢慢地穩固下來，並得到了進一步發展。

豪強士族發展最主要的一個後果，或者說與中央構成的結構性矛盾，是對人口的爭奪，通過表 5.1 可以清晰地感受到這一點。這是東漢與三國時期人口數量的比較，157 年是東漢桓帝時期，戶數是 1067 萬，口數是 5648 萬。而到了三國時期，魏、蜀、吳加起來的戶數是 146 萬，口數 767 萬。三國和東漢相比，戶數、口數都減少了近 86%，這是很驚人的下降。西晉 280 年完成統一後，戶數 245 萬，口數 1616 萬，比東漢下降了 70% 以上。如何理解出現如此大幅度的人口下降？東漢是中國古代史上自然災害的多發期和嚴重期，加之東漢末年開始的戰亂，都是導致人口下降的重要因素，但並不是決定性的因素。唐長孺對此有過深入探討。他認為，魏晉戶口下降的原因雖有多方面，但根本原因在於魏晉時期封建大土地所有制的發展，也就是豪強士族的發展，使大量戶口淪為私家的佃客。就是說這些隱蔽在豪強下的戶口，不再為中央所掌握，中央就無法從這些戶口中徵發徭役、徵收賦稅，著籍戶口遠遠低於實際戶口。所以人口下降超過 80%，更直接反映的是著籍戶口的大量減少，即中央能夠直接控制人口數量的下降。同時也要看到，專制皇權的強弱，一般取決於直接控制農民的數量，皇帝控制的人口數量的下降，意味著專制皇權的衰弱。[1]

1　唐長孺：《魏晉南北朝隋唐史三論》，武漢：武漢大學出版社，1992 年，第 28 — 30 頁；唐長孺：《魏晉南北朝史論叢續編》，北京：生活 · 讀書 · 新知三聯書店，1959 年，第 107 頁。

表 5.1　東漢三國戶口數表

	時間	戶數		口數	
東漢	157 年	10677960		56486856	
魏	263 年	663423		4432881	
蜀	263 年	280000	1466423	940000	7672881
吳	280 年	523000		2300000	

　　豪強士族發展造成的第二個問題，是豪強士族對地方政權的控制。東漢時期對地方官的任用是有一定規定的，有所謂 "三互法"。如規定本地人不能夠在本地任地方官，特別是不能擔任地方官的長官等，目的是要限制地方官和地方勢力的勾結。另外，這些地方官在地方任職的時間也是有限制的。在此制度背景下，一名外來的地方長官到任之初，對當地並不熟悉，需要辟署一些僚佐為自己所用。他所聘用的這些僚佐，一般來說都是當地的豪強子弟。東漢時期，本地大姓子孫享有優先進用的權利，至遲到東漢後期已被視為通例。這導致了州郡僚佐中所謂 "大吏右職"，即一些重要的職位，照例由本地的豪強大姓壟斷，而每郡豪強士族的勢力祇有幾家，所以州郡大吏就帶有一定的世襲性，州郡僚屬中的重要職位，都由這幾家豪強士族把持。從官員選拔角度來看，漢代實行的察舉制是由地方官向中央推薦的制度。地方郡太守辟署僚屬、舉薦秀孝，都要依據鄉論，也就是依據地方的社會輿論，而主持、操縱鄉里清議的，往往也是地方大姓中的名士，所以由地方向中央推薦官員的這個渠道，也被地方豪強士族所把持。[1]

---

[1]　參唐長孺：《東漢末期的大姓名士》，載唐長孺：《魏晉南北朝史論拾遺》，北京：中華書局，1983 年。

《後漢書‧黨錮列傳序》記載，南陽人宗資擔任汝南太守，任用當地人范滂為功曹；弘農人成瑨到南陽任太守，亦用當地人岑晊為功曹。兩個地方流傳著這樣的說法，"汝南'太守'范孟博，南陽宗資主畫諾；南陽'太守'岑公孝，弘農成瑨但坐嘯"。在當地人看來，汝南真正的太守不是宗資，而是他委任的功曹汝南大族范滂；南陽真正的太守也並非成瑨，而是他委任的功曹南陽大族岑晊。東漢崔實《政論》記載，"州郡記，如霹靂，得詔書，但掛壁"，州郡下達的命令，地方特別重視，而中央來的詔書衹是掛在那兒而已，得不到認真執行。這反映出中央對地方的控制能力降低了。錢穆《國史大綱》中對此局面有一評論："大抵東漢至桓、靈之際，朝廷祿位已不如處士虛聲，社會重心在下不在上，此亦自秦統一以來世運一大轉變也。"[1]到了東漢後期，政治格局發生劇變，意味著中央集權政府的結構發生了問題，東漢政權走向衰亡。

二、東漢的瓦解和三國鼎立

由於豪強士族勢力的發展，東漢經濟的發展並沒有使國家進一步富強和穩定，而是造成了中央政府的貧弱和政治的不穩。東漢時期的自然災害比較多，百姓的生活更為困苦，以至於東漢後期出現了很多流民，他們失去了自己的土地，被迫背井離鄉。流民的數量不斷增加，在各地發生了一些暴動和起義，其中規模最大、對後世影響最深遠的，是 184 年爆發的黃巾起義。

1　錢穆：《國史大綱》，北京：商務印書館，1996 年，第 189 頁。

黃巾起義的爆發，對東漢政治制度有所衝擊，尤其體現在對地方制度的影響上。西漢武帝建立了地方監察制度，全國設十三州部，每州置刺史一名，州是監察區而非行政區。此後州刺史的地位，在兩漢之際，多次發生變動。州刺史的地位曾有過提高，從六百石變成真二千石，"成帝綏和元年（前8），以為刺史位下大夫而臨二千石，輕重不相準，乃更為州牧，秩真二千石，位次九卿，九卿缺以高第補"；但不久後便有人提出，六百石的刺史監察二千石的郡太守，監察官地位比較低，上進心更大，所以監察的效果更好，如果把刺史的秩級提高到真二千石，其中沒有什麼遠大抱負的普通人，可能不做實事兒，沒有辦法發揮監察職能，故西漢"哀帝建平二年（前5），復為刺史"；"元壽二年（前1），復為牧"；到東漢建武十八年（42）又"復為刺史"（《通典》卷三二）。刺史地位更重要的轉變，發生在東漢末年黃巾起義爆發之後。由於州的範圍大於郡，為了有效地鎮壓黃巾起義，需要把地方的實力加以整合，州被重視起來。《後漢書·劉焉傳》載："時靈帝政化衰缺，四方兵寇，〔劉〕焉以為刺史威輕，既不能禁，且用非其人，輒增暴亂。乃建議改置牧伯，鎮安方夏，清選重臣，以居其任。"劉焉的建議是要用重臣任州牧，被皇帝採納，於是"出焉為監軍使者，領益州牧，太僕黃琬為豫州牧，宗正劉虞為幽州牧，皆以本秩居職"，以中央的九卿去任州牧，使得州牧的地位大大提高。所以《後漢書》說"州任之重，自此而始"。與之相應，以前邊地刺史、太守主兵的制度，也由沿邊州郡推廣至腹地，以此鎮壓黃巾起義。這樣，制度就發生了實質性的變化，州由監察區變成了一級行政區，郡縣二級制變成了州、郡、縣三級制，這是中國古代地方制度的一次重要調整。

　　州作為高級行政區，其特點是地域廣大，長官權重且擁有軍隊，這便誘發了割據，他們“大者連郡國，中者嬰城邑，小者聚阡陌”。最高級行政區由於權力過大導致割據，這在秦漢以後的中國古代曾多次發生，東漢末年是第一次。東漢後期湧現的軍閥，很多就是從州牧起家。這些割據的軍閥，幽州有公孫瓚，冀州有袁紹，兗州有曹操，徐州開始是陶謙，後來又成為呂布和劉備爭奪之地，揚州為袁術所據，江東入於孫策，荆州有劉表，益州是劉焉，另外在偏遠地方還有漢中的張魯，涼州的馬騰、韓遂，遼東的公孫度。在崤山、華山以東的政治重心，發展最快、實力最強的是曹操。

　　曹操（155—220）（圖5.1）是漢末三國時期首屈一指的人物，史稱其“姿貌短小而神明英發”（《世說新語‧容止》引《魏氏春秋》），“御軍三十餘年，手不捨書，晝則講武策，夜則思經傳”，“才力絕人，手射飛鳥，躬禽猛獸，嘗於南皮一日射雉獲六十三頭”（《三國志‧魏書‧武帝紀》注引王沈《魏書》）。他個人能力很強，在政治上也很有眼光，他接受了毛玠的建議，“宜奉天子以令不臣，修耕植，畜軍資，如此則霸王之業可成也”（《三國志‧魏書‧毛玠傳》），其核心就是把東漢的皇帝控制在自己手裏，佔領政治上的制高點。於是曹操在建安元年（196）控制漢獻帝，定都許縣（今河南許昌東），這就是有名的“挾天子而令諸侯”。也曾有人給袁紹提出過類似的建議，但袁紹認為皇帝在身邊對自己是個約束，並未採納。到曹操挾天子而令諸侯以後，袁紹後悔莫及。曹操的政治謀略，確有高人一籌之處。建安五年官渡（今河南中牟境）之戰後，曹操擊敗袁

圖 5.1　曹操像、"魏武王常所用格虎大戟"石牌及曹操高陵墓道

紹，成為中原的實際控制者。

　　在穩定了中原之後，曹操致力於內部的建設。首先，東漢後期，奢靡情況比較嚴重，曹操掌控政權以後，努力營造廉潔的政風，"天下之士莫不以廉節自勵，雖貴寵之臣，輿服不敢過度"。其次，選拔人才方面，曹操提出"治平尚德行，有事賞功能"。"德行"是儒家所強調的選人原則，曹操強調的，是當時為多事之秋，因此要更加重視"功能"，目的是選拔所謂"不仁不孝，而有治國用兵之術者"，就是

將那些以前按照儒家標準不能被選拔上來，卻有實際能力的人提拔上來。曹操三次下達唯才是舉令，選拔了一批人才作為他的輔佐，也成為曹丕建魏後重要的人才。曹操一生沒有稱帝，宋人司馬光在《資治通鑑》卷六八中評論說："以魏武之暴戾強伉，加有大功於天下，其蓄無君之心久矣，乃至沒身不敢廢漢而自立，豈其志之不欲哉？猶畏名義而自抑也。"司馬光認為曹操不是不想當皇帝，而是不想把自己置於一個罵名千載的位置上。田餘慶指出，曹操"畏名義而自抑"背後，體現了東漢中原世家大族勢力最大、儒學教化沾被最深的時代內涵。[1] 曹操在漢獻帝的背後，完成了做皇帝的一切準備，他去世後，他的兒子曹丕僭位，曹魏（220—265）建國。

曹魏是三國（圖 5.2）中第一個建國的，其後是蜀（221—263）和吳（229—280）。杜甫"諸葛大名垂宇宙"的詩句為人熟知，在蜀的建國歷程中，諸葛亮的作用十分重要。赤壁之戰前夕，諸葛亮（圖 5.3）的《隆中對》表明了他對當時以及此後政治局勢的看法，"今操已擁百萬之眾，挾天子而令諸侯，此誠不可與爭鋒"，曹操勢力已成，劉備不能夠與之作對。"孫權據有江東。已歷三世，國險而民附，賢能為之用，此可以為援而不可圖也"，江東已歷經孫堅、孫策、孫權治理，政權穩固，劉備需要和孫權的勢力相結合。"荊州北據漢、沔，利盡南海，東連吳會，西通巴、蜀，此用武之國，而其主不能守"，荊州的主人是劉表，荊州這個地區，在曹魏、孫權勢力的

1　田餘慶：《孫吳建國的道路》，載田餘慶：《秦漢魏晉史探微（重訂本）》，北京：中華書局，2011 年。

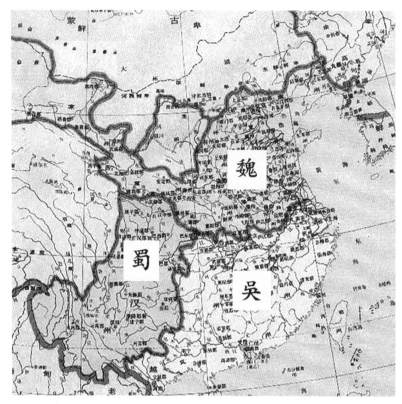

圖 5.2　三國形勢圖

夾擊之下，難以長久，而劉表的能力有限，無法守禦。"益州塞險，
沃野千里，天府之土，高祖因之以成帝業，劉璋暗弱……若跨有荊、
益，保其巖阻，西和諸戎，南撫夷越，外結好孫權，內修政理……誠
如是，則霸業可成，漢室可興矣"（《三國志·蜀書·諸葛亮傳》），
這是諸葛亮對劉備的建議。概括地說，就是與孫權聯合，共拒曹操，
同時伺機取劉表之荊州、劉璋之益州。

　　赤壁之戰以後，劉備的地位纔漸漸地奠定下來。元末明初羅貫中

《三國演義》褒劉貶曹，為劉備說了很多好話，當然是藝術上的創造。從《三國志》的記載來看，劉備在三國人物中，應該說能力並不是很強，政治上反覆無常，軍事指揮也比較差，劉備"拙於用兵，每戰則敗"（《三國志·蜀書·先主傳》注引《傅子》）。他之所以能夠打敗劉表、劉璋，靠的是他的權詐，以及劉表和劉璋的愚昧。後來在蜀定都，劉備其實並沒有完全按照諸葛亮的策略行事。直到劉備去世以後，諸葛亮在蜀成為重要的領導者之一，纔能按照他自己的想法，執行他的政治策略。[1]諸葛亮整頓內政的同時，還發動了五次北伐，出兵

圖 5.3　元趙孟頫繪諸葛亮像

漢中，與曹魏進行一系列戰爭。學者認為，諸葛亮的北伐是以攻為守，圖謀自存。

　　孫吳的建國在這裏不談，推薦閱讀田餘慶關於孫吳及其建國問題的兩篇論文，一篇是《孫吳建國的道路》，另一篇是《暨艷案及相關

1　參田餘慶：《〈隆中對〉再認識》，載田餘慶：《秦漢魏晉史探微（重訂本）》，北京：中華書局，2011 年。

問題》。田餘慶開宗明義提出了一個問題，孫吳霸業之起，在魏、蜀前，稱王稱帝，在魏、蜀後，其建國道路，曲折而漫長。他認為孫氏霸業稽延，癥結蓋在於調整與江東大族關係的需要，其內核則是求得孫吳政權的江東地域化。讀者可以參考這兩篇很能體現田先生治史風格的精彩論文。

從三國起，進入了六朝時代。所謂六朝，是指定都在今天南京的六個朝代，包括吳、東晉，以及南朝的宋、齊、梁、陳。日本學者也有把整個魏晉南北朝統稱為六朝的說法。

在豪強士族和中央政府存在矛盾的情況下，中央集權政府設置了一些有特色的制度，其中最具代表性的是曹魏的屯田制、士家制和孫吳的世襲領兵制。

屯田是國家的私田，屯田客是國家的佃客。國家掌握了一部分土地，招攬一部分人，用軍隊的組織方式進行耕作。在眾多人口被豪強士族隱蔽的情況下，中央政府為了爭奪勞動力，避免勞動力無限制地流入豪強士族，於是設立了這項制度。屯田制度是中央政府對豪強士族大土地經營方式的模擬。[1]

由於掌握不了人口，中央政府難以徵收賦稅，也難以徵發兵役。為了保證有一定數量和規模的軍隊，曹魏和孫吳採取了類似的軍事制度，曹魏叫士家制，孫吳叫世襲領兵制。兩種制度的特點都是世襲兵，父輩子輩世代為兵，並且另有戶籍，不入州郡的戶版，以此保證

1　唐長孺：《魏晉南北朝時期的客和部曲》，載唐長孺：《魏晉南北朝史論拾遺》，北京：中華書局，1988 年。

這批人世代當兵，加強對他們的控制。曹魏的士家制和孫吳的世襲領兵制，也是中央政府對大姓豪門家兵的模擬。[1] 制度設計的出發點，都是為了與豪強士族爭奪對人口的控制，保證國家的賦稅的收入和兵役的徵發。翦伯贊主編的《中國史綱要》裏講，屯田制和士家制，就是國家在特定條件下，用豪強徵斂方式剝削國家佃客、用私人部曲方式組織國家軍隊的制度。此類制度的存在，也是和豪強士族與中央政府之間的結構性矛盾相關。在這種矛盾之下所採取的特殊的制度，是三國制度的顯著特點。

三、秦漢以來的民族問題

東漢豪強士族的發展，以及豪強士族和中央政府之間的結構性矛盾，是東漢政權瓦解的一個重要原因。而西晉由統一走向分裂，則與族群矛盾密切相關。

首先回溯一下秦漢以來的民族問題。秦統一六國以後，在秦的北邊和西邊，從東到西分別有東胡、匈奴和羌。其中匈奴在當時勢力最大。因為游牧生活的匈奴被稱為胡，所以在今內蒙古高原東部進行狩獵、游牧活動的一些部落又被統稱為東胡。東胡在秦漢之際為匈奴所控制。西部羌這支古老的少數族，也為匈奴控制。所以這時候，在秦與匈奴之間，構成了農耕文明與游牧文明的衝突。這種衝突，並不僅僅發生在中國，日本學者江上波夫在《騎馬民族國家》裏有一概括性的論述："到了前四世紀或前三世紀之際，所謂'斯基泰‧西伯利亞‧

1　唐長孺：《魏晉南北朝隋唐史三論》，武漢：武漢大學出版社，1992 年，第 59 頁。

135

蒙古文化'——即以金屬武器和車馬具武裝一新，更進一步騎馬民族化了的歐亞內大陸游牧民和半牧半獵民、半農半牧民們，就以南俄羅斯、吉爾吉斯草原、阿爾泰山地、米努斯辛克盆地以及長城地帶為基地，一齊開始了他們向富饒的南方地區的侵寇。從此，以歐亞大陸為舞臺，綿延反覆了兩千年的所謂'南北相爭'活劇的第一幕就拉開了。在這一幕中，成為主角的是西方的斯基泰和東方的匈奴。"[1]

公元前 3 世紀前後，匈奴興起於大漠南北。《史記·匈奴列傳》對其風俗有所記載：匈奴"逐水草遷徙，毌城郭常處耕田之業，然亦各有分地。毌文書，以言語為約束"。"其俗：寬則隨畜，因射獵禽獸為生業；急則人習戰攻以侵伐，其天性也。""利則進，不利則退，不羞遁走，苟利所在，不知禮義"，"貴壯健，賤老弱，父死，妻其後母；兄弟死，皆取其妻妻之"。這與中原地區的風俗有很大差異，特別是最後一條"父死，妻其後母；兄弟死，皆取其妻妻之"，在儒家的道德規範看來，屬於亂倫的行為。但收繼婚在古代北方民族中並不罕見，從民族學和人類學角度來說，這種行為是為了保證其族群有相當人口數量的一種方式。在秦始皇吞併六國之際，匈奴也在發展壯大。到冒頓單于（前 234—前 174）時期，匈奴逐漸統一了北方諸族，建立了橫跨蒙古高原的統一帝國。這在中國歷史上與秦統一有著同樣重要的意義。長城內外兩個統一政權先後出現，既反映了游牧文明與農耕文明的對峙與衝突，也開創了兩個統一傳統，二者分別延

1　江上波夫：《騎馬民族國家》，張承志譯，北京：光明日報出版社，1988 年，第 22 頁。

續，為後來長城內外的大統一創造了前提條件。[1] 中國古代史特別是秦漢以後的歷史，對長城南北相次出現的統一政權，以及它們的衝突，應該給予充分重視，這是理解中國古代史一個非常重要的視角。

從冒頓單于完成統一開始，到漢武帝元朔元年（前 128），是匈奴的極盛時期，在與秦漢王朝的對比當中，匈奴處於優勢地位。漢高祖劉邦曾被冒頓三十萬匈奴騎兵圍困於白登山（今山西大同東北）長達七日，漢派使臣帶了厚禮見單于的妻子閼氏，在閼氏的勸說下，冒頓放走了劉邦。閼氏，也就是單于的王后在其中發揮了重要的作用，這是具有北族特點的。北族女性在政治生活中的地位，相比於中原的女性更為突出。在匈奴強而漢弱的情況下，白登之圍後，漢政府採取了和親的政策，將一些宗女嫁給匈奴單于，以維持穩定，一段時期內雙方沒有發生大的戰爭，漢朝獲得了六十餘年和平發展的環境。

隨著西漢經濟的復甦，國家更為富強，面對匈奴，漢從守勢變為攻勢。漢武帝時期有三次北擊匈奴的戰役。第一次是元朔二年（前127），衛青從雲中出擊至隴西，奪回河套一帶，設置朔方郡，又徙民十萬於朔方，發展生產，朔方地區的統治穩固下來。第二次是元狩二年（前 121），霍去病自隴西出兵，重擊匈奴右部，設立酒泉、武威、張掖、敦煌等河西四郡（圖 5.4）。其結果是 "斷匈奴右臂"，阻斷了匈奴與羌人的聯繫，同時加強了內地和西域之間的交通與交流。匈奴失去河西走廊牧場，對其經濟影響較大，《史記‧匈奴列傳》記 "匈

1　費孝通主編：《中華民族多元一體格局（修訂本）》，北京：中央民族大學出版社，1999 年，第 257 頁。

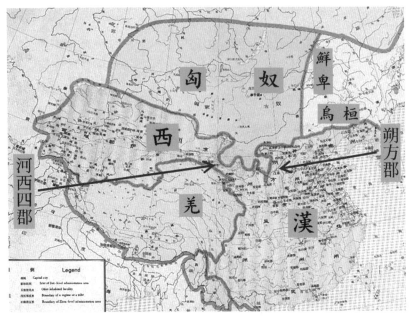

圖5.4　朔方及河西四郡位置示意圖

奴失祁連、焉支二山，乃歌曰：亡
我祁連山，使我六畜不蕃息，失我
焉支山，使我婦女無顏色"。第三
次是元狩四年（前119），衛青出定
襄，霍去病出代郡，窮追匈奴，最
後"匈奴遠遁，而漠南無王庭"。
對匈奴這一次比較大的打擊後，匈
奴對西漢的威脅大大減小了。圖5.5
為霍去病墓馬踏匈奴石雕，很能代
表西漢石雕的粗獷特色。

圖5.5　馬踏匈奴石雕

三次漢匈戰爭，使匈奴進入了衰微和分裂時期，從公元前 127 年到公元 91 年，也就是從伊稚斜單于到北匈奴第二次西遷為止。[1] 對漢朝來說，這是從西漢武帝元朔二年到東漢和帝永元三年（91）的時期。這一階段，匈奴內部發生了許多事件。西漢宣帝時，匈奴內訌，結果五單于分立，之後又形成了分別由南方呼韓邪單于和北方郅支單于領導的兩大對立勢力。呼韓邪單于與西漢關係較好，元帝時王昭君嫁給呼韓邪為閼氏。呼韓邪死後，王昭君又依其俗嫁呼韓邪長子。《漢書·匈奴傳》云："北邊自宣帝以來，數世不見煙火之警，人民熾盛，牛馬布野。"在這個階段，雙方處於一個比較安定、和平的階段。

　　據《後漢書·南匈奴列傳》，東漢初期"匈奴中連年旱蝗，赤地數千里，草木盡枯，人畜饑疫，死耗太半"。接著，匈奴又發生了內訌，東漢建武二十四年（48），匈奴分裂為南北兩部。東漢對南、北匈奴，採取了不同的政策。東漢對南匈奴，是穩定其不受北匈奴的威脅，同時進行監視，防止南匈奴分裂或與北匈奴聯合。東漢對北匈奴的策略，則是隔絕和封鎖，斷絕其與南匈奴以及西域諸國在政治上和經濟上的聯繫，迫使北匈奴逐漸走上崩潰的道路。明帝時期，置度遼營，調原駐黎陽的虎牙營，屯於五原郡，切斷了南、北匈奴的交通要道，扼阻了北匈奴南侵的道路。明帝永平十七年（74），竇固和耿忠合兵復出析羅漫山，擊平車師前後王，切斷了匈奴通西域的道路。和帝永元三年，東漢出居延塞，圍北單于於今天阿爾泰山的金微山。匈

1　對匈奴國家史的分期，參馬長壽：《北狄與匈奴》第二節，北京：生活·讀書·新知三聯書店，1962 年。

奴戰敗以後，離開蒙古高原，向西遠徙，北匈奴從此滅亡。北匈奴滅亡後，漠北地區在政治上或者說權力上成為真空地帶。之後內蒙古東部東胡的一支鮮卑部落向西遷徙，佔據了北匈奴故地，殘存於漠北的十餘萬戶匈奴人也加入鮮卑，成為鮮卑的一部分，鮮卑代替了匈奴成為漠北草原新的主人。

四、西晉的短暫統一

西晉的建立者司馬氏，是在曹魏時期發展起來的世家大族。從司馬懿、司馬昭到司馬炎，已歷三世。司馬炎（236－290）效仿曹丕代漢，也通過禪讓的方式建立了西晉（265－316），是為晉武帝。晉武帝建立西晉後不久，發動了滅吳戰爭，最終於 280 年統一全國。但是統一持續時間不長，不過短短二十幾年的時間。西晉的統一是短暫的、低層次的統一。西晉的統一為什麼如此短命？很多學者從不同角度提出了意見，總結起來大體有三個方面：第一是統治集團嚴重奢侈腐化，第二是宗王權重，第三就是少數族內遷引發的族群矛盾。

一般來說，新政權伊始，統治者大多勵精圖治，但西晉從建國之初就出現了嚴重的奢侈腐化問題。學者從不同角度，分析了這種現象出現的原因。有人認為，晉司馬氏集團在曹魏時期已經發展了十幾年，其本身代表世家大族集團，司馬炎是從這個集團坐上皇位的，自然對世家大族集團十分優寵，滿足他們物質上的需求。另外，司馬氏通過禪讓的方式掌握政權，沒有經過戰爭的滌盪，以前奢侈腐化的風氣，也被西晉完整地繼承了下來。還有學者從文化角度，認為是玄學的風氣造成了西晉統治者不太重視精神上的追求，而更加重視物質上的享受。

西晉統治者的奢侈腐化，可以從皇帝到大臣的行為看出來。《晉書·胡貴嬪傳》記，"時帝多內寵，平吳之後復納孫皓宮人數千，自此掖庭殆將萬人，而並寵者甚眾，帝莫知所適，常乘羊車，恣其所之，至便宴寢"，司馬炎當了皇帝以後，國家相對安定，整天無所事事，晚上要去哪兒睡覺都搞不清楚，他坐著一個小車，由羊拉著，走到哪兒算哪兒。後宮的嬪妃們，為了讓皇帝到自己這裏休息，便"取竹葉插戶，以鹽汁灑地，而引帝車"，羊喜歡竹葉和鹽的味道，於是宮人們把竹枝插在自己門口，又在門前撒上鹽水，希望以此把羊吸引過來。開國皇帝渾渾噩噩，大臣也是如此。《晉書·何曾傳》說何曾"性奢豪，務在華侈。帷帳車服，窮極綺麗，廚膳滋味，過於王者……食日萬錢，猶曰無下箸處"，每天的飯錢達到一萬錢，還說不知道吃什麼。到他的兒子何劭"亦有父風，衣裘服玩，新故巨積，食必盡四方珍異，一日之供以錢二萬為限"，比他父親所費翻了一倍。大家熟知的石崇、王愷鬥富的故事，也發生在這個時候。《晉書·傅咸傳》說，"奢侈之費，甚於天災……今者土廣人稀而患不足，由於奢也"，認為西晉整個社會貧窮的情況不是由於天災，而是由於統治者的奢侈無度。

這種風氣，對政治的影響也是很惡劣的，時人王沈有一篇文章叫《釋時論》，形容當時賣官鬻爵的情形："京邑翼翼，群士千億，奔集勢門，求官買職，童僕窺其車乘，閽寺相其服飾，親客陰參於靖室，疏賓徙倚於門側。"（《晉書·王沈傳》）買官賣官是最嚴重的一種官場腐敗形式，西晉開國不久就出現了這樣的狀況，大家紛紛跑到京城去活動關係"求官買職"。這些高官的家奴也根據買官辦事人的情況，將其分成三六九等，如果車駕華麗、衣著光鮮，那麼他們就被高看一眼，親近的人被"陰參於靖室"，靖室就是很安靜的屋子，把他們引到這兒來跟主人會見；穿著一般，或關係疏遠的人，就連大門都進不去。西晉初年就是這樣一種相當腐敗的狀況。

西晉的分封和宗王出鎮制度，是造成西晉政局動盪的另一個原因。西周以來，分封成為一種古老的傳統。皇帝以宗法血緣關係作為維繫中央與地方利益一致、達到控制地方目的的重要手段，在秦漢以後的古代社會中也是不絕如縷、長期延續的。其內容與形式都有所變化，如從以封建王國為基礎到以郡縣制為基礎；從軍民財政統管到主要是軍事的控制與對官吏的監督；在空間範圍上從比較普遍到一些特殊地區。西晉重拾分封的原因，主要是當時有人認為，曹魏代漢、司馬氏代魏的順利進行，就是因為沒有宗室來保衛皇權，造成權臣對皇權的威脅，所以需要分封宗室以拱衛皇權。隨後，晉武帝便分封了宗室二十七王。但西晉分封與西周、西漢初期的分封有較大的差異。首先，宗王封國不大，所封不過一郡之地，而且宗王住在京城，並不去他們的封國實地管理。其次，封地的租稅也並不全歸宗王掌握，他們祇能獲得封地租稅收入的三分之一。因此，王國的力量不強。但又有人提出這樣不能夠達到以宗室拱衛皇權的目的，建議宗王出鎮。西晉在州之上設置都督區，都督區近似於今天的戰區。所謂宗王出鎮，就是由宗王擔任都督，即出任戰區司令。它產生的結果是宗王手握重兵，而且控制著戰略要地。這樣一來，宗王的勢力就要大得多了。

當宗室獲得較大權力時，若當朝皇帝的能力很強，一般不會出現太大的問題。晉武帝時就已經實行宗王出鎮，但這個時期社會和政治都比較安定，宗王並沒有對皇權構成威脅。而情況一旦發生變化，當皇帝的能力不強時，掌握重權的宗王就有可能威脅到皇權，甚至取而代之。晉武帝司馬炎 290 年去世，惠帝即位。據史料記載，惠帝的智商不高，國家權力主要掌握在皇后賈南風的手裏。賈南風是一個有權力慾的人，宮廷政變在晉武帝去世不久以後的 291 年就發生了。賈后先是唆使楚王司馬瑋殺掉輔政大臣楊駿，以汝南王司馬亮輔政。幾年後，又讓楚王司馬瑋除掉汝南王司馬亮，接著又以擅殺的罪名，除掉了司馬瑋，把一切大權掌握在自己手裏。300 年，掌握禁軍的趙王司馬倫又發動了政變，殺掉賈后並廢掉惠帝，於次年登上皇位。司馬倫以宮廷政變的方式獲得了皇權，掌握重兵的宗王們自然不甘示弱，於是紛紛起兵，加入了這場爭奪皇權的混戰中。這樣一來，爭鬥從一開始的宮廷政變演變為宗王之間的混戰，這就是西晉末所謂的八王之亂（表 5.2），它對西晉政權的打擊是毀滅性的。

除了宗王之間的混戰，北方族群內遷帶來的問題也對西晉的瓦解起了推波助瀾的作用。東漢時期匈奴分為南北兩部以後，南匈奴就已經開始內遷。南匈奴的呼韓邪單于得到了東漢政府的允許，分散所部，使匈奴部眾分居於五原、朔方等八郡之地，這是第一次大規模的向漢代中國境內的遷徙。內遷與全球的氣候變化也有關係，3 至 6 世紀，全球氣候正處於一個寒冷階段，冷乾氣候導致了中亞游牧民族向西遷移及羅馬帝國的崩解。在中國，有很多研究指出，當時的北方寒

表 5.2　西晉末八王出鎮表

楚王司馬瑋	都督荊州
汝南王司馬亮	出鎮許昌
趙王司馬倫	出鎮關中
齊王司馬冏	都督豫州
成都王司馬穎	都督冀州
河間王司馬顒	都督雍州
長沙王司馬乂	
東海王司馬越	都督徐州

冷氣候與草原民族南遷之間有著相當明顯的關聯。[1]西晉建立以後，塞外草原遇到了自然災害，前後又有 28 萬口匈奴和其他的雜胡入塞降晉，晉將其安置於內地，與漢人雜居。匈奴進入長城以南地區的數量越來越多。有學者統計，這個時期陝西、山西一帶匈奴所佔的比例很高。所謂 "五胡入華"，匈奴的數量居首。除此之外還有羯族，他們在西晉時入塞，主要分佈於上黨郡的武鄉縣。另外還有氐和羌，西晉時氐、羌的人口佔關中地區的一半，數量也是比較大的。這樣，匈奴、羯、氐、羌族進入了長城以南地區，而沒有進入長城一帶的鮮卑族，主要是附塞而居，分佈廣泛。

　　五胡雖統稱為游牧民族，但也有差別。王明珂《游牧者的抉擇》便對不同地區的游牧類型做了區分，並以此為基礎做了更細緻的研究。他這本書所要解答的一個關鍵問題是，為什麼在西北高原河谷游

1　葛全勝 等：《中國歷朝氣候變化》，北京：科學出版社，2010 年，第 221 頁。

牧的西羌是一個個分散的部落，出於森林草原地帶的烏桓和鮮卑在進入中原之前，大多集結為部落聯盟，而蒙古草原游牧的匈奴則能建立起國家組織。不同地區的游牧民族，其政治組織方式具有差異性。王明珂認為其原因在於，這些民族有不同的游牧經濟，或者說其國家、部落聯盟及部落組織，也是其游牧經濟生態的一部分。

中原發生八王之亂時，諸王紛紛利用這些進入內地的他族以充實兵力，將其納入自己的政治勢力範圍中。五胡勢力有的是主動進入，有的則是被迫加入。在當時有人提出徙戎論，認為進入內地的非漢族勢力越來越強大，非常容易引起混亂，所以希望把他們遷移到原來的地方去。這樣的建議實際上是行不通的，特別是當八王之亂爆發，各族勢力紛紛起兵以後。劉淵是南匈奴貴族，304年於今山西離石起兵，建立了國號漢的政權。310年劉淵去世後，其子劉聰即位，316年攻破長安，俘虜了愍帝，西晉滅亡。西晉的滅亡，是在八王之亂的背景之下少數族參戰的直接後果。

自八王之亂到西晉滅亡的北方混亂，對歷史造成了重大影響，即人口的遷徙。這種遷徙一方面是非漢族人口進入中原地區，但更大量的是為了逃避戰亂的中原漢人紛紛外遷。由於南方處於大體上安定的環境，並且司馬睿在江南建立的東晉政權被漢人視為正統，所以吸引了最大多數的移民。這一時期移民的絕對數量和移民所佔總人口的比例，在中國歷史上都是空前的。這次南遷對中國歷史的進程，特別是對南方的發展，具有重大意義。[1] 移民問題也是理解魏晉南北朝歷史一個重要的角度。

　　本講所述，是東漢和西晉兩個政權從統一到分裂的過程，然而其原因各不相同。東漢分裂的重要因素是豪強士族發展與中央集權的矛盾，而西晉瓦解的重要因素則是民族問題。豪強士族問題和民族問題，是造成東漢和西晉由統一走向分裂的兩個重要的因素，而同時，這兩個因素也是使分裂局面得以維持和延續的重要因素。祇有當這兩個問題都解決之時，政權纔能夠再次統一。

1　葛劍雄、曹樹基、吳松弟：《簡明中國移民史》，福州：福建人民出版社，1993 年，第 145、153 頁。

閱讀書目

唐長孺：《魏晉南北朝隋唐史三論》第一篇，北京：中華書局，2011 年。

田餘慶：《孫吳建國的道路》、《暨艷案及相關問題》，載田餘慶：《秦漢魏晉史探微（重訂本）》，北京：中華書局，2011 年。

葛劍雄、曹樹基、吳松弟：《簡明中國移民史》第三章，福州：福建人民出版社，1993 年。

何德章：《〈魏晉南北朝隋唐史三論〉述評》，載《唐研究》第一卷，北京：北京大學出版社，1995 年。

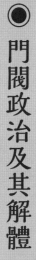

● 門閥政治及其解體

第六講

上一講討論了東漢與西晉兩次從統一走到分裂的過程。東漢的分裂與豪強士族發展對中央集權體制的削弱、對皇權的削弱密切相關；而西晉的瓦解，族群矛盾在其中起了主要作用。這兩個因素也貫穿於整個魏晉南北朝將近四百年的歷史過程當中，是分裂狀況得以延續的重要原因。其中豪強士族造成的皇權不振在東晉南朝尤其突出，族群矛盾則在十六國北朝更為顯著，祇有當這兩個問題基本解決以後，國家纔會重新走向統一。

一、南北政治大勢

　　在整個十六國東晉以及北朝、南朝的歷史進程中，北方大部分時間處於多國並立的狀態，而南方則是一個政權相對統一、幾個政權先後更迭的狀態（表 6.1）。

表 6.1　東晉十六國南北朝隋存續時間表

北方	十六國 304-439	北魏 386-534	東魏 534-550	北齊 550-577	隋 581-618
			西魏 535-557	北周 557-581	
南方	東晉 317-420	宋 420-479	齊 479-502	梁 502-557	陳 557-589

西晉瓦解後，北方進入十六國（304－439）時期。"十六國"是指北方不同族群先後建立的一些國家。"十六國"是北魏以後的稱呼，來自北魏崔鴻所撰《十六國春秋》。這期間北方實際先後有十九個國家，因為這部記載此階段歷史的《十六國春秋》，後代便稱這一時期為"十六國"。十六國期間，前秦（350－394）曾短暫完成北方的統一，與之對峙的是南方的東晉（圖 6.1）。東晉政權是在永嘉之亂以後，由西晉的皇室和一些高門士族南渡後建立的。這時候，漠北草

圖 6.1　前秦東晉時期形勢圖

原的主人是高車。前面提到過，自秦漢建立了統一帝國後，匈奴人在長城以北也建立了統一游牧帝國，這兩個統一的傳統都在不同的區域延續了下來。在長城以北地區，主要的統治者從匈奴、鮮卑變成了高車。

拓跋鮮卑建立的北魏在 5 世紀前期完成北方統一後，與南方的南朝宋、齊、梁相對峙。長城以北地區的主人，從高車變成了柔然（圖6.2）。南北朝後期，在北魏分裂後形成的東魏、西魏基礎上，北方誕

圖 6.2　宋魏時期形勢圖

生了兩個新王朝，史稱北齊和北周。長城以北，一個新的游牧帝國突厥已經形成，從北朝後期到隋唐時期，突厥的政治影響一直很大。有的學者將突厥、北齊、北周三者之間的政治關係稱為"三國政治"，其中，突厥無疑佔據主導地位，北齊和北周爭相與突厥交好。這個時期，南朝處於最後一個王朝陳的統治下，陳的地盤是南朝四朝當中最小的，面積與三國的孫吳差不多（圖6.3）。

　　東晉南朝時期，南方歷史發展表現出幾大趨向。首先，是從南強北弱到北強南弱。東晉時期，由於北方處於十六國多國並立的分裂狀態，東晉的勢力相對較強。到了北魏與宋對峙的時期，北方的勢力漸漸地超過了南方。其次，是從東晉門閥政治到南朝皇權政治。這是兩個相對的概念，後面還會詳談。總體來說，從門閥政治到皇權政治，

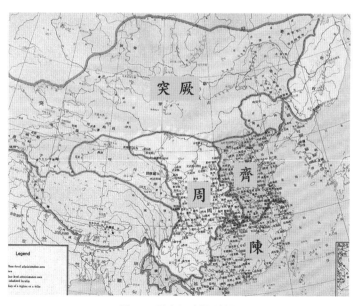

圖6.3　陳齊周時期形勢圖

豪強士族的政治影響力不斷降低。開國皇帝的身份，從兩晉的高級士族到低級士族，再到寒人，南朝陳的建立者陳霸先（503—559），出身貧寒，曾為小吏。隨著皇帝出身的下降，朝中大臣的出身也在下降，從"士族當權"到"寒人興起"。士族主要指高門士族，寒人則指的是社會出身比較低的人。寒人為皇帝所青睞和利用，他們在朝廷中發揮著越來越大的作用。

北方經歷了兩個階段，一是十六國時期，一是北魏建立以後的北朝時期。與南朝相比，北方大多數時間處於多國並立的狀態，其間北方地區有三次統一，可以看作北朝歷史發展的階段性的事件。第一次是 376 年前秦的統一，第二次是 439 年北魏的統一，第三次是 577 年北周滅北齊後的統一。值得關注的是，在完成了北方的統一後，其統治者都致力於統一全國，發生了三次標誌性的戰爭：第一次是淝水之戰（383），第二次是瓜步之戰（450），第三次則是由隋完成的平陳之戰（589）。三次戰爭的結果不盡相同：淝水之戰不僅沒有完成統一，甚至還造成了前秦的瓦解；瓜步之戰後形成了北強南弱的局勢；隋滅陳，最終完成了統一全國的事業。之所以有不同的結果，正與族群矛盾因素息息相關，衹有當族群矛盾基本解決、族群凝聚大體形成之時，統一戰爭纔能夠比較順利地成功。

前秦苻堅（338—385）統一北方之後便與東晉進行了淝水之戰。一些今天耳熟能詳的成語，如投鞭斷流、風聲鶴唳、草木皆兵，都與淝水之戰有關。淝水之戰值得關注的一點在於，為什麼一場規模並不是很大的戰役失敗，卻直接導致了前秦政權的分崩離析？前秦隨後分裂為後燕、後秦等新的勢力。出現這種情況的根本因素之一，即在於當時北方內部的族群矛盾問題還沒有得到很好的解決。淝水之戰以後，姚萇回關隴，羌族反秦，"慕容垂擅兵河北，〔慕容〕泓、〔慕容〕沖寇逼京師，丁零雜虜，跋扈關洛，州郡姦豪，所在風扇，王綱弛絕，人懷利己"（《晉書·苻丕載記》）。前秦皇權的控制力一旦衰弱，各個勢力便紛紛揭竿而起，建立自己的割據政權。田餘慶認為，前秦 "苻堅之興，興於他緩和了民族矛盾；苻堅之敗，敗於他遠未消弭民族矛盾"，"其時北方民族關係確實還處於緊張而混亂的狀態，從而還不存在統一南北的現實可能性"，具體可以參考《東晉門閥政治》中的相關討論。[1]

北方的第二次統一由北魏完成。北魏太武帝時期，鮮卑的勢力逐漸發展，先後滅掉了匈奴族所建立的夏、北燕，打敗了盧水胡的北涼沮渠氏政權，完成了北方的第二次統一。這時候，與北魏相對峙的是南朝宋，北魏又進行了一場希望統一全國的戰爭 —— 瓜步之戰。這場戰爭持續時間比較長，雙方互有勝負，但最終還是北魏佔據優勢。瓜步之戰後，劉宋的防綫漸漸撤至淮南，北方的實力壓倒南方，為最終由北方完成全國的統一奠定了基礎。

第三次統一是北周的統一。北周的前身是西魏。577 年北周滅北齊，完成了統一，但是此後沒幾年即為隋（581—618）所取代。隋的建立者楊堅（541—604）是北周外戚，最終隋滅南朝陳，在 589 年完成了全國的統一，結束了魏晉南北朝近四百年的分裂格局。這裏的

1　田餘慶：《北方民族關係與淝水之戰性質問題》，載田餘慶：《東晉門閥政治》，北京：北京大學出版社，2012 年第 5 版，第 228—243 頁。

問題是，為什麼是由北朝統一了南朝，完成了全國的統一？其中有一個重要因素是不能忽略的，《晉書‧顏含傳》記載東晉的情況說，"王師歲動，編戶虛耗，南北權豪競招遊食，國弊家豐，執事之憂"，到了梁代，"天下戶口幾亡其半"（《南史‧郭祖深傳》），說的都是國家所能夠控制戶口減少的狀況。上一講已述，與東漢相比，西晉的人口大幅減少，而且主要是國家控制的人口大為減少。人口被豪強地主隱蔽的現象，廣泛存在於東晉南朝，相對於北朝來說是比較嚴重的。國家控制的人口減少，意味著中央集權能力和皇權都比較弱，極大地影響了物力、財力、人力的集中。而北方的情況則完全不同，在 6 世紀前期的北魏正光時期，"時惟全盛，戶口之數，比夫晉之太康，倍而已矣"（《魏書‧地形志》），"晉之太康" 是指西晉滅吳後統一時的情況，北魏正光時期的人口比西晉統一以後還要多一倍。而南北朝末年，這種差別更為巨大，陳的戶口數不過五六十萬，而同一時期的北方，僅東魏戶口就達到二百萬戶，文獻沒有記載西魏的情況，但從由西魏建立的北周最終能夠滅掉北齊來看的話，西魏北周的人口數也不少。由此可以得知，北方能夠控制的人口數倍於南方，反映皇權在北方也比南方要強得多。這應該是北方最終有能力完成統一的一個重要因素。

二、東晉南朝皇權的變態與回歸

（一）門閥政治與門閥制度

理解東晉南朝政治、社會的主綫是門閥政治與門閥制度。所謂皇權的變態，是指東晉門閥政治。以前當官的人家，門口有記述功狀的兩根柱子，左邊的叫閥，右邊的叫閱。先秦以來，"閥閱" 主要指個人在仕途中所獲得的功勞。東漢以後，世家大族興起，同一家族的人紛紛進入仕途，出仕者個人的 "閥閱" 逐漸成為家族榮譽、聲望的標誌。發展到魏晉南北朝時期，門閥、閥閱即相當於門第。"門第" 是魏晉南北朝時期政治、社會中十分重要的因素。

歷來研究魏晉南北朝門第、士族問題的學者頗多，這裏著重介紹田餘慶的《東晉門閥政治》。在這部著作中，田餘慶開宗明義，對他提出的 "門閥政治" 概念下了定義："門閥政治，質言之，是指士族與皇權的共治。" 同時，作者還對門閥政治存在的時期做了分析，指出門閥政治 "是一種在特定條件下出現的皇權政治的變態。它的存在是暫時的。它來自皇權政治，又逐步回歸於皇權政治"，"嚴格意義的門閥政治祇存在於江左的東晉時期"，"門閥士族存在並起著不同程度政治作用的歷史時期，並不都是門閥政治時期"。[1] 東晉時期是門閥士族作用最強的時期，可以稱之為 "門閥政治"，而其他的時期則不是。田先生的研究，一方面使我們對士族在整個魏晉南北朝時期所起的作用有了進一步的認識，同時，他把門閥政治與皇權政治一起考察，也是一個很重要的突破。

《東晉門閥政治》一書的開篇為《釋 "王與馬共天下"》，簡明扼要地揭示出東晉門閥政治的特點，即 "士族與皇權的共治"。東晉一代的政治史，大部分時間表現為幾個執政家族興衰交替的歷史，構成前後幾個家族與皇權共治的政治態勢。這幾個家族以執政時間先後順

1　田餘慶：《東晉門閥政治》自序，北京：北京大學出版社，2012 年第 5 版。

序，分別是琅邪王氏、潁川庾氏、譙國桓氏、陳郡謝氏和太原王氏。某氏前面的地理名詞，當時被稱為"郡望"，郡望與姓氏組合在一起，反映了這個家族地位的高低。比如姓王的人很多，但祇有琅邪王氏和太原王氏是當時的高門，其他的王氏地位就低了。到了後代，特別是隋唐時期，門閥政治早已結束，但追求門第之風猶存，出現"假託郡望"的現象，根源也在於此。"王與馬共天下"的說法來自《晉書·王敦傳》："元帝初鎮江東，威名未著，王敦與從弟導等同心翼戴，以隆中興，時人為之語曰：王與馬，共天下。"其中，"馬"指的是東晉的建立者晉元帝司馬睿（276—323），"王"指的是琅邪王氏兄弟，分別是王敦（266—324）和王導（276—339）。"王與馬共天下"就是王氏家族與東晉皇帝共治的態勢，以至於晉元帝"正會，引王丞相王導登御座，王公固辭，中宗（元帝）引之彌苦，王公曰：使太陽與萬物同輝，臣下何以瞻仰"（《世說新語·寵禮》）。皇帝上朝的時候，希望把丞相王導拉上來與他同坐，這樣的現象在中國歷史上的其他時期幾乎是看不到的，反映出東晉時期高級士族的勢力相當大，皇帝要倚重他們共治纔能夠穩定統治。

士族與皇帝共治的手段和方式，可以從當時王氏兄弟擔任的職位來理解。王導擔任的是侍中、司空、錄尚書事、領中書監。東晉時期的宰相機構是尚書臺，錄尚書事是尚書臺的長官，可以稱之為當時的宰相。而侍中及領中書監，分別是當時的門下省和中書省的長官，前者的主要職責是審核將要下達的詔書，後者則是協助皇帝起草詔書。王導所擔任的這些職位，既是中央的要職，也是皇帝的重要助手，地位十分顯赫。王敦的職位則為大將軍、都督江揚荊湘交廣六州諸軍事、江荊二州牧，權力覆蓋了當時東晉最重要的兩個據點，即長江中游的荊州和江州。由此可以發現，王氏兄弟在朝中的影響是相當大的，所以史稱王敦"既素有重名，又立大功於江左，專任閫外，手控強兵，群從顯貴，威權莫貳，遂欲專制朝廷，有問鼎之心，〔元〕帝畏而惡之"，後王敦起兵攻入建康，"既入石頭，擁兵不朝，放肆兵士劫掠內外。官省奔散，惟有侍中二人侍帝"，於是元帝便"脫戎衣，著朝服，顧而言曰：欲得我處，但當早道，我自還琅邪，何至困百姓如此？"（《晉書·王敦傳》）這是很無奈的話，體現了士族，特別是王氏家族的勢力之強，連皇帝都拿他們沒什麼辦法。

當時這些士族既然有這麼大的權力，那他們為什麼沒有取司馬氏而代之呢？田餘慶說："門閥政治是皇權與士族勢力的某種平衡，也是適逢其會得以上升的某幾家士族權力的某種平衡。"就是說在這種平衡沒有打破的情況下，皇帝還可以維持他的位置，因為還有其他的士族在牽制與皇帝共治的士族，"東晉一朝，皇帝垂拱，士族當權，流民出力，門閥政治纔能夠維持"。更重要的是，"從宏觀考察東晉南朝近三百年總的政治體制，主流是皇權政治而非門閥政治。門閥政治祇是皇權政治在東晉百年間的變態，是政治體制演變的回流。門閥政治的存在是暫時性的，過渡性的，它是從皇權政治而來，又依一定的條件向皇權政治轉化，向皇權政治回歸。皇權政治的各種制度經過南朝百餘年的發展，終於與北朝合流而形成隋唐制度的重要淵源"。[1]

---

1 田餘慶：《東晉門閥政治》，北京：北京大學出版社，2012 年第 5 版，第 343、333、345 頁。

這裏特別想強調的，是田餘慶所說的"主流是皇權政治而非門閥政治"，為什麼這麼理解？

要瞭解一本學術著作的價值，最好從學術史中來把握。田餘慶強調的"主流是皇權政治而非門閥政治"，回應的是日本學者提出的"六朝貴族制"理論。"六朝貴族制"是日本學者 20 世紀前期提出的重要理論，在學界影響很大。"六朝"是指魏晉南北朝，但這個"六朝貴族制"理論還包括隋唐，認為魏晉南北朝包括隋唐都是貴族制的時代。此觀點與當時日本史學界對西方歷史以及對日本史的認識相關，西方與日本史上的中古時期是貴族制時期，日本學者在研究中國歷史的時候，認為中國歷史的發展與世界歷史的發展也有類似之處，他們發現在中國的中古時代也存在一個皇權低微的時代，並認為這個皇權低微的時代就是貴族制的時代，所以稱之為"六朝貴族制"。他們強調、突出的，是六朝貴族的自立性，認為貴族的權力是不依賴於皇權而獨立的。日本京都學派的開創者內藤湖南就提出，這一時代的中國貴族是"作為地方名門望族延續相承的傳統關係而形成的"[1]，他們的權力來自他們世世代代所構成的地方性權力。谷川道雄更強調"六朝貴族"的權力是"超越王朝權力而獲得自立"[2]。獨立於皇權的士族的權力構成了"六朝貴族制"理論的重要基礎。這是我們理解《東晉門閥政治》的一個重要學術背景。

田餘慶是從整個中國古代史的特點出發的。他特別強調，從整個

1　內藤湖南：《中國史通論》，夏應元等譯，北京：九州出版社，2017 年，第 361 頁。

2　谷川道雄：《中國中世社會與共同體》，馬彪譯，北京：中華書局，2002 年，第 93 頁。

中國古代史來說，重要的是皇權政治。如果從中國古代史發展的整個脈絡、皇權政治的脈絡來看的話，士族權力最強的時期就是在東晉，達到和皇權共治的程度，其他時代都沒有達到這個程度；門閥政治即使到了極端的時期，士族權力與皇權還是共治的，它是皇權政治的變態，主流依然是皇權政治。士族權力的主要來源，還是在政府中擔任官職。門閥政治從皇權政治中來，回歸到皇權政治中去，從對魏晉南北朝歷史的總體把握來說，田餘慶的觀點與日本學者有很大的差異。因此，這也是對六朝貴族制理論的回應，體現了《東晉門閥政治》的理論價值。

門閥政治衹存在於東晉一朝，也就是士族權力最大、能和皇權共治的時候衹存在於東晉，但是士族有特權的時代是比較長的，不僅僅在東晉。門閥制度，簡單地說，就是按照門戶等級區別士庶在經濟、政治、文化上所處的不同地位，就是按照門第來分配特權。祝總斌對門閥制度有很深入的研究，在《試論魏晉南北朝的門閥制度》中有論：“中古門閥制度，整個看來，最主要特徵在於按門第高下選拔與任用官吏。”[1] 就是當官的特權是按門第來的，這是最主要的特權，其他特權是由當官的特權派生出來的。關於門閥制度的發展歷程，祝先生認為門閥制度可以分為形成、鼎盛和衰落三個階段。

1. 初步形成時期：曹魏、西晉

門閥制度是在曹魏、西晉時期形成的。曹魏出臺九品中正制，人

1　祝總斌：《試論魏晉南北朝的門閥制度》，載祝總斌：《材不材齋史學叢稿》，北京：中華書局，2009 年，第 156 頁。

當官之前，要由當時的名士根據此人的德、才做一鑑定，鑑定以中正品的形式表現出來，中正品就是人品。人品共分九品，二品以上是高品。九品中正制在設立之初，還是注重人的德和才的，但是西晉出現了所謂"二品繫資"，就是評定人品的時候要考慮門資、門第，即考慮本人或父祖先輩的官爵高下，這是選官注意門第的開始。其結果是根據門資定人品，當官的人、當官的子弟就能獲得更好的評定，這就是"以居位為貴"。實行二品繫資以後出現一種循環，那些有較高官位的人和他們的子弟纔能獲得人品二品，祇有人品二品才具有獲得較高官位的資格，有了較高的官位又可以繼續為他們的後代獲得人品二品提供資格。這樣漸漸地就形成了"公門有公，卿門有卿"的局面。曹魏、西晉時期的特點，是官品決定人品和門第的高下，在朝當官還是最重要的。

2. 鼎盛時期：東晉、南北朝前期

魏晉時期按官位高低形成的門閥制度，到東晉以後發生變化，不是官品決定門品，而是門品決定官品，形成按血統高貴與否區別門閥的制度，出現了所謂"膏腴之族"、"華族"、"次門"、"役門"等長期內一般不因官位有無、高低而發生變動的社會等級。社會上出現了一些典型的論述，所謂"凡厥衣冠，莫非二品，自此以還，遂成卑庶"（《宋書・恩倖傳序》）、"貴仕素資，皆由門慶，平流進取，坐至公卿"（《南齊書》卷二三"史臣曰"）。能否當上高官，取決於是否門第二品，而高門出身的人什麼都不用幹，也可以做高官。

戶籍上門第的高低一般也變不了，並不因為當官就可以改變門第。南朝宋時，低級士族宗越原為南陽次門，後被降為役門。宗越成為禁軍將領後，"啟太祖求復次門"（《宋書·宗越傳》），希望改變他的門第。簡言之，宗越當了四品將軍，也並未能改變其門第。

這時候士庶之間的等級觀念也很強，《宋書·王弘傳》所謂"士庶之際，實自天隔"。請看《南史·江敩傳》中的例子，"中書舍人紀僧真幸於〔南齊〕武帝，稍歷軍校，容表有士風，謂帝曰：'臣小人，出自本縣武吏，邀逢聖時，階榮至此，為兒昏，得荀昭光女，即時無復所須，唯就陛下乞作士大夫。'"紀僧真被南齊武帝寵任，他跟皇帝說自己出身比較低微，向皇帝請求改變其門第，進入到士族行列。皇帝怎麼回答呢？"由〔司徒左長史〕江敩、〔吏部尚書〕謝瀟，我不得措此意，可自詣之。"武帝讓他自己去找司徒左長史和吏部尚書，紀僧真"承旨詣敩，登榻坐定，敩便命左右曰：'移吾床讓客。'"剛坐好，江敩就跟他的手下說，把我的位置挪開，不跟紀僧真坐在一起，"讓客"就是讓他走的意思，根本不和他談改變門第的事兒。紀僧真"喪氣而退，告武帝曰：'士大夫故非天子所命。'"門第是皇帝也難以改變的，這就是門閥制度鼎盛時期的情況。

3. 衰落時期：南北朝後期

門閥制度衰落時期最主要的特點，是士族在官吏選拔和任用上所享有的特權逐漸削弱，寒人或庶人在官員中的比重不斷增加，士庶界限難以堅持，門品在選官上逐漸失去了意義，直到隋朝廢除了九品中正制。南北朝後期，社會流動性加強，梁人沈峻"家世農夫，至峻好學"，博通五經，尤長三禮，兼國子助教，後來還當到了五經博士（《梁書·沈峻傳》）。沈峻以寒人出身，經過努力獲得了顯要官職。南朝陳的建立者陳霸先，以"其本甚微"的寒人身份奪得了帝位，更開了南朝的先例。

（二）東晉南朝的衰靡之氣

社會上長期以門第作為最重要的身份標誌，高門士族希望維護門第，這對東晉南朝的政治造成了諸多負面影響。這種"衰靡之氣"主要從政治風氣體現出來。《梁書‧何敬容傳》記載："陳吏部尚書姚察曰：'魏正始及晉之中朝，時俗尚於玄虛，貴為放誕，尚書丞郎以上，簿領文案，不復經懷，皆成於令史。'"晉代尚書臺是宰相機構，姚察說魏晉以後尚書丞、尚書郎以上國家重要官員都對行政文書漠不關心。文書是國家行政運轉最重要的載體，官員對行政文書的審批，就是政務運作、決策的過程。而魏晉以後，這些行政文書的處理工作都是最基層的辦事人員做的，"逮乎江左，此道彌扇"，到了東晉南朝以後，這種風氣更盛了。"望白署空，是稱清貴；恪勤匪懈，終滯鄙俗"，文書拿來了，官員對內容看都不看就找個空地簽字，這叫"望白署空"，大家認為這樣的工作態度很有風度、很瀟灑，而勤懇、努力工作的人卻沒有前途。結果"朝經廢於上，職事隳於下"，致使政務運轉停滯。這是南朝後期的人對東晉南朝政風的評述。唐朝對官員的考核當中，有一條就是"恪勤匪懈"，這是唐朝對官員工作態度的基本要求。但是在東晉南朝，"恪勤匪懈，終滯鄙俗"，恪勤匪懈的工作態度是沒有什麼前途的。

當時高門士族追求的是"立言藉於虛無，謂之玄妙；處官不親所司，謂之雅遠；奉身散其廉操，謂之曠達。故砥礪之風，彌以陵遲"（《晉書‧裴頠傳》），在對"虛無"、"玄妙"的追求中，踏踏實實工作的風氣沒有了。做了高官，但渾渾噩噩，對於職責也不瞭解的人為數不少。這些高門士族的理想，是"一手持蟹螯，一手持酒杯，拍浮酒池中，便足了一生"（《世說新語·任誕》）。喝酒、吃藥，是當時高門士族所熱衷的。魯迅、王瑤都從文人與

圖 6.4　東晉王丹虎墓出土丹藥

藥、文人與酒的角度做過研究。[1] 圖 6.4 中的藥丸，出土於南京東晉王丹虎墓，這些丹丸就是士族們吃的藥，其主要成分是硫化汞，有一定毒性。

　　《顏氏家訓》從當時北方人的角度看南朝的情況，認為"江南朝士，因晉中興，南渡江，卒為羈旅。至今八九世，未有力田，悉資俸祿而食耳。假令有者，皆信僮僕為之，未嘗目觀起一坺土、耘一株苗，不知幾月當下，幾月當收，安識世間餘務乎？故治官則不了，營家則不辦，皆優閒之過也"。南方士族對社會、經濟、政治都不太瞭解，所以在南朝後期，這些高門士族出不了人才，這也是南朝後期的皇帝任用寒人的背景之一。梁士大夫"出則車輿，入則扶侍，郊郭之內，無乘馬者。……及侯景之亂，膚脆骨柔，不堪行步，體羸氣弱，不耐寒暑，坐死倉猝者，往往而然。建康令王復性既儒雅，未嘗乘騎，見馬嘶歕陸梁，莫不震懾，乃謂人曰：'正是虎，何故名為馬

1　參魯迅：《魏晉風度及文章與藥及酒之關係》，載《而已集》，《魯迅全集》第三卷，北京：人民文學出版社，1973 年；王瑤：《文人與藥》、《文人與酒》，載王瑤：《中古文學史論集》，上海：上海古籍出版社，1982 年。

乎？」其風俗至此”。這是對南朝高門士族的取笑，亦即南朝的“衰靡”士風的體現。高級士族在東漢時代還能夠引領當時的社會，在東晉前期還能出王敦、王導等能力很強的高級官員，到了東晉後期和南朝時期，這些高級士族裏越來越出不來人才了，高級士族權力的衰落和皇權的回歸、興起，都與此有關。從這個角度也可以理解為什麼最終南朝被“尚武剽悍”的北朝所統一。

（三）南朝皇權的回歸

南朝第一個朝代是宋，建立者是武將劉裕。劉裕之所以能夠代替司馬氏政權建立新的朝代，與高級士族的衰落是分不開的。皇權回歸的一個重要原因就是高級士族的墮落。[1] 閻步克從軍隊與集權關係角度有論：劉裕來自北府兵武將，是靠軍權和軍功奪得皇位的，高門士族中卻沒能出皇帝。軍人、軍隊和軍事活動，是中國皇權的搖籃，軍隊和戰爭，是得以激活專制集權的途徑之一。南朝皇權強於東晉，蓋源於此。[2] 此外，對手的強大，也促進了南朝皇權的強化。十六國時期北方多國並立，東晉實力強於北方。至南朝，與劉宋對峙的北魏，其實力已超過南方。當一個國家面臨著更強大政治體的壓力時，它為了整合自身的實力，也更容易促成集中化的權力。

南朝皇權的回歸首先體現在中央層面，加強軍事，用寒人掌機要。劉裕是北府兵將領起家，他首先加強禁軍，建立臺軍以拱衛皇

1　參祝總斌：《試論東晉後期高級士族之沒落及桓玄代晉之性質》，載祝總斌：《材不材齋史學叢稿》，北京：中華書局，2009年。

2　閻步克：《波峰與波谷：秦漢魏晉南北朝的政治文明》，北京：北京大學出版社，2017年，第122頁。

權。《宋書》卷九四《恩倖傳》有云："主威獨運，官置百司，權不外假，而刑政糾雜，理難遍通，耳目所寄，事歸近習。"南朝皇權"主威獨運"的同時，是"事歸近習"，皇帝任用身邊信任的人，特別是那些出身低微的寒人。趙翼敏銳地觀察到南朝皇權政治中寒人興起的現象，他說，"至宋、齊、梁、陳諸君，則無論賢否，皆威福自己，不肯假權於大臣"，南朝相對於東晉來說，皇權已在重振過程之中，朝中士族大臣的影響力則有所下降。趙翼認為，此時高門大族"門戶已成，令、僕、三司，可安流平進，不屑竭智盡心，以邀恩寵，且風流相尚，罕以物務關懷"，高門大族的地位已固定下來，僅憑著家族地位就可以獲得高位，他們並不看重皇帝對他們的恩寵，對實際政務也不關心。高門士族"迂誕浮華，不涉世務"，高門士族行政能力越來越差，而這些人地位又高，不能隨便批評、責罰。皇帝"不能藉以集事"，於是"不得不用寒人"。"人寒則希榮切而宣力勤，便於驅策，不覺倚之為心膂"。[1] 寒人出身低，為了獲得高位，會更賣力地為皇帝辦事。而且寒人出了問題，該打打，該罰罰，皇帝也無所顧忌。趙翼主要是從政治和社會角度來論述的。當代歷史學家也論及此現象，唐長孺提出："南朝廣泛存在著寒門地主與富有的商人，為了取得財富的保障，他們力求開闢和擴大自己的政治道路。"[2] 趙翼側重皇帝的角度，而唐先生則更關注寒人主動的方面。

1　趙翼著，王樹民校證：《廿二史劄記校證》卷八 "南朝多以寒人掌機要"，北京：中華書局，1984 年，第 172—173 頁。

2　唐長孺：《南朝寒人的興起》，載唐長孺：《魏晉南北朝史論叢續編》，北京：生活·讀書·新知三聯書店，1959 年，第 97 頁。

南朝皇權的回歸還體現在地方層面，外託宗室。劉裕任用皇子擔任荊州刺史，宗室擔任揚州刺史。揚州在長江下游，荊州在長江中游，祇要控制住了這兩個地區，南方政局就基本穩定了。因此分別由皇子、宗室來擔任這兩個重要戰略地區的長官。任用宗室，說明南朝皇權雖然有所回歸，但是還不夠強。如果皇權沒有回歸，宗室也難以獲得重用，一如東晉的情況。南朝皇權有所上升，纔開始重用宗室。但重用宗室是個兩難問題。一方面重用宗室，讓他們去擔任重要地區的長官；另一方面有西漢、西晉的前車之鑑，皇帝對宗室很不信任。皇帝給宗室以權力，又對宗室嚴格控制、派人監視，甚至還有宋、齊屠戮宗室的事件發生。這也是制度演進中的現象。宗室政策到了北宋相對比較成熟，北宋在經濟上給予宗室特權，但在政治上限制他們的參與。南朝宗室制度尚未成熟，所以宗室問題反覆出現，難以解決。

南朝政治最主要的特點，如祝總斌總結，為高級士族的進一步沒落，寒族的逐漸興起，以及與之相應的、實際政治中君權的伸張。

三、漢化胡化與北朝主流論

（一）漢化與胡化

漢化，是對歷史上進入中原地區的非漢族而言的。歷史上由進入中原的少數族建立的政權，多多少少都存在漢化的現象。對於漢化的看法，隨著認識的推進，以及不同時代的不同情況，也出現了一些變化。以前學界說北族漢化主要強調這些北方的統治者認為自身文化落後於漢族文化，所以他們主動地去學習。現在學界說到漢化，更多地強調當北族的統治者在中原地區建立政權之後，他們為了有效地統治漢地而有目的地吸收、利用漢文化。這一點在歷史早期和歷史晚期也不太一樣，越往後的非漢族統治者就越是有目的地引進利用漢文化，以加強他們對漢地的統治。胡化是對漢人而言的，指中原漢人的生活習慣、文化受到了北族的影響。

首先是北魏的漢化和六鎮的胡化問題。北魏孝文帝拓跋宏（467—499）在位將近三十年，可以490年為節點分為兩個階段，前期是孝文帝祖母馮太后（441—490）秉政時期，後期是孝文帝親政時期。無論是馮太后秉政，還是孝文帝親政，這兩個時期主要的趨勢都是進行漢化改革。

馮太后秉政時期，開始重用漢人官僚，由他們進行漢化的改革。到了孝文帝親政以後，沿著這個趨勢走得更遠。491年，孝文帝採納"五德終始說"，確定了北魏在五行中的位次，將東晉、宋、齊和十六國定為僭偽，北魏承西晉之金德為水德。對五行的宣示，是孝文帝對漢文化的利用。孝文帝為了加強他對漢地的控制，讓漢人更加認同北魏政權，採用了這套五行相生的說法，把與北魏對立的南方政權認定為僭偽，申明自己纔是正統所在。

孝文帝另一重大舉措是太和十八年（494）遷都，由平城（今大同）遷都洛陽。《魏書·元澄傳》記載："國家興自北土，徙居平城，雖富有四海，文軌未一，此間用武之地，非可文治，移風易俗，信為甚難。崤函帝宅，河洛王里，因茲大舉，光宅中原。"這是一個冠冕堂皇的理由，但情況也確實如此，北魏進入中原越來越深，以大同這個地方來控制中原是不方便的，更好的選擇就是洛陽。從地理位置來講，洛陽地處中原，對控制北方包括進取南方都是有利的；更重要的是，孝文帝以"五行相生"來證明北魏政權的正統，上承西晉，洛陽不僅是古都，而且還是西晉的都城，遷都洛陽對於北魏政權合法性的塑造，加強漢人對其政權的認同都是很有幫助的。這是孝文帝遷都的重要背景。另外還有一個背景，不少鮮卑貴族反對馮太后和孝文帝的漢化改革。馮太后的改革尚未明顯觸動舊勢力的利益，孝文帝的改革對舊勢力利益的觸動比較大，所以遇到的反對聲音更大。這種情況下，孝文帝遷都也是要擺脫舊勢力的束縛，新的空間更有利於他實現政治抱負。

遷都洛陽後，孝文帝繼續推行改革，改漢姓、定姓族。改漢姓，就是將鮮卑複姓改為音或意相近的漢姓，"諸功臣舊族自代來者，姓或重複，皆改之。於是始改拔拔氏為長孫氏，達奚氏為奚氏，乙旃氏為叔孫氏，丘穆陵氏為穆氏，步六孤氏為陸氏，賀賴氏為賀氏，獨孤氏為劉氏"（《資治通鑑》卷一四○）等，皇族拓跋改姓元，就是改漢姓的結果。孝文帝另一漢化舉措是定姓族。在門閥政治和士族政治下，東晉和南朝前期形成了一些相對固定的社會等級，比如膏腴之族、華族、次門、役門等等，成為固定化的門第。孝文帝定姓族，一方面把山東舊族吸納進來，就是崔、盧、李、鄭這些在東漢以後就形成的大族，依然給他們比較高的社會地位；同時，對那些跟著他從平城到洛陽來的功臣，通過定姓族的方式固定他們在社會上的高級地位。但北魏和東晉南朝不同，南朝有一句話，叫"士大夫故非天子所命"，就是皇帝也無權或者說很難改變一個家族的社會地位，而北朝的情況卻正是皇帝用他的皇權來塑造社會結構。唐長孺有論："孝文帝定士族，以當代官爵為主要標準，從而突破了'士族舊籍'的限

　　　　　　　　第六講　門閥政治及其解體

止，建立了新的門閥序列"，"以朝廷的威權採取法律形式來制定門閥序列，北魏孝文帝定士族是第一次。"[1] 閻步克也認為："北魏的士族高下，更多是由皇權確定、以當朝官爵為準。"[2] 兩位學者都指出了北魏與東晉南朝的差別，北魏是以皇權塑造社會結構。因此，北魏孝文帝的漢化不能僅僅視為對南朝的一味模仿，進而，孝文帝的改革甚至不僅是單向度的南朝化或漢化，而且他還要繼承漢魏，重塑華夏傳統。[3]

漢化的另一項措施，是禁止遷洛之鮮卑人穿著鮮卑的服飾、使用鮮卑的語言。"斷諸北語，一從正音"（《魏書·元禧傳》），即一律要說漢語。從這一點來看，孝文帝的漢化確有獨特的一面，一方面，他要利用漢文化加強統治的穩定性，另一方面，他也仰慕漢文化，所以會禁止鮮卑服飾、鮮卑語言。而此後的歷史就不是這樣了，到了清代，也有漢化措施，但還將"滿語騎射"定為國策，就是一方面要漢化，另一方面要保持自己的文化傳統，保留自己的服飾、自己的語言、自己尚武的風氣。此時鮮卑本族的文化意識還不強。

還有一項措施，鮮卑貴族死後不能歸葬大同，全部葬在洛陽附近。這在一定程度上割斷了遷洛鮮卑貴族和舊勢力的聯繫。他們都葬在洛陽北邊的北邙山上，留下了很多的墓葬和墓誌。

1　唐長孺：《論北魏孝文帝定姓族》，載唐長孺：《魏晉南北朝史論拾遺》，北京：中華書局，1983 年，第 83、91 頁。

2　閻步克：《波峰與波谷：秦漢魏晉南北朝的政治文明》，北京：北京大學出版社，2017年，第 177 頁。

3　羅新：《說北魏孝文帝之賜名》，載羅新：《王化與山險：中古邊裔論集》，北京：北京大學出版社，2019 年，第 215 頁。

以上是孝文帝的主要漢化措施，還是相當激進的。這種激進的措施一方面使北魏政權在中原扎了根，有利於它的統治，另一方面也造成了其內部的分裂。

北魏內部不同政治勢力之間的矛盾，最主要的就是遷洛集團和六鎮集團的矛盾。遷洛集團是跟著孝文帝來到洛陽定姓族、改漢姓、說漢語的這批人。而六鎮集團是什麼呢？北魏時代長城以北地區是柔然的勢力範圍，柔然作為一個北方族群對北魏的壓力是相當大的。北魏初年，為了防範柔然，在平城以北、陰山以南的地區自西向東設置了六個軍鎮，分別是沃野鎮、懷朔鎮、武川鎮、撫冥鎮、柔玄鎮、懷荒鎮，也就是設置了六個軍區來防範柔然（圖 6.5）。六鎮集團，就是這些將領、士兵和他們的後代。這批人沒有遷洛，保持了原來的鮮卑舊俗。六鎮的胡化，就是不僅這批人保持了鮮卑的舊俗和傳統，而且這一地帶的漢人也受胡人的影響有了鮮卑的文化風俗。遷洛集團和六鎮

圖 6.5　北魏六鎮分佈示意圖

集團的矛盾是後來造成北魏分裂、瓦解的最重要因素。陳寅恪就說："邊塞六鎮之鮮卑及胡化之漢族，則仍保留其本來之胡化，而不為洛都漢化之所浸染，故中央政權所在之洛陽其漢化愈深，則邊塞六鎮胡化民族對於漢化之反動亦愈甚，卒釀成六鎮之叛亂。"[1] 陳先生敏銳地揭示出六鎮集團與遷洛集團的矛盾。

六鎮集團的特點是什麼？《魏書‧元淵傳》說這批人"征鎮驅使，但為虞候白直，一生推遷，不過軍主。然其往世房分留居京者得上品通官，在鎮者便為清途所隔"。他們沒有好的前途，一輩子升遷也不過是個中級軍官，但他們家跟著孝文帝遷到洛陽的親戚生活優越，都當了大官。在六鎮的這批人"少年不得從師，長者不得遊宦，獨為匪人，言者流涕"，他們說起來這些就傷心。這批人與遷洛集團之間的隔閡、矛盾越來越大。六鎮集團與遷洛集團矛盾的最終爆發就是 524 年的六鎮之亂。六鎮將領率兵打到了洛陽，北魏瓦解。

六鎮之亂導致了北魏的瓦解。此後東魏、北齊和西魏、北周政權的核心成員也多屬六鎮集團，故六鎮之亂對北朝後期產生了深遠影響。六鎮軍人當權之後，從表面上看，出現了與漢化反其道而行之的胡化現象。東魏、北齊時期，統治者重新使用鮮卑語，而且還出現了"鮮卑共輕中華朝士"的情況。西魏不但恢復了胡族諸將的胡姓，而且還廣賜漢人胡姓。以上現象被稱為胡化。如何來看待胡化？如果說漢化有一定的"進步"意義，那胡化是不是一種"反動"呢？六鎮和遷洛集團這兩個勢力又如何重新結合在一起，成為北朝後期和隋唐統

1　陳寅恪：《唐代政治史述論稿》上篇，北京：商務印書館，2011 年，第 197 頁。

圖 6.6　王光、叱羅招男夫婦墓誌

治集團的核心人物？下面通過一些具體的材料來看一看。

　　作為傳世文獻的補充，墓誌現在是研究南北朝歷史，特別是北朝歷史的重要資料。首先看一對夫婦的墓誌（圖 6.6），丈夫王光，夫人叱羅招男。叱羅招男墓誌中記載，她的祖父名叱羅退十，她的父親名叱羅鑑。叱羅退干在其他的資料中有記載，一是在北魏太和十八年《孝文皇帝弔比干墓文》的碑陰題名中，有"直閤武衛中臣河南郡叱羅吐蓋"。還有一方《元寶建墓誌》，記"祖相國清河文獻王，祖母河南羅氏"。元寶建的祖父是清河文獻王，祖母是河南羅氏，而河南羅氏的父親是羅蓋，官至"使持節，撫軍將軍，濟、兗二州刺史"。在北魏孝文帝改漢姓以後，叱羅氏改成了羅氏，他的父親羅蓋如果沒改漢姓，當為叱羅蓋。叱羅蓋、叱羅吐蓋以及叱羅退干當為同一人。為什麼他們應該是同一個人？從名字來看，"退干"、"吐蓋"和"蓋"當是對同一鮮卑語詞的不同漢字譯音，這種譯音無定字現象，在當時人名上體現得相當突出。羅和叱羅因為改姓的緣故，也可以解釋得通。從他的任職來說，濟州、徐州刺史與濟州、兗州刺史也有較強的相關性。所以我們可以確定叱羅招男的祖父就是叱羅蓋或者叫羅蓋。這個人出現在《孝文皇帝弔比干墓文》的碑陰題名中，表明他是孝文帝的隨祭官之一，是孝文帝的親信。同時他的女兒又嫁給了孝文帝的兒子清河文獻王，與孝文帝聯姻，所以這個家族應該是孝文帝遷洛集團的核心家族之一。

再看叱羅招男的丈夫王光，叱羅招男墓誌稱之為烏丸光。王光墓誌也記載了他家族的情況。王光的祖父是“使持節平南將軍，并、雍二州刺史廣陽公買”，他的父親是“持節征東將軍，零丘太守，干陽侯于”，這兩個人的生平並不見於其他文獻。墓誌記述其“銜命居邊，守茲蕃捍，遂家朔土，綿歷四世”，這個家族當是六鎮家族，已經延續了幾代。《魏書·元天穆傳》稱，北魏末年，“北鎮紛亂，所在蜂起，六鎮蕩然，無復蕃捍，惟〔爾朱〕榮當職路衝，招聚散亡”。爾朱榮帶兵打到了洛陽，與誌文也能相互印證，“天柱大將軍爾朱榮，率晉陽之甲匡定王室，援立孝莊，君頗有力焉”，這個“君”即指王光，他跟隨爾朱榮來到洛陽，從這個角度也可以得知，他是六鎮集團的成員。

前文已述，六鎮集團和遷洛漢化集團的矛盾很大，導致了六鎮之亂的爆發。那麼，分屬遷洛核心家族的叱羅招男與北魏六鎮集團的王光如何聯姻？又產生了什麼影響？雖然墓誌裏並沒有記載，但是可以做一推測。北朝女子結婚的年齡基本在十三歲左右，若以十三歲作為叱羅招男嫁給王光的時間，可以知道兩家聯姻的時間當在永安三年（530）前後，而這個時間又恰恰是河陰之變（528）後不久。河陰之變是六鎮集團打到洛陽以後，在河陰殺死了包括胡太后、幼帝以及兩千多名王公、百官在內的漢化集團人士。動亂中，叱羅退干的兒子羅鑑一家逃過一劫，需要尋找新的靠山，於是他把女兒嫁給了六鎮集團的將領王光（烏丸光）。與此推測相印證的是，東魏時期，元魏宗室女子多嫁給高歡家族以及其他六鎮勳貴，和叱羅招男與王光的結合有類似之處。六鎮集團和遷洛集團的矛盾導致了六鎮之亂和北魏的瓦解，河陰之變後又通過婚姻的方式有所彌補，兩個集團在新的形勢下結合在一起，構成了新的統治集團。

上述兩方墓誌對王光名字的記載有所不同，叱羅招男墓誌記載她的丈夫叫烏丸光，而幾年以後王光自己的墓誌卻記載為王光，出現了胡姓、漢姓並用的現象。若檢索其他材料可以知道，這種現象出現的時間比較晚，大體上是在北周建立以後。在隋代李麗儀墓誌中，記載了她母親家族的情況："母武川劉氏，長舅，柱國、荊安東南五十三州諸軍事、荊州總管、荊州刺史、平原公順。"大舅叫劉順，二舅是"柱國、太保、荊州刺史、梁國公崇"，即劉崇。結合文獻材料，可以知道這兩個人的身份。在北朝，爵是平原公，且名順的人祇有侯莫陳順；爵是梁國公，且名崇的人也祇有侯莫陳崇；而且侯莫陳順也恰恰是侯莫陳崇的兄長。所以墓誌的劉順、劉崇，就是侯莫陳順、侯莫陳崇。侯莫陳和劉是什麼關係呢？據庾信《周驃騎大將軍開府侯莫陳道生墓誌銘》，侯莫陳道生是"朔州武川人，本係陰山，出自國族。降及於魏，在秦作劉。……大統九年（543），更姓侯莫陳氏"。這個家族一直在北方的代郡武川生活，並沒有跟隨孝文帝遷洛，因此也沒有被孝文帝賜漢姓，本姓劉，或者說早先與漢族聚居時間久了，便用了漢姓。從這個意義上來講，西魏時期劉改侯莫陳，就不是恢復他原來的胡姓，而是賜給他一個新的胡姓。這就說明西魏宇文泰賜鮮卑姓，不僅是針對漢人，而且還包含漢姓胡人。到了北周末年楊堅掌權後，把這些胡姓都恢復成漢姓了。不論是復漢姓還是賜胡姓，都是把漢人、胡人結合在一起，不區別對待，其目的是加強社會的整合，有助於族群的凝聚。

由六鎮集團所建立的東魏北齊、西魏北周都有所謂胡化，但是此胡化與孝文帝的漢化是有差異的。漢化是北魏孝文帝改漢姓的目的，但是胡化並不是西魏復、賜胡姓的目的。第一，宇文泰復、賜胡姓有具體的政治目的，他不是為了胡化而胡化，復、賜胡姓的直接目的是在工具層面，而非胡化、漢化的價值層面。這與孝文帝改鮮卑姓為漢姓的意義有所不同。他的直接目的就是要塑造新的集團，這與孝文帝又有類似之處，但不完全一樣。第二，西魏北周宇文泰在賜功臣鮮卑姓的同時，還經常賜功臣以名字，所賜的名都是漢字雅名，沒有一個是鮮卑語名。[1] 即使僅從宇文泰賜姓名的角度來看，也並不能以單一的胡化來概括，一方面賜胡姓，另一方面還賜漢名，就說明他的目的不是單純的胡化。第三，在復、賜胡姓的同時，宇文泰模仿《周禮》建立六官體制。《周禮》，一般認為是在戰國到西漢之間寫成的，主要講的是儒家治國理政的理想，在後世被認為是三代制度的模板，在中國古代特別是在古代前半期，好幾次改革都要回到《周禮》。《周禮》具

1　何德章：《北朝鮮卑族人名的漢化 —— 讀北朝碑誌劄記之一》，載《魏晉南北朝隋唐史資料》第十四輯，武漢：武漢大學出版社，1996 年。

有漢文化代表的意義。宇文泰模仿《周禮》，就是要站在漢文化的制高點上來進行他的制度改造。因此，從宇文泰改革的整體措施來看，並不是單純的胡化和漢化，可以說他已經跳出了胡化和漢化，顯示出整合胡族與漢族、創立新制度的取向。改革對社會的推進，是減少了胡漢矛盾。無論胡人還是漢人，同時被賜予胡姓、被賜予漢字雅名；到了隋朝建立之初，這一批人又不論胡漢，都被恢復漢姓。在這一波一波的重複、往返過程當中，胡和漢之間的區別慢慢泯滅，族群矛盾漸漸減少，他們慢慢地構成一個新的整體。文化上的融合，也塑造了北朝的"雄健之風"。

（二）北朝的雄健之風

《魏書》卷五三記載了一首北朝民歌，"李波小妹字雍容，褰裙逐馬如卷蓬，左射右射必疊雙。婦女尚如此，男子那可逢"，描繪了一位北方婦女的矯健形象。唐長孺指出"河北境內騎射之風的流行，反映了晉末以來內遷北方民族對漢族的巨大影響"[1]。這種影響表現為北朝的尚武、入世之風。宇文貴"少從師受學，嘗輟書嘆曰：男兒當提劍汗馬以取公侯，何能如先生為博士也？"（《周書·宇文貴傳》）李弼曾言："丈夫生世，會須履鋒刃，平寇難，安社稷以取功名；安能碌碌依階資以求榮位乎？"（《周書·李弼傳》）高昂"每言男兒當橫行天下，自取富貴，誰能端坐讀書，作老博士也"（《北齊書·高昂傳》）。都反映出當時的社會風氣崇尚積極入世，通過戰功獲得榮耀、

---

1 唐長孺：《讀〈李波小妹歌〉論北朝大族騎射之風》，載《唐長孺社會文化史論叢》，武漢：武漢大學出版社，2001 年，第 120 頁。

地位。這與南朝高門士族不務政事的態度形成了鮮明的對比。

（三）北朝主流論

如同北朝皇權強於南朝，從官僚制復興角度，也可以看到北強於南的現象。法律是官僚制的結構性支撐，隋唐的法律就是從北朝一系發展而來。程樹德在《九朝律考》中有所論述："自晉氏失馭，海內分裂，江左以清談相尚，不崇名法。故其時中原律學，衰於南而盛於北。北朝自魏而齊而隋而唐，尋流溯源，自成一系，而南朝則與陳氏之亡而俱斬。竊嘗推求其故，而知南朝諸律，實遠遜北朝。"[1] 從法律角度講，南朝的法律到陳就已經走到了盡頭，而北朝的法律則成為日後隋唐法律的重要基礎，這與官僚制的復興是密切結合的。

從這樣的角度出發，田餘慶、閻步克提出了"北朝主流論"。田餘慶認為，"從宏觀來看東晉南朝和十六國北朝全部歷史運動的總體，其主流畢竟在北而不在南"；閻步克提出："漢唐盛世之間，魏晉南北朝是個帝國的低谷，北朝則構成了走出低谷、通向隋唐大帝國的歷史出口。"他還在《變態與融合——魏晉南北朝》中說："與南朝相比，北朝的官僚政治在運作上更為富有效能，而且在制度上贏得了眾多進步。所以我們認為，北朝的強盛來自體制的力量，而體制的進步活力，則可以最終歸結為北方的獨特歷史道路。……交替的'胡化'和'漢化'孕育出了強勁的官僚制化運動，它扭轉了魏晉以來的帝國頹勢，並構成了走出門閥士族政治、通向重振的隋唐大帝國的歷

1　程樹德：《九朝律考》，北京：中華書局，1963 年，第 311 頁。

史出口。"[1] 北朝主流論，是從皇權、官僚制度、官僚政治的角度出發立論的。

最後，引用陳寅恪和費孝通的兩段話，對本講做一總結。陳寅恪認為，"李唐一族之所以崛興，蓋取塞外野蠻精悍之血，注入中原文化頹廢之軀，舊染既除，新機重啟，擴大恢張，遂能別創空前之世局"，文化的整合創造了隋唐繁榮的基礎。費孝通說："漢族的壯大並不是單純靠人口的自然增長，更重要的是靠吸收進入農業地區的非漢人，所以說是像滾雪球那樣越滾越大。"[2] 所謂的"五胡"到隋唐以後，除了羌以外都看不到了，他們並不是被消滅了，而是融入漢族中。而漢族由於吸收了大量他族成分，實際上也已經不再是原來的漢族了。這兩段話概括了魏晉南北朝兩個重要的歷史遺產：一是文化的整合，二是族群的凝聚。這也構成了新統一帝國建立的重要基礎。

---

1 分見田餘慶：《東晉門閥政治》，北京：北京大學出版社，2012 年第 5 版，第 345 頁；閻步克：《波峰與波谷：秦漢魏晉南北朝的政治文明》，北京：北京大學出版社，2017 年，第 187 頁；閻步克：《變態與融合 —— 魏晉南北朝》，載吳宗國主編：《中國古代官僚政治制度研究》，北京：北京大學出版社，2004 年，第 131 頁。

2 陳寅恪：《李唐氏族之推測後記》，載《金明館叢稿二編》，上海：上海古籍出版社，1980 年，第 303 頁；費孝通主編：《中華民族多元一體格局（修訂本）》，北京：中央民族大學出版社，1999 年，第 16 頁。

閱讀書目

田餘慶：《釋 "王與馬共天下"》、《後論》，載《東晉門閥政治》，北京：北京大學出版社，2012 年。

祝總斌：《試論魏晉南北朝的門閥制度》，載祝總斌：《材不材齋史學叢稿》，北京：中華書局，2009 年。

閻步克：《波峰與波谷：秦漢魏晉南北朝的政治文明》第十二章，北京：北京大學出版社，2017 年。

唐長孺：《魏晉南北朝隋唐史三論》第二篇，北京：中華書局，2011 年。

羅新：《黑氈上的北魏皇帝（修訂本）》，上海：上海三聯書店，2022 年。

祝總斌：《評田餘慶著〈東晉門閥政治〉》，《歷史研究》1993 年第 1 期。

陳蘇鎮：《東晉政治史研究的新成就 —— 讀〈東晉門閥政治〉》，《史學史研究》1989 年第 4 期。

隋唐：回歸統一帝國

第 七 講

一、新統一之重建

　　經過了近四百年的動盪和分裂，中國又走到了統一。隋唐在經濟、社會、文化等方面，都比秦漢時代有所發展。統一之所以能達到更高的層次，和魏晉南北朝大分裂時期所提供的歷史條件有關。

　　魏晉南北朝分裂時期留下的歷史遺產，主要有三類：一是國土開發，二是族群凝聚，三是文化整合。族群的凝聚和文化的整合，在上一講都已經談到，這裏著重講一下國土開發的問題。所謂國土開發，主要是指對長江以南地區的開發。《禹貢》是先秦典籍《尚書》中的一篇，內容反映了《禹貢》成書時代，亦即戰國人的天下觀，還有當時人對天下土地肥沃程度的看法。《禹貢》將天下分為九州（圖 7.1），並對九州的土質進行了評價，分成上中下三等，下等的三個州為梁州、荊州和揚州，包括今天的四川、長江中游和長江下游地區。這些地區從中國古代後期一直到現在，都是經濟發達的地區，而先秦時期的人卻將其歸類到土地最為貧瘠、土質最差的一等。其最主要的原因，就在於當時這些地區沒有得到充分的開發和利用。

　　從漢代，特別是東漢以後開始，南方地區的土地開發工作漸漸有了進展。在南北朝期間，處於南方的政權為了自身政治的穩定，較為

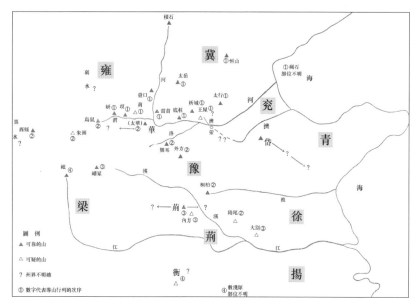

圖 7.1 《禹貢》九州圖

積極地對當地許多未開墾的地區進行了開發，南方的經濟獲得了顯著進展。史稱，揚州（今江南大部）"地廣野豐，民勤本業，一歲或稔，則數郡忘饑。會土（今寧紹平原）帶海傍湖，良疇亦數十萬頃，膏腴上地，畝直一金"，"荊城（今湖北江陵）跨南楚之富，揚部有全吳之沃，魚鹽杞梓之利，充仞八方，絲綿布帛之饒，覆衣天下"。（《宋書》卷五四"史臣曰"）

如何認識中國歷史上的統一與分裂呢？根據葛劍雄的意見，"如果把基本上恢復前代的疆域、維持中原地區的和平安定作為標準，統一的時間是九百五十年。"[1]也就是從秦漢到明清時期，政權處於分

---

1 葛劍雄：《統一與分裂》，北京：商務印書館，2013 年，第 65 頁。

裂比處於統一的時間要多，所以對於統一和分裂，應該看到它們是中國古代史發展過程中的不同形態。統一與分裂的不同時期，從經濟、政治發展角度看，也有著不同的特點。對於這個問題，田餘慶認為："中國古代歷史上有這樣一種現象：中央集權國家，輝煌的文治武功，燦然可觀的典章制度，規模巨大的建設工程，儘管多出現於統一時期，但是地區的經濟、文化發展，包括小工程的興建，卻往往在分裂時期更為顯著。一般來說，統一王朝的政治、文化以至經濟中心多在首都及少數重鎮，祇有這些地方纔有優先發展機會；遠離交通幹綫的地區，例如南方腹地廣大地區，發展速度則要緩慢一些。各地區發展的不平衡現象，往往在交替出現的分裂時期逐漸得到一些彌補。分裂時期的小國，為了自立自存，不得不勉力開發一些道路河渠等工程，以促進地區經濟發展。而分裂時期地區經濟的發展，又給以後出現的統一局面提供便利條件和更高的經濟、文化基礎。這是中國古代歷史的一個周期性的發展過程。"[1] 不祇是魏晉南北朝如此，從唐末五代的情況來考察，也同樣可以得出類似的結論。總之，魏晉南北朝四百年的分裂，留下的最主要的遺產，即國土的開發、族群的凝聚、文化的整合，為隋唐官僚帝國更高層次的統一奠定了基礎。

統一是由隋文帝楊堅完成的，楊堅與西魏北周的建立者宇文泰以及獨孤信三個家族之間存在相互聯姻關係。對於他們這種複雜的關係，趙翼在《廿二史劄記》中指出，北周、隋、唐的建立者都出自

---

1 田餘慶：《古運河開發中所見的一個問題》，載田餘慶：《秦漢魏晉史探微（重訂本）》，北京：中華書局，2004 年，第 400 頁。

北魏六鎮之一的武川鎮，他說武川鎮是"王氣所聚"。此後，陳寅恪在《隋唐制度淵源略論稿》中則從更具有現代學術意識的角度，提出"關隴集團"概念，或者稱之為"關隴軍事貴族集團"，北周、隋、唐從皇帝到將相大臣，多出自這個集團，集團內部的成員通過不同的方式緊密地聯繫在一起，聯姻即手段之一。西魏北周的建立者宇文泰，其後代周明帝娶了獨孤信的女兒，楊忠的兒子楊堅也娶了獨孤信的女兒，楊堅和周明帝之間，用現在的話來說就是連襟的關係。他們都是當時統治集團的核心人物，獨孤信是八柱國之一，楊忠是十二大將軍之一，而隋文帝楊堅之所以能夠比較輕易地獲得政權，也是利用了這樣的關係。此後，楊堅的女兒又成了周宣帝的皇后，楊堅順理成章成了之後即位的周靜帝的外祖父，故趙翼說"古來得天下之易，未有如隋文帝者"。581 年楊堅建隋，年號開皇，並於 589 年平陳，完成了全國的統一。

隋朝建立以後，北方的突厥分裂成了西突厥和東突厥，其勢力有所削弱，對隋的軍事壓力有所減少，使隋擁有一個相對穩定的外部環境。在這樣的情況下，隋朝進行了不少改革，在制度上多有創建，以此鞏固統一局面，加強中央集權。其中，對後世影響最大的，一是改地方三級制為二級制，二是地方佐官由中央任命。

三級制形成的背景是東漢末年的黃巾起義，州從監察區變成了行政區，行政區劃從郡縣二級制變成了州郡縣三級制，由此催生了割據和之後的分裂局面。三級制在整個魏晉南北朝時期，一個突出的問題是"州郡"這樣的高級行政區數量急劇膨脹。其原因主要在於，統治者將地方官職作為對將領功臣的封授和獎勵，使得"一郡分為四五，一縣割成兩三"（《宋書》卷一一一"志序"），"牧守令長，虛增其數……百室之邑，便立州名，三戶之民，空張郡目"（《北齊書·文宣帝紀》）。西晉統一時，全國僅有19個州，而南北朝後期的梁大同（535—546）年間，僅梁便有104個州，加上同時期北方東魏、西魏州的數量，總共達到220個州，州的數目增加了十倍多。之後北周滅北齊，統一北方，僅北方就有211個州，遠遠超過西晉統一時期州的數量。州數量膨脹造成的結果，是中央所直接面對的高級行政區數量太多，用現代行政學的話來說，就是"管理幅度過大"。同時，三級的管理層次使得政令下達的速度受到影響，不利於中央對地方的有效控制。隋建國以後，問題更加突出。隋初民部尚書楊尚希曾說："當今郡縣，倍多於古，或地無百里，數縣並置，或戶不滿千，二郡分領。具僚以眾，資費日多，吏卒人倍，租調歲減……所謂民少官多，十羊九牧。"（《隋書·楊尚希傳》）為迅速解決問題，隋文帝採取了快刀斬亂麻的辦法，"罷天下諸郡"，直接將三級制變成了州縣二級制，全國的州數控制在300個左右。隋煬帝即位後把州改名為郡，數量進一步壓縮到190個。

與之相呼應的制度建設，是地方佐官由中央任命，加強了中央對地方官員的管理和控制。《隋書·百官志》載："別置品官，皆吏部除授，每歲考殿最，刺史、縣令三年一遷，佐官四年一遷"，所有九品以上的官員都由中央六部之一的吏部進行管理，每年都要對官員進行考核。同時，針對南北朝時期刺史遷官時能攜佐官一起遷轉而形成利益集團的問題，將刺史和佐官通過遷轉年限的不同區別開來，刺史、縣令三年一遷，佐官四年一遷，使長官和他們的佐官不可能長期地待在一起，加強了對地方官的管理。《通典》卷一四載隋文帝時的銓選制度，"〔吏部〕尚書舉其大者，〔吏部〕侍郎銓其小者，則六品以下官吏，咸吏部所掌。自是，海內一命以上之官，州郡無復辟署矣"。南北朝時期，地方官有權辟署自己的僚佐，隋代則將這一部分權力收回了，九品以上的官員都由吏部任命，加強了隋的中央集權，給唐代以後的制度奠定了基礎。

隋文帝去世，隋煬帝楊廣即位。為了更有效地控制關東和江南地區，隋煬帝啟動了兩項大工程：一是營建新的統治據點東都洛陽，每月役丁達到二百萬人，不到一年即告竣工；二是開鑿大運河（圖7.2），從交通上溝通南北。其出發點都是為了鞏固統一，但由於對當

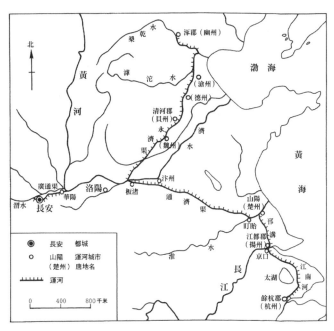

圖 7.2　隋唐大運河示意圖

時社會產生了很大衝擊，也構成隋速亡的重要因素。從短期看，大運河的開鑿加速了隋朝的崩潰；從長遠來看，其歷史功績也是不可忽略的。唐代《元和郡縣圖志》說："隋氏作之雖勞，後代實受其利。"明代學者于慎行在《穀山筆麈》卷一二《形勢》中認為："煬帝此舉，為其國促數年之祚，而為後世開萬世之利，可謂不仁而有功者矣。"直到今天，南水北調工程的很多段也都利用了大運河。

二、唐代政治大勢

唐代（618—907）二百九十年的政治發展，大體以持續八年的安史之亂（755—763）為界，之前是蒸蒸日上期，先後出現了"貞觀之治"、"開天（開元、天寶）盛世"這兩個所謂的"治世"時期，其後經過安史之亂的動盪，唐代仍然維持了一百多年，不過卻是方鎮林立、中央地方關係比較複雜的時期。下面分別對這兩個時期做簡單的介紹。

李唐家族同樣出自關隴軍事貴族集團，與獨孤家族、楊隋家族有聯姻關係。獨孤信的兩個女兒分別嫁給了隋文帝楊堅和唐高祖的父親李昞。唐高祖李淵（566—635）是隋文帝獨孤皇后的外甥，也就是隋煬帝的表兄。唐高祖之後的皇帝，是唐太宗李世民（599—649），他在回顧自己的輝煌歷史時稱："朕年十八便為經綸王業，北剪劉武周，西平薛舉，東擒竇建德、王世充，二十四而天下定，二十九而居大位，四夷降伏，海內乂安。"（《貞觀政要》卷一○"論災祥"）李世民跟隨其父從太原起兵，作為重要將領，東征西討，立下了顯赫的功勞。當然，李世民是通過"玄武門之變"的非正常手段，殺害哥哥李建成和弟弟李元吉，逼迫高祖李淵退位，纔得以登上皇位的。李世民即位以後，對此前的歷史記錄進行篡改，對於李淵和李建成都有所貶低。現代學者研究發現，從太原起兵到李唐建國，無論是李淵還是李建成，都發揮了重要作用。李世民在前方征戰，李建成主要負責後勤工作，二者能力都比較強，均為李唐的建國做出了重要貢獻。

太宗時期，政治較為清明，形成了"貞觀之治"。李世民死後葬於昭陵，現存有著名的"昭陵六駿"浮雕，展現了李世民生前騎過的六匹戰馬。下圖中展示的是其中兩匹——拳毛騧（圖7.3）和颯露紫（圖7.4）。太宗之後是高宗、中宗、睿宗、武則天，又經過中宗、殤帝、睿宗到玄宗，唐朝處於蒸蒸日上的發展階段。其中值得一提的是武則天（624—705），她出身於軍功貴族之家，但並不屬於關隴貴族集團的高層。武則天年輕時入宮，成了唐太宗的才人，是等級較低的姬妾。唐太宗去世後，部分未曾生育的姬妾按照慣例都要出家，唐高宗李治（628—683）在尼姑庵裏見到了武則天，將她迎回宮中，封為嬪妃。直到永徽六年（655），高宗廢原配王皇后，立武則天為皇后，史稱"廢王立武"。

圖7.3　拳毛騧

圖7.4　颯露紫

王皇后家族屬於關隴貴族集團的高層，"廢王立武"的過程中，關隴貴族高層多持反對意見。高宗堅持廢王皇后、立武則天之後，在政治上對關隴貴族，特別是其高層進行打擊。先後貶褚遂良、韓瑗、來濟、柳奭；顯慶四年（659），罷關隴貴族的代表人物長孫無忌，後逼其自殺。這使得從北周到唐初以來的關隴貴族集團，受到了巨大的衝擊。武則天趁著高宗身體不好的機會，掌握了一系列大權，成為中國歷史上唯一的女皇帝。武則天在打擊關隴貴族的同時，也用新人彌補這些空缺，發現並提拔了一批人才。史稱"太后雖濫以祿位收天下人心，然不稱職者，尋亦黜之，或加刑誅。挾刑賞之柄以駕御天下，政由己出，明察善斷，故當時英賢亦競為之用"（《資治通鑑》卷二〇五）。玄宗時期一些重要的官員，多是武則天時被提拔起來的，可以說武則天的一系列選拔人才的舉措，為此後的盛世奠定了人才基礎。陳寅恪《唐代政治史述論稿》也從武則天破壞關中本位政策，擴大用人範圍角度論述道："故武周之代李唐，不僅為政治之變遷，實亦社會之革命。"[1] 陳寅恪的書比較難讀，大家可參考汪榮祖《陳寅恪評傳》，幫助瞭解陳寅恪先生的學術觀點和學術思想。圖 7.5 是唐高宗、武則天合葬的乾陵，陵墓依山而造，與秦始皇的覆土為陵有所區別。乾陵也是唐代帝陵中目前所知的唯一沒有被盜掘的。

唐玄宗即位以後，唐代發展到了鼎盛的時期。《通典》卷七記載當時海晏河清、天下太平的情況說："至〔開元〕十三年（725）封泰山，米斗至十三文，青、齊穀斗至五文。自後天下無貴物，兩京米

1　陳寅恪：《唐代政治史述論稿》上篇，北京：商務印書館，2011 年，第 202 頁。

圖 7.5　乾陵

斗不至二十文，麵三十二文，絹一匹二百一十二文。東至宋、汴，西
至岐州，夾路列店肆待客，酒饌豐溢。每店皆有驢賃客乘，倏忽數十
里，謂之驛驢。南詣荊、襄，北至太原、范陽，西至蜀川、涼府，皆
有店肆，以供商旅。遠適數千里，不持寸刃。二十年，戶七百八十六
萬一千二百三十六，口四千五百四十三萬一千二百六十五。天寶元
年（742），戶八百三十四萬八千三百九十五，口四千五百三十一萬
一千二百七十二。"戶口數的增長，意味著國家能力的提高、中央集
權的增強，這就是所謂的"開天盛世"，與"文景之治"、"貞觀之治"
有很大不同。"文景之治"的特點是與民休息，百姓的生活相對安定，
"貞觀之治"的特點是政治清明，而"開天盛世"的特點是國家與百
姓都比較富庶，且國力較強，杜甫詩曰"公私倉廩俱豐實"，即"盛
唐氣象"的體現。位於唐長安東北龍首原上居高臨下的大明宮（圖

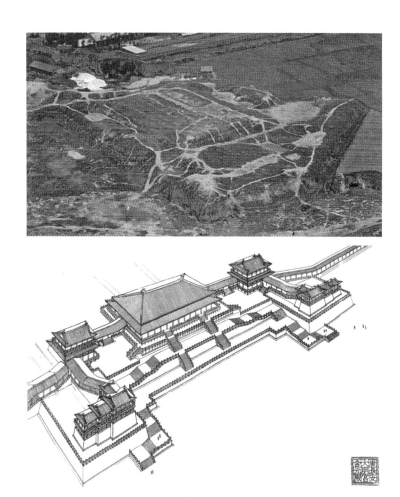

圖 7.6　大明宮含元殿遺址（上）及形制復原透視圖（下）

7.6），也是其代表。

　　然而，恰恰是在繁榮的天寶年間，出現了安史之亂這種巨大的社會動盪。其實，隱患在和平時期已經漸漸顯露出來，與當時唐代的軍事制度有密切關係。唐前期實行府兵制，它有兩個特點。一是"兵民合一"。《新唐書・兵志》載："府兵之置，居無事時耕於野，其番上者，宿衛京師而已。"平時民丁照常耕地，有常規的軍事訓練，定期去京師或邊地宿衛，戰時參軍打仗。二是"兵將分離"。"若四方有事，則命將以出，事解輒罷，兵散於府，將歸於朝"，以此防止將領專兵，對中央、對皇權構成威脅。但世上沒有無弊之制，府兵制兵將分離造成了"兵不知將，將不知兵"的問題，軍隊的戰鬥力會有所削弱。另外，在地域分佈上，府兵制也有其特殊性。統領府兵的基層組織是折衝府，約有六百個，其中 40% 設於唐首都附近的關中地區，接近關中的河東河南一帶也比較多。其目的，在於"舉關中之眾以臨四方"，即維持中央對地方的控制力。圖 7.7 所示的是發兵時用的魚符，與秦的虎符作用類似，但唐魚符比秦虎符進步之處在於，皇帝手裏拿的一半並非一個，而是多個，可以使皇帝的命令更具連續性，這是技術的進步。

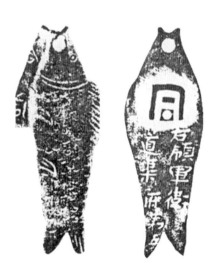

圖 7.7　唐道渠府魚符拓片

玄宗時，社會承平日久，"四方豐稔，百姓樂業，戶計一千餘萬，米每斗三錢。丁壯之夫，不識兵器，路不拾遺，行不齎糧"（《唐語林》卷三《夙慧》）。其中關鍵的一句是"丁壯之夫，不識兵器"，是說成人對武器、戰爭也相當陌生。《唐會要》卷二七載，"天寶末，天子以中原太平，修文教，廢武備，銷鋒鏑，以弱天下豪傑……不肖子弟為武官者，父兄擯之不齒"，百姓不以當兵為榮。府兵衛士"皆市人白徒，富者販繒彩、食粱肉，壯者角抵拔河，翹木扛鐵，日以寢鬥，有事乃股慄不能授甲"。中原府兵日益積弱，邊境的壓力卻絲毫沒有減輕，東北有契丹，北部有突厥，西部吐蕃也已興起。為此，朝廷在邊州設置重兵。

　　為了備邊，唐中央在邊境設立了十個軍區性質的方鎮，其領導者稱為節度使，管理方式與府兵也不一樣。府兵制為徵兵制，方鎮則是以募兵保證兵源；府兵制是兵將分離，方鎮則是兵將合一。節度使軍隊的戰鬥力要勝於府兵。從分佈上看，天寶年間的中央軍祇有九萬，而邊鎮兵卻達到了四十九萬，府兵制以中央控制地方的局面已然無存，從"內重外輕"變成"外重內輕"。

　　此外，唐代將領的身份也與安史之亂的爆發有一定關係。唐代重用蕃兵、蕃將。安史之亂前夕，北部和西部的范陽節度使、平盧節度使、河東節度使、朔方節度使、隴右節度使都是蕃將。安祿山是粟特人，安思順是突厥人，哥舒翰是突騎施人（表 7.1），而天寶年間戰功卓著、曾任安西節度使的高仙芝，是高句麗人。安祿山頗得唐玄宗、楊貴妃的信任，身兼三節度使，也是"安史之亂"的始作俑者之一。唐玄宗天寶十四載（755），安祿山以討楊國忠為名，發兵十五萬在范陽（今北京地區）起兵，安史之亂由此爆發。安史之亂影響頗廣，持續八年。在此期間，玄宗逃難到成都，其子李亨在寧夏靈武稱帝，即唐肅宗。

表 7.1　安史之亂前夕西、北節度使族屬狀況表

職位	任職者	族屬
范陽節度使		
平盧節度使	安祿山	粟特
河東節度使		
朔方節度使	安思順	突厥
隴右節度使	哥舒翰	突騎施

安史之亂是唐朝歷史的轉折點。其後，唐朝陷入相對混亂的時期，制度也發生了較大的調整。其中對後世影響最大的，是地方制度的變革。為了鎮壓安史之亂，唐廷將方鎮的形式從邊境擴展到內地，以此整合地方勢力，加快平叛速度。唐前期曾設置監察區"道"，貞觀設十道，開元增為十五道。安史之亂時，中央利用"道"的長官採訪使，讓其兼任節度使，把監察官和軍事將領合一，形成了方鎮、州、縣的三級制。東漢後期為鎮壓黃巾起義，將郡縣二級變成了州郡縣三級，造成了地方的割據，唐後期三級制下，割據也再次發生。《新唐書·兵志》載："方鎮相望於內地，大者連州十餘，小者猶兼三四，故兵驕則逐帥，帥強則叛上。或父死子握其兵而不肯代，或取捨由於士卒，往往自擇將吏，號為'留後'，以邀命於朝。天子顧力不能制，則忍恥含垢，因而撫之，謂之姑息之政。"部分方鎮的代際傳承不由中央任命，而由方鎮內部決定。部分方鎮的官吏也由節度使

自己任免，賦稅也不向朝廷上貢，在政治、經濟上都是獨立於中央的狀態。

需要注意的是，雖然當時的方鎮很多，但是真正達到上述情況的，主要是河北地區的方鎮，即安史之亂的策源地，"雖名藩臣，羈縻而已"（《資治通鑑》卷二二三）。東南地區的方鎮是國家能夠控制的。中原、西南、西北地區則處於上述兩種方鎮的中間狀態，雖與中央存在摩擦，但沒有達到割據的程度。更深入的探討可參考張國剛《唐代藩鎮研究》。

肅宗、代宗以後，中央致力於加強中央集權、約束方鎮，扭轉安史之亂時期"外重內輕"的局面，大力加強中央禁軍建設。德宗擴大中央禁軍之一的神策軍，貞元十二年（796），設立左右神策護軍中尉，由宦官擔任，統領神策軍。神策軍的數量一度達到十五萬人左右，戰鬥力也較強。皇帝出於對武將的不信任，任命身邊親近的宦官擔任禁軍首領，也加劇了唐後期"宦官專權"的問題。唐代一直有宦官，但在玄宗以前，宦官對政治沒有太大的影響，《資治通鑑》卷二六三說"宦官之禍，始於明皇，盛於肅、代，成於德宗，極於昭宗"。唐玄宗時期，著名的宦官高力士深得玄宗信任，參與了一些政務的處理。玄宗曾說，如果夜裏是高力士值班，他睡得就比較踏實。這個時候，宦官並沒有達到專權的程度，而到了肅宗、代宗時，情況有了變化。李輔國是肅宗在靈武即位時重要的支持者之一，深得肅宗信任，曾對剛剛即位的代宗說："大家但內裏坐，外事聽老奴處分。"（《舊唐書·李輔國傳》）代宗時的程元振、魚朝恩，則進一步達到了專權的程度，所以胡三省評價說，"去程得魚，所謂去虓得虎也"

（《資治通鑑》卷二二三），用魚朝恩替代了程元振，好比除去一條毒蛇又來了一頭老虎。所謂"成於德宗"，是指德宗讓宦官擔任神策護軍中尉的安排，導致了唐朝宦官權力相當突出。傳統史家往往強調唐後期宦官掌握了皇帝的廢立，但新的研究認為這是一種錯覺。[1] 唐後期皇帝與宦官相互利用的複雜關係，值得進一步思考。

安史之亂後，唐代還能維持百餘年的時間。要理解這樣一個問題，需要結合唐代對南方的控制來考察。唐憲宗時期的《元和國計簿》載："天下方鎮凡四十八，管州府二百九十五，縣一千四百五十三，戶二百四十四萬二百五十四，其鳳翔、鄜坊、邠寧、振武、涇原、銀夏、靈鹽、河東、易定、魏博、鎮冀、范陽、滄景、淮西、淄青十五道，凡七十一州，不申戶口，每歲賦入倚辦，止於浙江東西、宣歙、淮南、江西、鄂岳、福建、湖南等八道，合四十九州，一百四十四萬戶。"可見，中央租賦所依賴的是南方地區。《資治通鑑》卷二三二載，德宗貞元二年（786）"關中倉廩竭，禁軍或自脫巾呼於道曰：'拘吾於軍而不給糧，吾罪人也。'上憂之甚，會〔浙江東、西節度使〕韓滉運米三萬斛至陝，李泌即奏之，上喜，遽至東宮謂太子曰：'米已至陝，吾父子得生矣。'"中央政權，甚至皇帝的存立，都與東南地區的支持有關。反過來說，中央之所以能夠存在，也是和對東南地區的控制有關，正如唐人杜牧所言"江淮賦稅，國用根本"（《樊川文集》卷一一《上李太尉論江賊書》）。

---

1 陸揚：《9世紀唐朝政治中的宦官領袖》，載陸揚：《清流文化與唐帝國》，北京：北京大學出版社，2016年。

唐中央對東南的有效控制以及東南財富對北方的支持，靠的是隋煬帝開鑿的大運河。從中國古代都城的移動來看（圖 7.8），由作為經濟重心的南方支持作為政治中心的北方，不僅唐代如此，明清也是如此，體現了大運河的巨大歷史價值。大運河的開鑿，貫穿海河、黃河、淮河、長江、錢塘江五大水系，真正將中國歷史上最基本的南北兩大區，密切溝通起來，是唐代得以維繫的重要基礎。此後的政治中心從西往東移、經濟重心從北向南移都與此息息相關。唐朝通過控制東南地區延續中央政權，而當其失去這種控制力的時候，唐朝也走向了滅亡。唐末方鎮“皆自擅兵賦，迭相吞噬，朝廷不能制。江淮轉運路絕，兩河、江淮賦不上供，但歲時獻奉而已。國命所能制者，河西、山南、劍南、嶺南西道數十州。大約郡將自擅，常賦殆絕，藩侯廢置，不自朝廷，王業於是蕩然”（《舊唐書·僖宗本紀》）。907 年，朱全忠（朱溫）廢哀帝，建都於汴，改國號為梁，史稱後梁，唐滅亡。

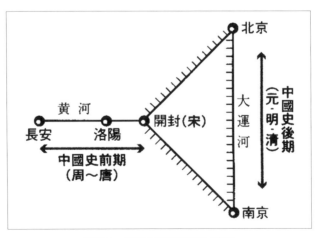

圖 7.8　中國古代都城移動示意圖

三、承上啟下的隋唐制度

隋唐制度的"承上啟下",可以從隋唐對於魏晉南北朝制度的繼承、延續以及開創後代制度基礎的角度來考察。陳寅恪有言:"綜括言之,唐代之史可分前後兩期,前期結束南北朝相承之舊局面,後期開啟趙宋以降之新局面,關於政治、社會、經濟者如此,關於文化、學術者亦莫不如此。"[1] 從政治制度發展的角度來說,也可以分成類似的前後二期。本節主要從政治、財政、法制三個方面對隋唐的制度做簡要介紹,具體來說是指三省制及其瓦解、從租庸調制到兩稅法、法律體系及其變化。

隋唐時期的"三省",是指尚書省、中書省、門下省,其長官是宰相。兩漢實行的三公制中,三公是宰相。前面章節略有提及,尚書從漢武帝時開始發展,從作為管理文書的小官,逐漸獲得了一些參政的權力,東漢時期成立尚書臺,史稱"雖置三公,事歸臺閣",三公雖仍是名義上的宰相,但其權力已被尚書臺分去了部分。西晉時期,尚書臺便成為正式的宰相機構,其長官尚書令也獲得了穩定的宰相權力,即議政權和監督百官執行權,三公變成尊崇之位,不再擁有實權。

作為宰相機構的尚書臺和三公制之間的差異,主要表現在兩個方面:第一是尚書符的使用。古代下行的公文書可以泛稱為"符",所謂"尚書符"指的是尚書可以根據當時的法律法規以及皇帝批准的

1　陳寅恪:《論韓愈》,載陳寅恪:《金明館叢稿初編》,北京:生活・讀書・新知三聯書店,2001 年,第 332 頁。

原則，直接、自行處理事務，不必報請皇帝。而在三公制下，理論上所有事務、命令都從皇帝發出。尚書符的出現，是分層決策的發展，其發展的基礎與全國政事的不斷增加、皇帝不可能事事過問有直接關係。第二是各個長官與其屬官的關係。三公制下的丞相有丞相府，丞相與府屬之間構成了一種"君臣關係"，而尚書臺的所有官員都由皇帝任命，所以不存在這種"君臣關係"，體現了一定理性行政的因素。

再看中書省。中書省原沒有固定的機構，西漢時主要是由宦官擔任的中尚書承擔省讀文書的工作，西漢後期被廢。至魏晉以後，中書重新建立，並獲得了協助皇帝起草詔書的權力。南朝後期，中書省有了突出的進展，《隋書·百官志》載陳"國之政事，並由中書省。有中書舍人五人，領主事十人，書吏二百人。書吏不足，並取助書。分掌二十一局事，各當尚書諸曹，並為上司，總國內機要，而尚書唯聽受而已"。說明中書省在南朝陳已凌駕於作為宰相機構的尚書省之上。中書省設立二十一局，作為尚書省所設二十一曹的上司，指導尚書諸曹的工作，顯露出中書省替代尚書省成為新宰相機構的態勢。歷史並沒有重複，隋唐形成了三省鼎立並為宰相機構之局面，而南朝中書省的發展，為三省制的出現準備了條件。[1]

門下省同中書省一樣，在西漢時沒有具體的機構，祇有侍中這一職位。"中"指在皇帝身邊工作，"侍"表侍奉，侍中主要管理皇帝的生活起居。東漢設置了侍中寺，除了服務皇帝生活，還獲得了一些參

1　關於尚書、中書的發展，參祝總斌：《兩漢魏晉南北朝宰相制度研究》第六章、第九章，北京：北京大學出版社，2017 年。

政的機會，幫助皇帝先行審查尚書呈遞的文書。西晉時，侍中寺更名為門下省。東晉以後，門下省獲得了"發佈詔書"這項重要的職任，被稱為"喉舌之任"。表 7.2 展示了梁、北齊、隋文帝、隋煬帝時期門下省下屬諸局的情況。梁門下省有公車、太官、太醫、驊騮廄，北齊門下省有主衣、尚食、尚藥、殿中、齋帥、領左右，隋文帝時門下省有御府、尚食、尚藥、殿內、城門、符璽六局。

表 7.2　四朝門下省諸局情況表

朝代	門下省諸局					
梁	公車	太官	太醫	驊騮廄		
北齊	主衣	尚食	尚藥	殿中	齋帥	領左右
隋文帝	御府	尚食	尚藥	殿內	城門	符璽
隋煬帝	符璽					

從名稱上可以發現，這些機構主要是具有服務皇帝衣、食、行、醫藥等生活起居的性質。值得注意的是，隋文帝時期的符璽局掌管皇帝的印璽，與皇帝下發詔書相關。到了煬帝時期，六局僅留符璽局，其餘都被移出門下省；又設置給事郎，省讀尚書奏案。給皇帝生活服務的諸局，移出門下省，另外組成殿內省，統尚食、尚藥、尚衣、尚舍、尚乘、尚輦六局。經過這一系列的變革，門下省最終擺脫了漢代以來服務於皇帝生活起居的色彩。

與中書省、門下省的職能調整相適應，兩省在宮中的位置，也在隋文帝時期從皇帝的生活區移至皇帝的辦公區。兩省已成為比較純粹的政務機構，三省制逐漸形成。

三省制下，中書省、門下省、尚書省三省的長官共同構成宰相團體，是一種集體宰相制。他們上午在政事堂共同議政，下午回各自官署辦公。從這個角度講，決策和行政相互分離，這是三省制的第一個特點。其次，三省按照政務處理程序分工，中書省協助皇帝起草詔書，門下省進行審核、頒發，尚書省具體執行，也是一種分權，但這種分權不同於三公鼎立時期的分權。三公鼎立時期的三公，其權力按照處理事務的不同來分割，如民政、軍事、公共工程等。

　　唐前期，皇帝和大臣能比較好地尊重、利用制度。據《貞觀政要・納諫》，唐太宗時，宰相"右僕射封德彝等，並欲中男十八已上簡點入軍。敕三四出，〔給事中魏〕徵執奏以為不可"，太宗怒，命令門下省出敕下發，但是魏徵依舊"不從，不肯署敕"。當時的尚書右僕射封德彝為了增加兵源，提議降低參軍年齡，讓十八歲以上的男子從軍，唐太宗對此表示認可，因此起草詔書。但在詔書下發的過程中，門下省官員表示反對。制度上，詔書下發需要門下省的長官侍中、副官黃門侍郎、判官給事中分別簽字，而給事中魏徵不簽字，最終不了了之。太宗經過反思，認為魏徵的做法是正確的，所以後來明確表示："凡制敕不便，有執奏者，進其考"，下屬機構或官員發現朝廷決策有不合理的地方，暫緩執行並及時報告的話，年終考核時會得到獎勵。合理利用制度對權力進行制約，避免非理性決策，形成了貞觀時期比較清明的政治氣氛。

　　作為決策體制的三省制實際上衹存在於唐前期，到了玄宗時期，三省制基本瓦解。玄宗於開元十一年（723）進行了一項重要的改革，改政事堂號為"中書門下"。這裏不僅僅是改個名字這麼簡單，而

表 7.3　尚書諸部、司、寺、監

尚書都省	吏部	吏部、司封 司勳、考功	太常寺	國子監
	戶部	戶部、度支 金部、倉部	光祿寺	少府監
	禮部	禮部、祠部 膳部、主客	衛尉寺	將作監
	兵部	兵部、職方 駕部、庫部	宗正寺	軍器監
	刑部	刑部、都官 比部、司門	太僕寺	都水監
	工部	工部、屯田 虞部、水部	大理寺 鴻臚寺 司農寺 太府寺	

是 "列五房於其後，一曰吏房，二曰樞機房，三曰兵房，四曰戶房，
五曰刑禮房，分曹以主眾務"（《新唐書・百官志一》）。從名字便可
以推測，這五房與此前的六部頗為類似，而中書門下與五房結合在一
起，是把決策和行政又結合在了一起。中書門下掌握了從決策到執行
的全部權力，成為最高的決策兼行政機關，這樣一來，唐初以政務處
理程序分工、決策與行政分離的三省制名存實亡，這預示了此後中國
古代中樞機構的演變方向，即從三省到一省的發展。對此問題的研
究，可以參考吳宗國《盛唐政治制度研究》，以及劉後濱《唐代中書
門下體制研究》。[1]

　　決策系統之下是行政系統，表 7.3 顯示了唐前期尚書省之下的行

1　吳宗國主編：《盛唐政治制度研究》，北京：中國人民大學出版社，2019 年；劉後濱：
　《唐代中書門下體制研究：公文形態、政務運行與制度變遷（增訂版）》，北京：中國
　人民大學出版社，2022 年。

政系統，由六部二十四司和九寺五監共同構成。雖然表面上機構設置整齊、對稱、美觀，但如果深入探討的話，追求美觀的設計也有很多不合理的地方。比如六部與寺監之間有不少職能重複；六部各司機構設置雖然整齊，但各司之間的事務劃分並不很明確，有的司很忙，有的司很閒。這都是日後需要改進的地方。

決策、行政系統之外是監察系統。唐的監察機構是御史臺，長官為御史大夫，副官為御史中丞，下面分為臺院、殿院、察院，下設若干御史，職司監察。唐代對監察機構以及監察官員比較重視，《通典·職官六》稱唐代"尤重憲官，故御史復為雄要"，說明御史地位較高。御史在履行監察權時，其獨立性也比較突出。史載唐前期，"〔蕭〕至忠為御史，而李承嘉為〔御史〕大夫，嘗讓諸御史曰：'彈事有不諮大夫，可乎？'眾不敢對。至忠獨曰：'故事，臺無長官。御史，天子耳目也。其所請奏當專達，若大夫許而後論，即劾大夫者，又誰白哉？'承嘉慚"（《新唐書·蕭至忠傳》）。蕭至忠說的是，御史作為天子耳目的監察官，有事情可以直接報給皇帝。如果彈劾都需要先報請御史大夫，然後再彙報給皇帝的話，若彈劾的對象是御史大夫，御史該向誰彙報呢？從"承嘉慚"來看，這樣的理由在當時是說得通的。監察官員的獨立性，在服飾上也有所體現。唐代文官著進賢冠，武官著武冠（鶡冠），監察官員著獬豸冠。獨立性也增強了監察官員的職業榮譽感，唐監察御史韋思謙曾言："御史出都，若不動搖山嶽，震懾州縣，誠曠職耳。"（《舊唐書·韋思謙傳》）

唐代還有一項對後代影響至深的重要制度值得一談，那就是科舉制。中國古代選拔官員的制度，大體上可以分成三個階段：第一階段是先秦時代的世卿世祿制，以"世襲"為主要特點；第二個階段是漢唐之間的察舉制，以"推薦"為主要特點；第三個階段是隋唐以至明清的科舉制，以"考試"為主要特點。唐代科舉考試分為常年舉行的常科和不定期舉行的制科。

唐代常科有秀才、明經、進士、明法、明書、明算六科，其中最重要的是明經和進士兩科。明經相對容易一些，所以有一句話叫"三十老明經，五十少進士"，中進士成為參加科舉者的最高追求。有一種常見的誤解，認為隋唐科舉制建立後，官員都來源於科舉。實際上並非如此，吳宗國研究指出，武則天大開制科，增加了科舉入仕的人數，但比起雜色入流和門蔭入仕來，科舉入仕在入流總數中仍然祇佔很小比重。科舉制尤其是常科的進士科，直到唐後期的唐德宗、唐憲宗的貞元、元和之後，纔成為宰相等高級官員的主要來源。另外，流行說法認為，唐代進士考試重詩賦。但吳宗國研究指出，唐代進士科考試主要看文章，開始以詞藻為標準，後變成以文章的內容為主要考察點。"重詩賦"祇存在於天寶到貞元年間，而其他大部分時期則不是。[1]

經濟和財政制度，在唐代也有比較大的變化，概括地說，是從均田制、租庸調制向兩稅法的轉變。均田制是國家頒佈的田令，《舊唐書·食貨志》載："丁男、中男給一頃，篤疾、廢疾給四十畝，寡妻妾三十畝，若為戶者加二十畝。"對於唐朝實際上有沒有授田，過去

---

1 吳宗國：《唐代科舉制度研究》，北京：北京大學出版社，2010 年，第 152、165、144 頁。

學界爭論很大。隨著各類敦煌、吐魯番文書的出土，學者發現，授田數並不一定是國家實際授田畝的多少，而是反映了土地登錄制度的變化，均田制同時也是一種限田、鼓勵耕地的命令。租庸調制則與均田制相配合，既然百姓有一定的田畝，那麼他們在這部分土地上的收穫，需要部分上交國家。每丁歲交粟二石，是為"租"，還要根據各地方的土產不同，上交一定的絹或布作為"調"。同時，丁有給國家服徭役的義務，如果不服徭役，則收其"庸"，按照每日絹三尺的比例收取。

高宗、武則天至玄宗年間，土地兼併日益嚴重，大量農民失去自己的土地，租庸調成為沉重的負擔，大量農民因此逃亡，成為地主的佃戶，施行按丁徵收的租庸調制愈發困難。敦煌發現的唐代白話詩對這種情況有所描繪："貧窮田舍漢，庵子極孤恓。兩共前生種，今世作夫妻。婦即客舂擣，夫即客扶犁。黃昏到家裏，無米復無柴。男女空餓肚，狀似一食齋。里正追庸調，村頭共相催。樸頭巾子露，衫破肚皮開。體上無褌褲，足下復無鞋。醜婦來惡罵，啾唧搦頭灰。里正被腳蹴，村頭被拳搓。驅將見明府，打脊趁回來。租調無處出，還需里正倍（賠）。門前見債主，入戶見貧妻。舍漏兒啼哭，重重逢苦災。如此硬窮漢，村村一兩枚。"[1] 在"如此硬窮漢，村村一兩枚"、"租調無處出，還需里正賠"的情況下，協助國家徵收賦稅的里正等基層公職沒人願意做了，其結果則是政府無法再對戶籍進行有效的控制，無法有效地徵收賦稅。安史之亂以後，國家財政需求迫切，需要開啟

1　王梵志著，項楚校注：《王梵志詩校注》，上海：上海古籍出版社，1991年，第651頁。

新的稅源，而這個稅源就是"兩稅"，即按戶納錢的戶稅和按畝納錢的地稅。戶稅、地稅唐前期就有，祇是在租庸調收入日漸減少的情況下，這兩種附加稅在政府收入中所佔的比例越來越高，在安史之亂以後愈發重要起來。政府因勢利導，在德宗建中元年（780），正式廢除了租庸調制，頒行兩稅法。兩稅法實行以後，百姓的負擔由兩部分構成，一部分是穀物，按照田畝數徵收，另一部分是稅錢，按照戶等徵收。這意味著中國古代的賦稅徵收原則發生了重大的變化，從以丁身為本的人頭稅，變為兩稅法"以貧富為差"的財產稅。賦和役是中國古代農民的兩種主要負擔，兩稅法改變了前者的徵收原則，而役的部分到清代"攤丁入畝"後，也從按人頭徵收變成了按財產徵收。

國家為了增加財政收入，還進一步徵收工商稅。先後對鹽茶酒實行專賣，控制其生產、銷售。最重要的是鹽利，早在肅宗時期，第五琦"於諸道榷鹽"，實行鹽的專賣，以助軍用。代宗末年，國家一年徵賦收入總共一千二百萬貫，其中鹽利過半。唐政府還增加了如稅茶、稅竹、稅木等名目。茶在唐朝中葉以後成了大眾飲品，穆宗、武宗時又加茶稅，所謂"天下稅茶，增倍貞元"（《新唐書·食貨志四》）。總之，唐後期為了解決財政困難，兩稅法和工商稅興起。這是唐代財政制度的重要變化，也對後代產生了深遠的影響。

最後我們來談一下法律制度。唐前期的法律體系由律、令、格、式四種形式共同構成，《唐六典·尚書刑部》解釋說："律以正刑定罪，令以設範立制，格以禁違正邪，式以軌物程事。"律是刑法典，令是對於各種制度的規定，格是對律的補充，式是對令的補充。其中，律尤其值得談一談。

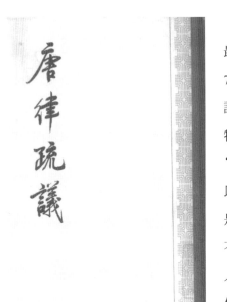

圖 7.9 《唐律疏議》書影

《唐律疏議》是現存最早、最完整的中國古代法典（圖7.9）。先秦時，諸子對法律的認識是有差異的。法家法律的特點，如《管子·任法》所說"不知親疏遠近，貴賤美惡，以度量斷之"，即量刑根據的是行為，而不是身份。與法家不同，儒家的法律思想要考慮人的身份和動機，與儒家所提倡的"別貴賤親疏"的禮一脈相承，如《左傳》說："名位不同，禮亦異數。"唐律的特點是"以禮為本，禮法並用"。《唐律疏議》開篇就講："德禮為政教之本，刑罰為政教之用，猶昏曉陽秋，相須而相成也"，可以理解為唐律將儒家的法律思想融入法家的法律思想中，將二者有機地結合起來。這也是漢魏以來法律儒家化的結果。[1]

唐律中的八議、十惡就是具體表現。"八議"是議親、議故、議賢、議能、議功、議貴、議勤、議賓，是指對國家做過突出貢獻、立過重要功勳，或者是皇親國戚等人物的法律特權。唐代的刑罰有

1　參瞿同祖：《中國法律之儒家化》，載瞿同祖：《中國法律與中國社會》，北京：中華書局，1981年。

笞、杖、徒、流、死五等。《唐律疏議·名例律》規定，"諸八議者犯死罪，皆條所坐及應議之狀，先奏請議，議定奏裁"，即如果犯了死罪，需要報請皇帝，皇帝與宰相商議後方能處理。八議範圍內的人犯流罪以下，則減一等處理。這就是根據人的身份，有不同的量刑標準。唐律中還有"犯十惡者不用此律"的規定。"十惡"即指謀反、謀大逆、謀叛、惡逆、不道、大不敬、不孝、不睦、不義、內亂等威脅到皇權或與儒家的倫理、道德相悖的行為。如果犯了其中之一，一般不會予以赦免，這就是常說的"十惡不赦"。

對一些特殊的犯罪，統治者往往採取特殊的處理方式，也體現了儒家的法律思想。這裏舉兩條法律規定。一是出自《唐律疏議·鬥訟律》："諸毆傷妻者，減凡人二等……毆妾折傷以上，減妻二等。"意思是說，丈夫如果把妻子打傷了，在量刑的時候，比打傷普通人處理得要輕；如果丈夫打傷的是地位比妻更低的妾，量刑的時候比毆打妻子要更輕。反過來，若"諸妻毆夫，徒一年；若毆傷重者，加凡鬥傷三等；死者，斬。媵及妾犯者，各加一等"。妻子打丈夫，判得要比丈夫打妻子重，而媵、妾打丈夫，判得更重。第二例也出自《唐律疏議·鬥訟律》："諸告祖父母、父母者，絞。疏議曰：父為子天，有隱無犯。如有違失，理須諫諍，起敬起孝，無令陷罪。若有忘情棄禮而故告者，絞。"如果父母、祖父母犯了罪，作為兒孫的不能隨便告發，若告發，兒孫均要處以絞刑。這裏就體現了儒家所強調的家庭倫理。同時唐律又規定了這條法律的適用範圍："非緣坐之罪及謀叛以上而故告者"。若子孫所告為父母、祖父母犯謀反、大逆及謀判以上罪，此時不但准許子孫捕告，而且一經查實，其父母、祖父母依律處死，子孫則免罪。[1]這意味著法律維繫皇權的目標凌駕於維持家庭倫理之上。以上規定明確體現了儒家對夫妻、父子、君臣倫理的規範。這裏特別推薦瞿同祖《中國法律與中國社會》，它是瞭解中國古代法律制度及中國古代社會的一部優秀的著作。

唐代法律的"律令格式"體系，在唐中期以後受到很大衝擊。此後也發生了許多變化，其中，立法形式已開啟了宋代"敕律令格式"的先聲。《唐會要》載文宗大和四年（830）規定："從今已後，刑部、大理寺詳斷刑獄，一切取最後敕為定。"如果皇帝有敕令，即依照進行；若沒有，纔根據現行的法律執行。這幾乎與宋代的情況相差無幾了。

隋唐制度有承上啟下的意義：政治制度上是三省制向一省制的過渡，財政制度上是稅丁向稅產的發展，法律體系上是"律令格式"向"敕律令格式"的變化，這些都為後代制度奠定了重要的基礎。在隋唐以前，理想的制度模式是回歸三代，而在唐朝以後，唐便成為新的模板，回到唐代成為後代制度建設的理想之一。這也從側面反映了隋唐制度承上啟下的歷史地位。

1　參劉俊文：《唐律疏議箋解》卷二三《鬥訟》，北京：中華書局，1996 年，第 1627 頁。

閱讀書目

陳寅恪：《唐代政治史述論稿》上篇，北京：商務印書館，2011 年。

唐長孺：《魏晉南北朝隋唐史三論》第三篇，北京：中華書局，2011 年。

吳宗國：《唐代科舉制度研究》第三章、第八章，北京：北京大學出版社，2010 年。

瞿同祖：《中國法律與中國社會》，北京：中華書局，1981 年。

劉後濱：《吳宗國〈唐代科舉制度研究〉》，載《唐研究》第一卷，北京：北京大學出版社，1995 年。

程澤時：《法律儒家化的限度、價值衝突與預設 —— 評〈中國法律與中國社會〉》，《法律社會學評論》2015 年第 2 輯。

唐代的經濟發展與文化交流

第 八 講

唐代的經濟和文化十分繁榮，對周邊族群和國家產生了相當深遠的影響，唐朝也在世界上為人所知。"唐"逐漸成為海外諸國對中國的代稱，至今海外華人的聚居地，還被稱為"唐人街"。唐代文化本身的發展及其對周邊的影響，建立在唐代經濟發展的基礎之上，所以我們首先從唐代經濟的發展講起，再談唐朝文化在東西兩方面的影響，以及唐朝對外來文化的吸收。

一、唐代經濟的發展與繁榮

　　首先來看看唐代的疆域形勢。《新唐書·地理志》記述了玄宗時期唐代國家的邊境四至："唐之盛時，開元、天寶之際，東至安東，西至安西，南至日南，北至單于府，蓋南北如漢之盛，東不及而西過之。"東至安東都護府，其治所在今天的朝鮮平壤；西至安西都護府，其治所在今天的新疆龜茲；南至日南，在今天越南的清化；北至單于府是指今天內蒙古的和林格爾地區。對比兩漢的邊境，則"東不及而西過之"。《新唐書·突厥傳》稱，"唐興，蠻夷更盛衰，嘗與中國亢衡者有四：突厥、吐蕃、回鶻、雲南是也"，指出了在唐代周邊對唐代政治社會產生重要影響的四個族群和地區，即北方的突厥、回鶻，西方和西南方的吐蕃、雲南。它們對唐代的影響是有時間先後次序的，"凡突厥、吐蕃、回鶻，以盛衰先後為次，東夷、西域又次之，跡用兵之輕重也，終之以南蠻，記唐所繇亡云"。

隋朝建立時，北方的游牧帝國突厥是隋最為棘手的對手。突厥分裂為東突厥和西突厥後，其勢力有所削弱，隋的外部壓力有所緩解，為隋平陳並完成全國的統一，提供了相對寬鬆的外部環境。唐太宗和高宗時期，唐朝相繼打敗了東突厥和西突厥，唐的勢力範圍得到擴充。與此同時，地處西南的吐蕃悄然興起。這時候的朝鮮半島，新羅滅高句麗，進入了統一時代。到了開元年間，突厥第二汗國興起，對唐北方的疆域構成威脅，吐蕃的勢力在開元年間繼續發展。到了唐後期，北方的突厥滅亡，取而代之的是回紇，後來改稱"回鶻"。西部的吐蕃勢力進一步發展，對唐的威脅已相當大。西南方的南詔也興起，消耗了唐很多精力與有生力量，唐代滅亡與之有相當程度的關係。

接下來談談唐朝經濟的發展。提到經濟，一般比較注重人口和土地兩個方面，唐代的經濟發展，比較有代表性的方面是耕地面積的擴大、人口的增長與新居民區的出現。據估計，唐前期人口的峰值出現於玄宗天寶年間，約在 7,475 萬到 8,050 萬之間。這個數字，並不是國家戶口上登記的數字，而是對實際人口的估算。古代文獻對於當時人口數字的記載，大多並不能作為準確的數字直接使用，而是需要參考經過學者研究、修訂的數據，這裏用的是凍國棟《中國人口史》中的估算。[1] 至於耕地面積，根據汪籛的研究，唐天寶時期，實際的耕地

1　凍國棟：《中國人口史》第二卷"隋唐五代時期"，上海：復旦大學出版社，2002 年，第 182 頁。

面積大約在 800 萬頃至 850 萬頃之間。[1] 唐代的人均耕地數量相當大，在古代歷史前期，是令人矚目的。

與漢代相比，唐代居民分佈的情況也發生了顯著的變化。表 8.1 來自葛劍雄《中國人口發展史》，對比了漢唐之間人口密度最低的地區。

表 8.1　西漢與唐人口密度最低地區比較

（單位：人 / 平方千米）

西漢			唐		
郡國	密度	今地	州	密度	今地
鬱林	0.56	廣西	營	0.06	遼寧
合浦	0.81	廣西	瓜、伊、沙、西、庭	0.16	新疆
牂柯	0.84	雲南	肅、甘	0.33	甘肅
南海	0.96	廣東	靈、鹽、夏、勝	0.59	寧夏、陝西、內蒙古
交趾	1.02	越南	邕	0.64	廣西

西漢時期，人口密度最低的地區在今天中國的廣西、雲南、廣東以及今天的越南地區，即漢帝國的西南、南部邊疆，意味著這些地方經濟發展比較落後。到了唐代，人口密度最低的地區是今天的遼寧、新疆、甘肅、寧夏以及廣西地區，除了廣西不變，其他則變為今天的東北、西北地區，反映出南方的經濟較之漢代有了明顯的發展。從新的居民區建立的角度，也能看到類似的現象。表 8.2 引自吳宗國《隋唐五代簡史》，列舉了玄宗時期新建的州縣。一般來說，中國古代國

1　汪籛：《汪籛漢唐史論稿》，北京：北京大學出版社，2017 年，第 73 頁。

家新建州縣的理由主要有二：一是出於軍事的需要，在軍事據點、交通要道上新建一些城市，以加強對該地區的控制；二是某些地區由於經濟的發展，向國家上交賦稅的潛力大為增強，國家設置新的政區以加強控制，更加有效地收取賦稅。玄宗時期新設置的州縣屬於後者，新設置州縣主要在今天的四川、福建、湖北、浙江、安徽等南方地區，便是唐代南方地區經濟獲得顯著發展的有力證明。

表 8.2　唐玄宗時期新建州縣

時間	新建	今屬	時間	新建	今屬
735 年	巴川縣	四川	741 年	尤溪縣	福建
736 年	汀州	福建	742 年	青陽縣	安徽
737 年	唐城縣	湖北	743 年	唐年縣	湖北
738 年	明州	浙江	752 年	太平縣	安徽
740 年	歙州	安徽	754 年	浦陽縣	浙江

"開天盛世"與"貞觀之治"、"文景之治"相比，是一個更為富庶的時期，這裏的富庶既指國家的富庶，也指百姓的相對富庶。國家的富庶，可以從國家每年徵收的糧食數中體現出來。《通典》記載，唐玄宗"天寶八年（749），通計天下倉糧屯收並和糴等見數，凡一億九千六百六萬二千二百二十石"。這是一個什麼樣的數字呢？學者認為，唐朝此階段的實際人口數字在 7,800 萬左右。若以此計，則人均糧儲 2.5 石。唐代成年人日食米 2 升，一月 6 斗，2.5 石相當於一個成人四個月的口糧。換句話說，這些糧食足夠當時全國人吃上四個月。此估算雖然粗疏，但也可見唐代糧食儲備的規模相當驚人。杜

甫詩中"小邑猶藏萬家室"、"公私倉廩俱豐實"的描述,也能與之相互印證。社會財富的積累、經濟的高速發展,為唐代高度的文化發展水平奠定了重要的基礎。

隋唐時期,都城附近重要的據點還設置了糧倉,如回洛倉、含嘉倉、渭南倉、太倉等。倉城規模也相當驚人,目前已經考古探明的回洛倉窖有 220 座、含嘉倉窖達 287 座,最大的口徑約十八米,深近十二米,最小的口徑約八米,深約六米,均口大底小,呈圓缸形。僅含嘉倉可儲糧就超過十五萬噸(圖 8.1)。

圖 8.1　唐洛陽含嘉倉糧窖遺址(左)及磚銘(右)

圖 8.2　唐代的直轅犁和曲轅犁

南方經濟的發展，一方面是由於從東漢以來，特別是東晉、南朝分裂時期的政權，對南方經濟的發展十分重視。另一方面值得關注的，是新技術的發明和利用。南方的自然條件，如水熱等都較北方優越，但這些條件祇有和一定的技術結合起來，纔能比較充分地發揮到生產上。唐代出現了一系列適合南方水田耕作的農具以及相關技術，並且得到推廣和應用，使得南方經濟進一步發展成為可能。其中最為核心的工具，是江東犁，或稱曲轅犁，它的發明和推廣，對唐代南方農業的發展有著至關重要的意義。

圖 8.2 對比了唐以前的直轅犁和唐代的曲轅犁。曲轅犁的結構比直轅犁複雜，由 11 個部件組成，犁鑱、犁壁為鐵製，其餘為木製。犁鑱與曲面犁壁的結合沿自漢代，到 18 世紀以前都比歐洲先進。曲轅犁相對於舊式直轅犁的進步，農業史家繆啟愉概括為：“所謂二牛抬槓是一根長長的轅從犁梢一直延伸到牛的肩部，頂端安設一根橫木槓架在兩頭牛的肩胛上，犁地很不方便。現在改為向下彎曲的轅，配合犁槃、曲軛，淘汰了橫槓直轅，縮短了犁轅長度，減輕了架壓的重量，並且可以自由轉動，操作起來自由靈活，又可以役使一頭牛，大大提高了耕作效率。這是犁耕史上的一次重大革命。”[1] 較之以前二牛抬槓的直轅犁，江東犁的使用使得生產效率獲得了明顯的提升。以曲轅犁為核心的整個配套的農業生產工具，在唐代已經基本完備了。據唐代《耒耜經》載，唐後期江東使用的耕具除了犁以外還有耙、礪

---

1 王禎撰，繆啟愉譯注：《東魯王氏農書譯注》，上海：上海古籍出版社，1994 年，第 226 頁。參李伯重：《唐代江南農業的發展》，北京：北京大學出版社，2009 年，第 70—74 頁。

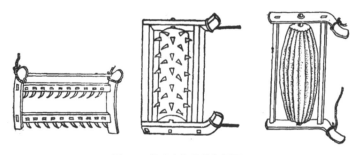

圖 8.3　部分唐代農具復原圖

犁

耙

碌碡

耖

圖 8.4　現代江南農具

碡、碌碡等等，圖 8.3 是現代學者復原出的這幾種農具，與現代江南
農具（圖 8.4）已經相差無幾了。犁之後用耙耙碎土塊，去掉雜草，
再用礰碡或者碌碡碾平田面，加上從嶺南引進來的耖，由此在唐代基
本形成了"耕耙耖"一整套的技術措施。

　　從農業技術角度是如此，從治水的相關數據角度，我們也能得出
類似的結論。表 8.3 的數據來自冀朝鼎《中國歷史上的基本經濟區與

水利事業的發展》，反映了漢唐治水活動的發展以及地理分佈的變化問題。總體來說，漢唐的水利工程多分佈於陝西、河南地區，與其地處政權統治的核心地區密不可分。而漢唐突出的差異體現在南方，如江蘇、安徽、浙江、江西、福建等地區，這些地區的水利事業在唐代有了長足進展，說明唐代在南方興建的水利設施，數量相當龐大，已經趕上並超過了北方。這意味著國家對南方以及南方農業生產的重視。

表 8.3　漢至唐各地水利工程數量表 [1]

	陝西	河南	山西	河北	甘肅	四川	江蘇	安徽	浙江	江西	福建	廣東	湖北	湖南	雲南	合計
漢	18	19	4	5	1		1	1	4	1				1	1	56
三國	2	10	1	1	1	1	3	3	2							24
晉		4	1	2			2		3	1	2		1			16
南北朝			1	3			8	4	2	1					1	20
隋	9	4	3	1			1	1	2		4			2		27
唐	32	11	32	24	4	15	18	12	44	20	29		4	7	1	253

新技術的發明、推廣加上國家的重視，使南方的經濟獲得了明顯的發展。與之配合的，是耕作制度的變化。根據李伯重《唐代江南農業的發展》的研究，唐代農業耕作技術，從稻田的休閒制變成了一年一作制。江南還出現了稻麥複種制。北方也有所發展，普遍實行兩年三熟的輪作複種制。農業工具的發展和配套工具的完善，國家對於農業的重視及水利設施的大力興建，農業耕作技術的演進，共同促成了

1　冀朝鼎：《中國歷史上的基本經濟區與水利事業的發展》，朱詩鰲譯，中國社會科學出版社，1981 年，第 36 頁。表中唐代 "合計" 數原作 "254"，計算後改。

唐代經濟發展。這為其他事業的發達奠定了堅實的物質基礎。

二、唐朝文化在東亞之影響

這裏的 "東亞" 主要是指今天的日本和朝鮮半島地區。

對於唐朝文化在東亞的傳播及其影響，日本和韓國的學者歷來比較重視，多有研究。日本學者堀敏一有論："古代東亞國家之所以向中國朝貢，以各種不同的形式和中國發生關係，是因為各民族的國家形成比中國遲，所以有必要向中國學習其國家機構的建制及其運作。在這個時代，東亞各國與中國的交往，是以此為中心展開，並因此獲得各種文化的。中國的國家機構建制及其運作，規定於律令之中。因此，對於各國而言，重要的是學習此律令，引入律令所規定的各項制度。"[1] 這段話對於理解唐代文化對東亞的影響是很有意義的。堀敏一認為，這個時期的東亞國家都向唐朝學習，主要在於它們都屬於後起的農耕國家。中國發展到唐朝，整個國家的運行機制已經比較成熟，這些後起且具有類似生產、生活方式的國家，需要向唐學習國家機構的建制及其運作方式。特別是唐前期，整個國家的運作規定於 "律令格式" 法律體系中，所以這時候東亞國家向唐朝學習，最主要的是學習律令中所規定的各項制度。

先看日本。關於日本與唐代的交往，日本使者最早不是由日本直接來到唐朝，而是通過新羅或者是乘坐新羅的使船到達唐朝的。日本

1　堀敏一：《隋唐帝國與東亞》，韓昇、劉建英譯，昆明：雲南人民出版社，2002 年，第 131 頁。

最早的正史《日本書紀》記載7世紀前期的一條材料："新羅遣大使奈末智洗爾，任那遣達率奈末智，並來朝。……是時，大唐學問者僧惠齋、惠光及醫惠日、福因等，並從智洗爾等來之。於是惠日等共奏聞曰，留於唐國學者，皆學以成業，應喚。且其大唐國者，法式備定之珍國也，常須達。"日本使者到唐學習以後回國，向國君報告說，唐朝是"法式備定之珍國"，認為唐朝的制度對於日本十分重要，需要經常派專人去唐朝學習。當時日本和唐朝的交往，主要形式是遣唐使。遣唐使到達唐朝的路綫有三條，分別被稱為北路、南路、南島路，北路是從今天日本的福岡，通過朝鮮半島，到達山東的蓬萊；南路和南島路，也是從日本福岡出發，但是其目的地是今天浙江的寧波，當時被稱為明州。大體來說，早期的遣唐使多走北路；日本與新羅交惡後，開始走南路或者南島路，其路程雖然比北路要短，但是當時的航海技術不夠發達，南路或南島路的危險更大。

據李斌城主編的《唐代文化》，日本先後派出遣唐使十九次，但其中有三次沒有成行，成行的十六次見表8.4，可以分為四個階段：第一、第二階段是在太宗、高宗時期，每一次遣唐使人數、船數都比較少，這個時期主要是走北路，跟隨新羅的使者一起來到唐朝。第三階段是從武周到玄宗時期，這一階段中幾次遣唐使的特點，首先是規模擴大，每次船數、人數都相當多，而且遣唐使，如留學生、學問僧等人，在唐朝逗留學習的時間都相當長，他們回日本以後，帶去了很多的典籍、技術，對日本影響也最大。第四階段，日本遣唐使規模依然龐大，但他們向唐朝學習的熱情，不再如武周、玄宗時期那麼強了，由於不少遣唐使在日本國內已經有了較好的漢文化基礎，來到唐

表 8.4　日本遣唐使簡表

皇帝	年份	船數	人數	皇帝	年份	船數	人數
太宗	630				717	4	557
高宗	653	1	121	玄宗	733	4	594
	654	2			752	4	500
	659	2		肅宗	759	1	99
	665			代宗	777	4	778
	667				779	2	781
	669			德宗	804	4	805
武周	702			文宗	838	3	500

朝後，停留學習的時間也相對較短。[1]

　　在諸多遣唐使中，有幾位在日唐文化交往中起到十分重要作用。第一位是吉備真備，他是在玄宗時期隨遣唐使來到唐朝的，到達唐朝以後，他跟隨國子監四門助教趙玄默學習。國子監是當時唐朝最高的學府，"四門助教"也是國子監六學中一個很重要的職位。吉備真備師從趙玄默十七年，深通經史，到開元二十二年（734）回國時，將《唐禮》、《大衍曆經》、《大衍曆立成》、《樂書要錄》等典籍帶回日本。介紹唐律時曾經談過，唐律的特點是律禮結合，禮是唐代重要的社會規範，吉備真備把《唐禮》帶回日本，對日本整個社會規範、國家制度的建立，有著重要的意義。另外，《大衍曆》是唐朝剛剛頒行的、較前代有重大改進的曆法，吉備真備把《大衍曆》帶回去，對日本的天文曆法進行了改革，使日本的天文曆法有了明顯進步。有學者

1　李斌城主編：《唐代文化》，北京：中國社會科學出版社，2002 年，第 1793 頁。

指出，吉備真備還對日本的學校進行了改革，依據唐代的制度，讓日本的學校以《左傳》、《漢書》、《禮記》等為教材。此外，據說圍棋也是吉備真備帶回去的，他是唐日交往中一位特別重要的人物。

還有一位，是被稱為"弘法大師"的空海。與吉備真備不同，空海在入唐之前，就已經有了比較好的漢文化修養。他在德宗末年，即804年隨遣唐使來到長安。作為僧人，他入居西明寺，並師從密宗開創者不空的弟子青龍寺惠果大師修習，很快就獲得了"遍照金剛"的法號，這意味著他是密宗的正宗傳人。空海本來打算在唐朝多學習幾年，但是惠果大師臨終囑託，希望他儘快回到日本傳法，於是空海於806年離開唐朝返回日本，帶去了大量的佛教典籍以及唐人的詩文，對佛教和唐代世俗文化在日本的傳播，起到了很大的推動作用。

空海的文化修養很好，留下了一部分作品。圖8.5展示的是空海的書法作品《風信帖》，今為日本國寶；他的文論著作《文鏡秘府論》，對於日本瞭解唐文化有著重要意義，也是我們今天瞭解漢唐文

圖8.5　空海《風信帖》局部及其著作

論的重要資料；《篆隸萬象名義》是空海據《玉篇》編撰的字書，也是日本現存最古老的漢字字典。

除了以上兩位日本學者，還必須提到的是中國僧人鑑真。鑑真有很高的修行，受戒弟子達四萬多人，他一直致力於將唐代的佛法，特別是戒律這一套佛教文化傳播到日本。但在當時，唐朝對私自出海有所限制，加上航海技術比較落後，鑑真幾次出行都沒有成功。天寶十二載（753），鑑真已經六十六歲，且雙目失明，但他矢志不渝，終於在第六次東渡時，搭乘第十一次遣唐使的船成功來到日本。抵達日本以後，他成為日本律宗的開山祖師，《唐大和上東征傳》對鑑真的評價是"如一燈燃百千燈"。"燈"，佛教中指智慧，"傳燈"、"燃燈"指的就是傳承佛教知識、智慧，用以教化他人，使其他人獲得覺悟。這是鑑真對於日本佛教的影響。鑑真東渡日本，隨行者還有不少藝術

圖8.6　鑑真坐像

家和能工巧匠，對日本在漢文學、醫藥、雕塑、繪畫、建築等方面，都有突出的貢獻。圖8.6為日本國寶，藏於日本奈良唐招提寺的鑑真和尚坐像。

基於對以上幾位人物的介紹可以發現，在日唐交往中，遣唐使是最重要的形式。日本學者古瀨奈津子評價說："遣唐使一行四處搜尋書籍，汲取唐的文明成果，然後將它們攜

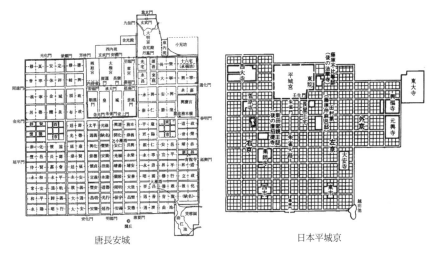

唐長安城　　　　　　　　　　　日本平城京

圖 8.7　日本平城京與唐長安城佈局對比圖

帶回國，唐代史書於此有專門記載。然後日本開始學習和吸納唐的制
度與文化，並根據大寶令之規定，試圖構築以天皇為中心的小中華帝
國。基於唐禮形式的儀式也開始為維護以天皇為中心的朝廷秩序服
務。"[1]

　　日本向唐朝學習，主要以制度為核心，文化則附著於制度之上。
日本在孝德天皇（645－654 年在位）時期開始模仿中國，進行"大
化改新"運動。天皇設置一些職位，由留唐回國的學者如僧旻、高向
玄理等人擔任，推動向唐朝學習的改革。大化改新後，日本開始比較
全面地吸收唐文化，重點在於學習和模仿唐的各種政治制度，以完善
各級統治機構。這種模仿在日本 8 世紀的奈良時期達到頂點。奈良時
期，日本的首都是平城京，其設計與佈局完全仿照唐代的首都長安

1　古瀨奈津子：《遣唐使眼裏的中國》，鄭威譯，武漢：武漢大學出版社，2007 年，第
　　144 頁。

城。圖 8.7 清楚地顯示了二者高度的相似性：從整體佈局看，城廓均為方形，且均實行里坊制。宮城都位於中軸綫的北端，而宮門以及宮門前大道的名字都是一樣的，稱為朱雀門、朱雀街。長安城有曲江池，平城京有越田池，它們的位置都在城之東南隅。平城京對唐長安城形制、佈局的模仿程度之甚，於此可見一斑。[1]

官僚部門架構、政務運行、官員管理等方面，日本全方位向唐朝學習。在中央，唐代主要由三省、六部、九寺、五監、御史臺、十二衛組成，日本則是分別模仿三省設置神祇官、太政官二官，其下仿照六部設置八省，包括中務省、式部省、治部省、民部省、兵部省、刑部省、大藏省、宮內省。當今中國的中央部委已經不叫省了，但日本目前中央機構還保留了“省”的稱呼。仿照唐代的御史臺，日本設置名為“彈正臺”的監察機構。軍事機構則有五衛。在地方，日本有國、郡、里三級。可以發現，日本在中央機構的設置方面對唐代的模仿和學習更為充分，而地方則要薄弱一些。其原因在於，日本地方機構的設置有傳統制度的基礎，而中央機構的基礎比地方要弱，所以更需要也更容易進行變革。此外，從政務運行、職位權責分配著眼，唐代將一機構官員分為長官、通判官、判官、主典四等，稱為“四等官”制，在日本也有類似的制度設計，分為長官、次官、判官、主典四等。日本還仿照唐代官員管理的九品制，設置了自己的位階制。

在學習唐前期“律令格式”的基礎上，日本先後編訂了兩套律令，即《大寶律令》和《養老律令》，這是按照年號命名的。一個有

1　王仲殊：《試論唐長安城與日本平城京及平安京何故皆以東半城（左京）為更繁榮》，《考古》2002 年第 11 期。

意思的現象是，唐代的律比較完整地保留下來，而令都散佚了；在日本正好相反，律已經散佚，恰恰是令相對完整地保留了下來。為什麼會有這樣的一種差異？有學者認為，對於日本統治者來說，令與國家的機構設置、機構運行直接相關，其地位更為重要；而律本身保留了相當多的本國文化的習慣法，對於日本當時學習的迫切性來說，律的地位更次要一些。因此，更被看重的令保留了下來。這反映出日本對於唐朝制度的學習有所側重。

在教育方面也可以看到日本對唐代教育制度的學習。日本中央設置大學寮，相當於唐代的國子監，仿照唐代國子監的六學設置明經、紀傳、明法、書道、算道、音道等六學；學習的內容也頗為一致，包括《禮記》、《左傳》、《周禮》、《尚書》等儒家經典以及一些史書典籍。

日本是一個善於學習的民族，這句話不僅指日本有著積極的學習態度，而且指其會根據本國的實際和需要，有所取捨地學習，比如日本就沒有引入中國的宦官制度。

再看朝鮮半島上的新羅。在南北朝、隋、唐初，朝鮮半島上有高句麗、百濟、新羅三個國家。高句麗和隋唐的矛盾一直存在，後來唐和新羅聯合起來打敗高句麗，也是出於唐和新羅共同的需求。王小甫指出，唐初積極介入半島事務，除了地緣政治因素、高句麗"倔強邊徼"之外，新羅力求消滅對手、實現統一，而精心實施的戰略拉動是一個重要原因。[1]唐文化對朝鮮半島的影響，在新羅統一時代尤為明顯。

新羅時期，從金春秋掌權開始，就開始有計劃地引進唐文化，引

---

1 參王小甫：《總論：隋唐五代東北亞政治關係大勢》、《唐朝與新羅關係史論》，載王小甫主編：《盛唐時代與東北亞政局》，上海：上海辭書出版社，2003 年。

入了唐朝的衣冠制，包括官員服飾的規定以及相應的官員管理體制。654 年金春秋即位以後，參照唐"律令格式"的法律體系，制定了理方府格。政治制度上，仿照唐朝的中書門下，設置執事省，其下設置六部；地方分為州、郡兩級。經濟制度也仿照唐的均田制和租庸調制，設置了丁田制和戶籍制。教育方面，新羅也模仿唐制設計，成書於 12 世紀的高麗正史《三國史記》對此詳述道：新羅國學"教授之法，以《周易》、《尚書》、《毛詩》、《禮記》、《春秋左氏傳》、《文選》，分而為之業，博士若助教一人，或以《禮記》、《周易》、《論語》、《孝經》；或以《春秋左傳》、《毛詩》、《論語》、《孝經》；或以《尚書》、《論語》、《孝經》、《文選》教授之。諸生讀書以三品出身，讀《春秋左氏傳》、若《禮記》、若《文選》，而能通其義，兼明《論語》、《孝經》者為上；讀《曲禮》、《論語》、《孝經》者為中；讀《曲禮》、《孝經》者為下。若能兼通五經、三史、諸子百家書者，超擢用之"。可見，新羅國學的教學內容都是儒家經典，其要求基本上也取法唐朝國子監對於學生的要求。

還有一個值得關注的現象是，到唐朝留學過的人在新羅得到特別的重用。同樣出自《三國史記》的一條材料說："新羅用人論骨品，苟非其族，雖有鴻才傑功，不能逾越。我願西遊中華國，奮不世之略，立非常之功，自致榮路，備簪紳劍佩，出入天子之側，足矣。"這裏的"骨品"與之前講的東晉南朝門閥制度類似，均強調某人的家族和出身，德才則為次要。正因為新羅有這樣嚴格的規定，所以有些士人希望留學唐朝，學成歸來即可受到重視。同書亦載，一個叫子玉的人被人提拔做官，隨後被人質疑其出身較低，無法勝任這個職位。

於是有人告訴當時的國君說："〔子玉〕雖不以文籍出身，曾入大唐為學生，不亦可用耶？"子玉曾經留學唐朝是他很重要的資本，有之，則會受到重視，順利進入仕途。在當時的新羅，十分重視對唐朝的學習，也重視在唐朝學習過的人才。

以上探討了唐對於東亞國家政治制度方面的影響，而唐文化的巨大影響也不可忽略。楊鴻烈《中國法律對東亞諸國的影響》和高明士《天下秩序與文化圈的探索》對此都有論述。高明士指出，唐代的教育對日本、新羅、越南，有著長遠而深刻的影響。這種教育的特點，一是"漢字教育"，二是"儒學教育"，三是"養士教育"。"漢字教育"，指這些教育均以漢文化和漢字為基礎；"儒學教育"，指學習的教材均為儒家經典；"養士教育"，指教育的主要目的是培養當官的人才，這也是東亞漢字文化圈一個共有的、且頗具特色的現象。[1]

三、唐朝文化的西傳

唐朝文化的西傳，與唐朝文化對東亞的影響，在方式上存在比較明顯的差別。唐朝文化對東亞，主要通過和平的方式如接受遣唐使等，而唐朝文化的西傳，更多地與戰爭聯繫在一起。所以本節還是從政治史開始切入。

唐朝初年，突厥強盛，唐打開與西方交往的通道，是與對突厥的戰爭聯繫在一起的。太宗貞觀四年（630），唐首先滅掉了東突厥，幾年以後又擊敗了位於今天青海地區的吐谷渾。貞觀十四年，滅高昌，

1　高明士：《天下秩序與文化圈的探索：以東亞古代的政治與教育為中心》，上海：上海古籍出版社，2008年，第242頁。

圖 8.8　唐玄宗時期安西四鎮示意圖

在交河（今新疆吐魯番市西約十千米）設置了一個重要的據點“安西都護府”。貞觀二十二年，唐在西域的據點得到進一步完善，設置了“安西四鎮”，即龜茲、焉耆、于闐、疏勒（圖 8.8）。四鎮的設立，對唐朝控制西域地區的穩定有重要作用。高宗顯慶二年（657），唐滅西突厥。這樣，唐打開了與西域、中亞以及更西部地區交往的道路，這就是著名的“絲綢之路”。

太宗、高宗時期，唐朝與西域的交往比較順暢且相當頻繁，從一些史跡裏可以看出來。高宗和武則天合葬於乾陵，乾陵陵園南門外有六十一蕃臣像（圖 8.9），它們都是真人大小，通過其背部的刻字，可知道他們多是來自北方突厥諸部以及西域諸國的酋長。這些石像的頭大都沒有留存下來，可能是在明末清初的地震及戰亂中被破壞掉的。章懷太子李賢墓中精美的壁畫也能反映中外交往的景象。《客使圖》中（圖 8.10），畫面左側的三個人物當是唐朝中書省或門下省的官員，右側的三個人物是來長安朝見皇帝的外國使臣。

圖 8.9　乾陵六十一蕃臣像

圖 8.10　《客使圖》（局部）

　　唐太宗、高宗時期，一支重要的勢力吐蕃正在唐朝西部興起。松贊干布統一了西藏高原，建立了以今天拉薩為中心的吐蕃王朝。漢文史籍對吐蕃也有所記述。《舊唐書·吐蕃傳》載：吐蕃人“弓劍不離身，重壯賤老，母拜於子，子倨於父，出入皆少者在前，老者居其後。軍令嚴肅，每戰，前隊皆死，後隊方進。重兵死，惡病終。累代戰沒，以為甲門。臨陣敗北者，懸狐尾於其首，表其似狐之怯”。這段描述與漢代對匈奴風俗的描述頗有類似之處，這也說明，一個族群在其社會發展的早期階段可能存在類似的現象。吐蕃的發展十分迅速，而且也注意到唐朝與周邊少數族的聯姻，聽說"突厥及吐谷渾皆尚公主"後，吐蕃便遣使入唐，"多齎金寶，奉表求婚"，希望與唐朝建立聯姻關係。此後，纔有唐太宗時文成公主入藏。高宗時期，吐蕃勢力進一步拓展。《舊唐書‧吐蕃傳》載："時吐蕃盡收羊同、党項及諸羌之地，東與涼、松、茂、巂等州相接，南至婆羅門，西又攻陷龜茲、疏勒等四鎮，北抵突厥，地方萬餘里。自漢、魏已來，西戎之盛，未之有也。"吐蕃已經發展成漢魏以來中原王朝西部最強大的勢力，它攻陷了龜茲、疏勒等安西四鎮，阻礙了唐與西域往來的通道，也不可避免地與唐產生越來越大的矛盾，直至兵戎相見。

唐與吐蕃的戰爭中，一些重要的據點值得重視。西藏地處高原，吐蕃與其他地區的溝通，需要通過一些交通要道。兩個重要的據點是西部的小勃律（今克什米爾地區之吉爾吉特）和青藏高原東緣的石堡城（今青海湟源縣西南），它們也是唐朝與吐蕃爭奪的焦點。誰能控制據點和交通要道，誰就能佔據上風。玄宗開元年間，吐蕃包圍小勃律，其國王沒謹忙"求救於北庭節度使張嵩曰：勃律，唐之西門，勃律亡則西域皆為吐蕃矣"（《資治通鑑》卷二一二）。沒謹忙的話清楚地說明了勃律作為戰略要點，在唐控制西域中的作用。陳寅恪在《唐代政治述論稿》中也強調了勃律的重要地位："唐關中乃王畿，故安西四鎮為防護國家重心之要地，而小勃律所以成唐之西門也。玄宗之世，華夏、吐蕃、大食三大民族皆稱盛強"，這裏的"大食"，是指唐中期興起的阿拉伯帝國阿拔斯王朝，唐稱之為黑衣大食。"中國欲保其腹心之關隴,不能不固守四鎮。欲固守四鎮,又不能不扼據小勃律,以制吐蕃,而斷絕其與大食通援之道。"[1] 開元、天寶年間,唐朝在與吐蕃的戰爭中一度取得了優勢。天寶六載(747),高仙芝破小勃律,兩年後,哥舒翰克石堡城,唐在西域的勢力達到了鼎盛時期。《資治通鑑》卷二一六載:"是時中國盛強,自安遠門西盡唐境萬二千里,閭閻相望,桑麻翳野,天下稱富庶者無如隴右。"承平局面的出現,主要就是因為唐拿下了小勃律、石堡城這兩個重要的據點,控制了通往西域的道路,吐蕃的勢力被限制在青藏高原之上。

在這個時期,還發生了一件中西文化交流史上的大事,就是天寶十載(751)唐和黑衣大食在怛邏斯城(今哈薩克斯坦江布爾州首府塔拉茲市以西附近)發生的怛邏斯之戰。這並不是一場規模很大的戰役。怛邏斯城為唐軍所圍困,黑衣大食派兵來解救,最後裏外夾攻,打敗了高仙芝所率領的軍隊。這次戰役對唐朝並沒有特別大的影響,但是它在世界歷史上卻有著重要而深遠的意義,尤其是在東西文化的傳播上。原因在於,唐戰敗後,大批唐朝的士兵、工匠被俘到了阿拉伯地區。據一些阿拉伯文獻的記載,被俘的中國人裏面有造紙的工匠,他們在撒馬爾罕建立了伊斯蘭世界的第一座紙坊。造紙術在 9 世紀傳入了北非的埃及,10 世紀以後,摩洛哥的首府非斯成為造紙業的

---

1 陳寅恪:《外族盛衰之連環性及外患與內政之關係》,載陳寅恪:《唐代政治史述論稿》下篇,北京:商務印書館,2011 年,第 331 頁。

中心，造紙術由此傳入歐洲的西班牙、意大利等國。[1]科學技術史家李約瑟認為，造紙技術的西傳，為歐洲的文藝復興鋪平了道路。唐造紙術的西傳，與怛邏斯之戰關係密切，故文化的傳播並不僅僅是和平時期的產物，戰爭有時候同樣會促進文化的交流和傳播。

除了傳播方式的不同，傳播的內容也有所差異。唐文化向東亞傳播的核心是政治制度，對西域的傳播卻不是如此。其中很重要的原因，就在於唐和東亞諸國，都是農耕文明的國家，而北部、西部這些國家多為游牧國家，雙方的經濟基礎不一樣。所以對東亞國家來說，律令制度、國家機構、國家制度十分重要，而這對北部和西部的國家來說意義較小，自然文化傳播的內容也就差異明顯了。

四、唐代的外來文明

前面探討了唐代文化對東、西方的重要影響，唐朝本身的文化繁榮，也得益於外來文化的影響。張廣達、王小甫《天涯若比鄰》對此有所論述。他們認為：唐朝"是中國文化史上少有的既善於繼承，又能夠兼收並蓄的時代。尤其是在宗教、藝術、器用乃至習俗等方面，通過西域傳來的印度、中亞、西亞文明以及通過南海傳來的南亞文明，對隋唐文化的影響既深且遠。其實，唐代文化本身就是一種中外、胡漢混合的文化"，"正是多種文化的交流匯聚，纔形成了絢麗多彩的唐代文明"。[2]向達《唐代長安與西域文明》描述了唐代長安所

1　張廣達：《海舶來天方　絲路通大食 —— 中國與阿拉伯世界的歷史聯繫的回顧》，載周一良主編：《中外文化交流史》，鄭州：河南人民出版社，1987年。

2　張廣達、王小甫：《天涯若比鄰 —— 中外文化交流史略》，香港：中華書局（香港）有限公司，1988年，第105頁。

集中的外來文化因素："第七世紀以降唐之長安，幾乎為一國際的都會，各種人民、各種宗教，無不可於長安得之"，"異族入居長安者多，於是長安胡化盛極一時，此種胡化大率為西域風之好尚：服飾、飲食、宮室、樂舞、繪畫，競事紛泊。其極社會各方面，隱約皆有所化，好之者蓋不僅帝王及一二貴戚達官已也"。[1]

具體地來看一下。首先是宗教方面，玄奘法師在太宗貞觀年間前往天竺，即今天的印度學習佛法，他回來之後進行佛經的翻譯工作。在玄奘的影響之下，唐代的佛教獲得了長足的發展，形成了若干佛教的宗派，大體上有以智顗為代表的天台宗，以玄奘作為創始人的法相宗，以及淨土宗、華嚴宗、禪宗、密宗等。不同的宗派，其所依據的佛教經典也有一定差異。

這些宗派對日後佛教在中國的發展產生了重要的影響，其中有特色的應當是禪宗。與其他宗派對比，禪宗是高度本土化的佛教宗派，禪宗與儒家的一些理念有共同之處。此外還有淨土宗，對後世影響也很大，主要原因在於它的信仰門檻較低，在民間有著眾多信眾。而有的宗派修行門檻較高，如玄奘創建的法相宗，若沒有比較高的文化、佛教修養，就難以理解其中的內涵，故而不易於修行與傳播。佛教在唐代的影響廣泛且深遠，對中國文化的發展也產生了重要的作用，我們耳熟能詳的"世界"、"覺悟"、"自由"、"境界"等詞彙其實都來自佛教。

除佛教外，唐代流行的宗教，還有合稱為"三夷教"的祆教、景

1　向達：《唐代長安與西域文明》，北京：生活·讀書·新知三聯書店，1957 年，第 41 頁。

教、摩尼教。祆教和摩尼教在中亞、西域地區十分流行，傳播到中國後，都有不少信徒。唐代的職員令裏，設有專門管理祆教教徒的官職"薩寶"，可見唐代的祆教信徒是有相當規模的。景教是基督教的聶斯脫利派，隨著《大秦景教流行中國碑》、敦煌漢文《大秦景教三威蒙度讚》的發現，學者對景教在唐代發展的情況有了進一步的認識。對三夷教的研究，是中外文化交往中頗受學者重視的領域，榮新江《中古中國與外來文明》對這些問題都有討論，可供參考。出現較晚但發展迅速的伊斯蘭教，也在隋唐時代傳入中國。

唐與西域的交流，在社會風俗以及音樂、舞蹈、體育中都有所體現。元稹《法曲》曰："女為胡婦學胡妝，伎進胡音務胡樂……胡音胡騎與胡妝，五十年來競紛泊。"從西域而來的文化，在唐代十分流行。唐代的舞蹈，大體上分為軟舞和健舞。健舞有不少來自中亞，如著名的胡旋舞、柘枝舞、胡騰舞等。白居易的《胡旋舞》，描寫了胡旋舞舞蹈的情況："胡旋女，胡旋女，心應弦，手應鼓，弦鼓一聲雙袖舉，回雪飄颻轉蓬舞。"安祿山就擅長胡旋舞，"中有太真外祿山，二人最道能胡旋。梨花園中冊作妃，金雞障下養為兒"。安祿山是來自中亞的粟特人，和"太真"楊貴妃一樣能跳胡旋舞。

隋和唐初時期，貴族女子出門要戴冪羅（圖 8.11 左）。這是一種長及身的面罩，"不欲途路窺之"。武周時期，冪羅漸被祇遮蓋臉部的帷帽（圖 8.11 右）所替代，玄宗後乾脆連帷帽都不要了。《舊唐書·輿服志》描述，開元年間"從駕宮人騎馬者，皆著胡帽，靚妝露面，無復障蔽。士庶之家，又相仿效，帷帽之制，絕不行用。俄又露髻馳騁，或有著丈夫衣服靴衫，而尊卑內外，斯一貫矣"。冪羅、帷

圖 8.11　持羃羅和戴帷帽的唐代女性

帽、胡帽均非漢地傳統服飾，當時女子喜著胡服、男裝。相較於男性服飾來說，唐代女性日常服飾的等級性沒有那麼嚴格，傾向於流行什麼就穿什麼。

　　唐代的音樂也能反映不少外來文化的影響。唐代的音樂可以分成兩類：雅樂和燕樂。雅樂是祭祀音樂，燕樂是娛樂音樂。"燕樂"中的"燕"，有時候也可寫成"宴會"的"宴"。表 8.5 羅列了隋文帝、隋煬帝、唐太宗時期的燕樂，從這些音樂的名字裏，就可以感受到它和異域文化的密切關係，如西涼、龜茲、天竺、康國、疏勒、安國、高麗、高昌等。龜茲是安西四鎮之一，天竺是今天的印度，康國、安國，屬於"昭武九姓"的國家。其中，清樂（清商樂）是漢族傳統民間音樂，"龜茲樂"是西域音樂的代表，"西涼樂"則是西域音樂與中原音樂融合的產物。

表 8.5　隋唐燕樂

隋文帝	國伎	清商伎	高麗伎	天竺伎	安國伎	龜茲伎	文康伎			
隋煬帝	清樂	西涼	龜茲	天竺	康國	疏勒	安國	高麗	禮畢	
唐太宗	清樂	西涼	龜茲	天竺	康國	疏勒	安國	高麗	燕樂	高昌

　　唐代馬球也十分流行。對於馬球的來源，眾說紛紜，有人說來自吐蕃，有人說來自波斯。馬球這種東西，不是老百姓玩得起的，《長安少年行》詩云："追逐輕薄伴，閒遊不著緋。長攏出獵馬，數換打球衣。"其描繪的就是穿著緋衣的五品以上官員閒暇時參與馬球運動的場景。此外，唐人日常生活的器物也深受外來文化的影響，如隋李靜訓墓出土的玻璃罐，在當時，中國是生產不了玻璃的，所以它們應該是舶來品。西安何家村窖藏的唐舞馬銜杯紋銀壺，為模仿北方游牧文化的皮囊製成，工藝精湛；人物紋八棱金杯，無論造型還是紋飾均明顯具有粟特銀器特點（圖 8.12）。學者對此也早有注意並有所研究，美國學者謝弗《唐代的外來文明》，是一部百科全書式的著作，羅列了唐代文化中的外來因素，包括動物、植物、器具等等，對我們深入理解唐代文化交流非常有幫助。

　　唐代文化的繁榮，與其文化中兼容並包的特質有著直接關係。眾所周知，唐太宗被當時阿爾泰語系的民族尊稱為"天可汗"，這是當時少數族對於唐作為君主的承認。唐太宗的一段話，可以幫助我們更好地理解唐代這種開放的心態，他說："自古皆貴中華，賤夷狄，

鎏金舞馬銜杯紋銀壺

人物紋八棱金杯

圖 8.12　何家村窖藏出土唐代銀壺、金杯

朕獨愛之如一，故其種落皆依朕如父母……朕所以成今日之功也。"
(《資治通鑑》卷一九八）以前的國家多講"華夷之辨"，而唐朝則抱
有一種開放包容的心態，這成就了唐代的文化繁榮。與"天可汗"形
成對比的，是清代所謂"天朝"觀念，後者並非一種開放的心態，而
是一種自恃高大、故步自封的觀念，從一個側面體現了唐與清在文化
格局上的差別。

閱讀書目

張廣達、王小甫:《天涯若比鄰 —— 中外文化交流史略》第四章,香港:中華書局(香港)有限公司,1988 年。

向達:《唐代長安與西域文明》,載向達:《唐代長安與西域文明》,北京:商務印書館,2017 年。

謝弗:《唐代的外來文明》第一章,吳玉貴譯,北京:中國社會科學出版社,1995 年。

榮新江:《中古中國與外來文明(修訂版)》第三篇,北京:生活·讀書·新知三聯書店,2014 年。

榮新江:《向達先生和他的〈唐代長安與西域文明〉》,載向達:《唐代長安與西域文明》附錄,北京:商務印書館,2017 年。

李鴻賓:《中西學術之間:榮新江新著〈中古中國與外來文明〉》,《中國邊疆史地研究》2002 年第 12 卷第 4 期。

祖宗之法與宋朝制度

第九講

五代十國時期（907—979）不過七十餘年，是一個多國並立的分裂時期，隨後就進入了北宋（960—1127）和南宋（1127—1279）。北宋、南宋共有三百多年的歷史，此時在北方與之對峙的政權，先後有契丹建立的遼（907—1125）、党項建立的西夏（1038—1227）、女真建立的金（1115—1234）。從嚴格意義上說，兩宋並不是恢復了統一的時代。

　　兩宋三百餘年的歷史在中國古代史上獨具特色：從國力上說，它並不是很強，甚至有些積貧積弱；從疆域上說，它一直受到北方民族的巨大威脅，沒有恢復此前隋唐的疆域，甚至有人稱北宋為“鼻涕宋”。但從另外一個角度看，宋代也是一個經濟、文化獲得相當發展的時期，如宋詞、宋代文人畫、宋學等。有的學者指出，中國古代經濟發展最快的階段是 8 到 13 世紀，其主體正好處於兩宋時期。這是值得我們去仔細考察的時代，本講主要從政治制度的角度對兩宋作簡要介紹。

一、五代十國與北宋的建立

　　從五代十國疆域示意圖（圖 9.1）可以看出，這時東北的契丹已經發展起來。10 世紀前半葉的北方，是梁、唐、晉、漢、周五代更迭

圖 9.1　五代十國疆域示意圖

時期。同時的南方，則處於多國並立的狀態，在今天的江淮地區，先
後有吳、南唐兩個政權，兩浙地區是吳越，福建地區是閩，兩湖地區
是南平和楚，在今天的四川地區，先後有前蜀、後蜀兩個政權，在廣
東地區是南漢，再加上北方的北漢，共同構成了十國。

　　五代的國號分別是梁、唐、晉、漢、周，為了不和以前的同名朝
代混淆，都加上“後”字，以示區別。五代延續五十餘年，先後有
十四個人當了皇帝，歷經五朝，皇帝卻有八個姓。後唐有三姓，後周

有二姓，原因在於其中幾位皇帝把皇位傳給了他的養子，這在整個中國古代史上也是十分罕見的現象。由此可以看出五代是一個戰爭頻繁、皇位更迭迅速的時期。十國的存續時間比五代要長一些，除地處北方的北漢外，南方的九個國家中，南唐、後蜀、吳越、南漢和南平等五個國家都滅於北宋。

值得注意的是，同樣是分裂時期，東晉十六國和南北朝時，北方處於多國並立的狀態，而南方先後存在的東晉、宋、齊、梁、陳幾個政權則相對統一；到了五代十國時期，北方是幾個國家相對統一、依次更迭，而南方處於多國並立的狀態。有學者從經濟角度對此問題進行過探討，李劍農《宋元明經濟史稿》提出："吳越閩楚，據地皆甚促狹，亦竟各能維持數十年之割據政權，是可於經濟上得一解釋；即此等區域，經濟上之發展，已達相當程度，非但各足以維持一政府機關，並足以維持相當之兵力以保守之；換言之此類割據勢力之能存在，即各區經濟勢力發展之反映也。"[1]南方之所以處於多國並立的狀態，正是南方經濟取得一定發展的表現之一，如此，纔能支持南方數個政權同時存在。

五代十國時期，中國的整體政治地理格局也發生了一些改變。錢穆《國史大綱》有論："中國西北部文物驟衰，實為唐中葉以後一極要之轉變……黃河流域之氣運，不僅關中以西不復興，即中部洛陽一帶亦不夠再做文化、政治的中心點。中國社會的力量，漸漸退縮到

---

1 李劍農：《宋元明經濟史稿》，北京：生活・讀書・新知三聯書店，1957 年，第 2—3 頁。

東邊來。⋯⋯自此以後，南方社會，遂漸漸跨駕到北方社會的上面去。"[1] 這裏提示了兩點：第一，政治中心從西向東移動。前面講隋朝大運河時也提到了政治中心從西向東移，以及都城的移動從東西之間變成了南北之間。第二，南方社會的發展程度已有超越北方的跡象。呂思勉也表達了類似的看法："從此以後，塞外開發的氣運，暫向東北，遼、金、元、清相繼而興。"[2] 他敏銳地指出，此後對中國古代史產生更大影響的，是東北地區發展出來的族群。

五代十國，是一個兵荒馬亂、政權更迭頻繁的時代。宋人范浚《五代論》有言："五代之所以取天下者，皆以兵。兵權所在，則隨以興；兵權所去，則隨以亡。" 用現在的話說，就是 "槍桿子裏面出政權"。兵權是獲得並維繫政權最重要的基礎，以前籠罩在皇帝身上的種種神秘色彩，在五代時期漸漸消褪，當時人說的 "天子，兵強馬壯者為之，寧有種耶"（《舊五代史·安重榮傳》），就生動形象地體現了這一點。在這樣一種政權動盪的情況下，通過掌握強兵起家而當上皇帝的統治者，自然會對他手下擁有強兵者有所忌憚，這就促成了制度上的若干調整，從而為國家政權走出唐後期的藩鎮割據局面、重新走向穩定奠定了基礎。

五代十國時期，統治者面臨最主要的問題有兩個：一是唐後期以來地方權力過大導致的藩鎮割據的問題，二是軍隊的控制問題。五代十國諸政權，針對這兩方面進行了制度上的改革。當時，軍隊主要分

---

1 錢穆：《國史大綱》，北京：商務印書館，1996 年，第 502 頁。
2 呂思勉：《呂著中國通史》，上海：華東師範大學出版社，1992 年，第 425 頁。

為三類：中央禁軍、地方藩鎮兵和鄉兵。其中，鄉兵主要用來維持地方治安，在整個軍隊構成中不佔主要地位，重要的是中央禁軍以及地方藩鎮兵。針對地方權力過大的問題，統治者主要致力於擴大中央禁軍、削弱地方藩鎮兵，以加強中央對地方的控制力。五代十國的皇帝多由軍將起家，往往傾向於在身邊組織親信部隊，例如後梁朱溫的廳子都、後唐李存勗的銀槍都、吳楊行密的黑雲都、前蜀王建的威信都等。這些親兵的發展、擴大，及其戰鬥力的增強，都是中央禁軍擴張的表現。與之相應，則是藩鎮軍的實力受到壓抑。抑制的手段較多，或是移易鎮帥，讓藩鎮節度使相互調動，避免節度使在同一地區盤踞時間過長，減少他對地方的控制能力；或是分割藩鎮的地盤，把某些藩鎮降為防禦州、刺史州，直屬於中央，擴大中央控制的區域；此外還有拆毀地方的防禦設施；等等。種種舉措，逐步削弱了藩鎮的實力，減小了藩鎮對中央的威脅。

中央禁軍的實力大為增強，又帶來了禁軍統帥實力膨脹以致篡奪皇位的問題。李嗣源是後唐莊宗李存勗的養子，《資治通鑑》卷二七三載："郭崇韜以李嗣源功高位重，亦忌之，私謂人曰：'總管令公非久為人下者，皇家子弟皆不及也。'密勸帝（李存勗）召之宿衛，罷其兵權；又勸帝除之，帝皆不從。"李嗣源從禁軍首領最終獲得了皇位，後周的郭威也是如此。再往後，就是趙匡胤（927—976）（圖9.2）了，他以後周殿前都點檢、歸德軍節度使的身份，在960年通過"黃袍加身"坐上皇位，定都開封，建立宋朝，史稱北宋。

趙匡胤稱帝後，致力於重新統一天下的事業，這是在後周武帝"先易後難、先南後北"政策基礎上繼續進行的。979年，宋滅掉了北方的北漢，宣告五代十國分裂局面的結束。

圖 9.3 是北宋九位皇帝的傳承順序示意圖。值得一提的，是北宋初期皇位繼承的問題。北宋的第二個皇帝太宗趙光義，並非趙匡胤的兒子，而是他的弟弟。西周以後的統治者原則上實行嫡長子繼承制，兄終弟及的做法並不常見。它

圖 9.2　宋太祖趙匡胤

在宋朝初年再次出現，有一些隱晦不明之處。在中國古代，關於這類事情的資料多被隱匿、篡改，大多沒有具體的史料流傳下來，宋太祖、太宗之間的皇位授受僅留下了"斧聲燭影"的傳說。李燾《續資治通鑑長編》卷一七載："上聞其言，即夜召晉王，屬以後事。左右皆不得聞，但遙見燭影下晉王時或離席，若有所遜避之狀，既而上引柱斧戳地，大聲謂晉王曰：'好為之。'癸丑，上崩於萬歲殿。"晉

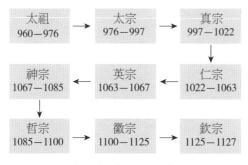

太祖 960－976	→	太宗 976－997	→	真宗 997－1022
				↓
神宗 1067－1085	←	英宗 1063－1067	←	仁宗 1022－1063
↓				
哲宗 1085－1100	→	徽宗 1100－1125	→	欽宗 1125－1127

圖 9.3　北宋帝位傳承

王，就是趙光義。太祖趙匡胤死得相當突然，第二天趙光義便繼承皇位，是為宋太宗。為了證明他即位的合法性，幾年後太宗拿出了所謂"金匱之盟"。"金匱之盟"的大體意思是說，趙匡胤、光義兄弟的母親杜太后在彌留之際建議，趙匡胤死後，若讓他年幼的子孫當皇帝會對國家不利，希望趙匡胤把皇位傳給他的弟弟。但後代史學家指出，這個"金匱之盟"明顯有偽造的痕跡。首先，杜太后去世的時候，趙匡胤不過三十來歲，她怎麼能知道趙匡胤去世的時候孩子會很小？其次，趙匡胤 976 年去世的時候，他的兒子已經二十六歲了，也不能說年齡還小，所以並不符合事實。如果想進一步瞭解北宋初年皇位更替的問題，可以參考鄧廣銘《宋太祖太宗皇位授受問題辨析》。[1]

二、"祖宗之法"與防弊之制

所謂"祖宗之法"是指太祖趙匡胤、太宗趙光義時所立下的政治制度，其核心是"防弊"，對兩宋具有長遠的影響。

首先來看看什麼是制度，特別是宋人所理解的制度內涵。宋人馬永卿《元城語錄》載：

> 太祖即位，常令後苑作造熏籠，數日不至，太祖責怒。左右對以"事下尚書省，尚書省下本部、本部下本曹、本曹下本局，覆奏，又得旨，復依，方下製造，乃進御。以經歷諸處行遣，至速須數日"。太祖怒曰："誰做這般條貫來約束我？"左右曰："可

1　收入鄧廣銘：《鄧廣銘治史叢稿》，北京：北京大學出版社，1997 年。

問宰相。"上曰:"呼趙學究來!"趙相既至,上曰:"我在民間時,用數十錢可買一熏籠。今為天子,乃數日不得,何也?"普曰:"此是自來條貫,蓋不為陛下設,乃為陛下子孫設。使後代子孫若非理製造奢侈之物,破壞錢物,以經諸處行遣,須有臺諫理會;此條貫深意也。"太祖大喜曰:"此條貫極妙!"

趙學究,是據說以"半部《論語》治天下"的宰相趙普。面對宋太祖"誰做這般條貫來約束我"的責問,趙普強調了官僚制度、行政程序對於保證理性決策的意義。由於官僚制度的存在,各種命令的下發都會有一個層層傳達、執行的過程,有些還需要提請皇帝再次確認後纔能執行。在此過程中,相關機構負責人會就命令的合理性分別審核,若發現非理性決策,諸御史、諫官也會提出意見,非理性決策可能因此被否決或擱置。制度有可能發揮防止皇帝非理性決策的作用。這段材料,一方面體現宰相趙普的智慧,他把制度的深意恰如其分地告訴了太祖,使太祖理解;另一方面,也體現出宋人理解的制度是一種約束,不僅僅是對皇帝的約束,也是對大臣的約束、對機構的約束。

宋代前期制度設計的核心,簡單地說是"以防弊之政,作立國之法",應當說是以消極的方式,防止統治出現弊病。在宋代的創建者看來,五代諸國之所以短命,主要源於藩鎮問題,宋朝若想長治久安,首先要對這些問題進行糾正。"防弊之政"在宋初已清晰地體現出來,宋太宗即位詔曰:"先皇帝創業垂二十年,事為之防,曲為之制,紀律已定,物有其常,謹當遵承,不敢逾越。"(《續資治通鑑長編》卷一七）"事為之防，曲為之制"，在其他文獻也稱"每事立制，委曲防閑"，大體意思相同，即事事都要事先做出防範，利用周密的制度加以制約。這也是以"防弊之治"為核心的祖宗之法的主要特點。[1]

統治的弊病有很多種，有內憂，也有外患。宋太宗認為："國家若無外憂，必有內患。外憂不過邊事，皆可預防；惟奸邪無狀，若為內患，深可懼也。帝王用心，常須謹此。"（《續資治通鑑長編》卷三二）這時候北宋的外憂最主要在於契丹，對北宋統治構成了較大的外在壓力。不過北宋的統治者顯然更關注的是內患問題，所以在外交中多採取守勢，將更多的精力放在內政上。

內政最主要的問題如第一節所述，是唐後期以來的藩鎮問題。《新唐書·兵志》載，藩鎮"據要險，專方面，既有其土地，又有其人民，又有其甲兵，又有其財賦，以布列天下"。割據的藩鎮不聽中央指揮，不向中央繳納賦稅。所以"防弊之政"，首先要著手處理藩鎮問題。《續資治通鑑長編》卷二記載，建隆二年（961），太祖問趙普："天下自唐季以來，數十年間，帝王凡易八姓，戰鬥不息，生民塗地，其故何也？吾欲息天下之兵，為國家長久計，其道何如？"趙普回答："此非他故，方鎮太重，君弱臣強而已。今所以治之，亦無他奇巧，惟稍奪其權，制其錢穀，收其精兵，則天下自安矣。"話還沒有說完，太祖便道"卿無復言，吾已喻矣"。太祖和宰相趙普討論

---

1 參鄧小南：《祖宗之法：北宋前期政治述略（修訂版）》第三章，北京：生活·讀書·新知三聯書店，2014 年。

處理藩鎮問題的核心，就在於收藩鎮之權。

收藩鎮之權，趙普建議有三。一是"稍奪其權"。原來藩鎮由節度使管理，現在則"置文臣知州、通判，罷支郡"，壓縮節度使的管理權，設置通判作為副手，對長官起到監督的作用；同時罷支郡，縮小藩鎮的管理範圍，這是在政治權力上進行壓抑。二是收財政權，即所謂"制其錢穀"，改變過去節度使把持地方財政，以大量財物留使、留州的現象，各州財賦除必需之經費外，一律上繳，由中央財政機構三司統一管理。其三是"收其精兵"，削奪節度使的軍事權，採取"強幹弱枝、守內虛外"的策略，將全國精銳部隊悉集於禁軍，京師附近駐紮十餘萬，地方分駐十餘萬。需要說明的是，這種佈置方式也與北宋定都開封有一定關係，開封不比長安，無險可守，因此必須要佈置重兵在都城周圍，以保證首都的安全。以上三個措施實行後，大大壓抑了藩鎮勢力，宋代的藩鎮問題得到了較好的解決。

除收藩鎮之權外，防弊的另一方面是機構之間的分權。在軍事上，樞密院和三衙共同統領軍隊。《宋史·職官志二》載："祖宗之時，樞密掌兵籍、虎符，三衙管諸軍，率臣主兵柄，各有分守，所以維持軍政，萬世不易之法。"發兵權由樞密院協助皇帝掌握；而軍隊的日常訓練和管理權則屬三衙；如遇戰爭，則臨時派遣將領指揮作戰。宋代史學家范祖禹在《論曹誦劄子》中曾說："天下之兵，本於樞密，有發兵之權而無握兵之重。京師之兵，總於三帥，有握兵之重而無發兵之權"，發兵權與軍隊的管理權分割開來，因此"上下相維，不得專制"。（《全宋文》卷二一四一）這種機構之間分權的原則，在軍隊的管理方面體現得淋漓盡致。

此外，對於軍隊的管理，還有文武分途、以文制武的措施。樞密院的樞密使、樞密副使等職位由文臣擔任，而殿前都指揮使司、侍衛親軍馬軍都指揮使司、侍衛親軍步軍都指揮使司等三衙職位，則由武將擔任。宋朝政治文化的特點之一，是"崇文抑武"、"以文制武"。"書中自有黃金屋"、"書中自有顏如玉"、"好男不當兵，好鐵不打釘"等俗語均出自宋代，清楚地反映了時人對文武的偏好。當時的社會充斥著崇文抑武的風氣。這種風氣產生的影響，一方面使得宋朝的文化進一步繁榮，另一方面也加劇了宋朝缺少軍事人才、軍隊戰鬥力較差等問題。

制度設計中的分權原則，還廣泛地體現在宋代中央與地方機構的設計中。北宋的中樞系統主要由中書門下、樞密院、三司、御史臺構成，分別掌管行政、軍政、財政、監察。與三省制按照行政程序的分工、分權不同，宋代中樞系統的分權與東漢三公鼎立狀態下的三公制更為相似一些，即按照處理事務的不同進行劃分。在每個部門內，決策權和行政權合一，這樣有助於提高行政效率。北宋前期，仍存在唐代的三省六部、九寺五監的架構，但除了九寺中的大理寺外，其餘部門的具體執掌很少，基本變成了閒散機構，其功能有了新的變化，在下面會具體來談。正因為如此，北宋需要設置相應的機構，處理原屬三省六部、九寺五監的事務，如協助皇帝決策的翰林學士院、舍人院；相當於吏部的管理官員選拔、任用的審官院和流內銓；相當於禮部的太常禮院；相當於刑部的審刑院；等等。

宋代的地方制度，也出現了一些創新之處。之前討論過漢唐地方層級從二級到三級的兩次轉換。二級制時所面臨的主要問題，是中央直接管理地區過多，負擔較重，於是加設一級監察區，協助中央對地方的監督、管理，如兩漢的州、唐代的道等。但增設的一級監察區，往往容易變成實際的一級行政區，由此引發割據問題。基於此，宋初的統治者吸取教訓，設計出了“虛三級”的體制，即路、州、縣三級。“路”的虛設表現在三個方面：首先，路沒有統一的行政機構和單一的行政長官。與州牧、節度使不同，路一級由帥、漕、憲、倉四司共同構成。其中，帥是安撫司，掌管軍隊；漕是轉運司，掌管財政；憲是提點刑獄司，掌管刑獄；倉是提舉常平司，掌管經濟方面等事務。所以，地方的事務一分為四。其次，在州之上，不存在單一的行政區劃，比如這個州的帥司、漕司、憲司是屬於某一路的，而它的倉司屬於另一個路，這雖然容易造成管理的複雜和混亂，但是不容易導致地方長官權力過於集中的問題。再次，州可以不通過路直接向中央奏事。宋代地方制度的設計，體現了“防弊”與“分權”的原則，使宋代的地方政府雖是三級制，但沒有造成東漢末、唐後期最高級行政區割據的情況。

北宋神宗元豐改制（1080—1082）前，六部九寺的存在價值，不在於處理具體事務，而主要體現為中央管理官員的方式之一，這就是所謂“官職差遣”制。從唐中期開始，這種制度已經逐漸萌芽，宋代則進一步發展。《宋史·職官志一》載：“官以寓祿秩、敘位著，職以待文學之選，而別為差遣以治內外之事。”官、職、差遣相互分離，以官決定官員的待遇和俸祿，職是文臣的特殊榮譽性頭銜，而差遣纔是某個官員具體管理的事務。《神宗正史》中也提到了這種情況：“三省長官尚書、中書令、侍中不與政，僕射、尚書、侍郎、郎中、員外與九寺五監皆為空官，特以寓祿秩、序位品而已"，這些官存在的價值是標示官員個人待遇，代表了俸祿和榮譽的高低。一方面，這種制度的益處在於使中央任用、管理官員的方式更為靈活，讓某個官員交出了權力，同時維持其待遇不變，甚至有所提高，這個官員的抵觸情緒當會有所減少。另一方面，中央對官員監督、激勵的手段也更為豐富，可以通過個人的頭銜和具體職位靈活地調整。

在防弊的指導思想下，宋代對此前曾經出現過的宗室、外戚權力過大的問題也有所警覺。反映在制度安排上，將"賦以重祿，別無職業"（《宋朝諸臣奏議》卷三二，范鎮《上仁宗乞令宗子以次補外》）、"優之以爵祿而不責以事權"（《皇宋中興兩朝聖政輯校》卷五九）為處理宗室的原則，一方面給宗室優越的經濟待遇，另一方面不讓他們參與實際的政務，這樣不至於對政治造成巨大影響。北宋前期，限制宗室參加科舉，後來限制有所放寬，但宗室與普通人科舉仍有一定差別，被稱為"取之太優，用之有限"（《皇宋中興兩朝聖政輯校》卷五九），考中的難度低，但在任用時有諸多限制。例如不能當地方長官，不能統帥軍隊，不能任宰相，等等。對外戚的處理也大體如此，"崇爵厚祿，不畀事權""恃勢犯法，繩以重刑"（《宋史·外戚傳序》），待遇優厚、管理嚴格，外戚不能任文資、侍從、地方長官，也不得統帥軍隊等。可貴的是，宋人一直較好地、自覺地執行這些"祖宗之法"，所以在兩宋幾百年間中，"呂、武之變不生於肘腋"（《宋史紀事本末》陳邦瞻"敘"），沒有出現由外戚和宗室引發的問題。這種對宗室、外戚權力的制約，也是中國古代制度逐漸走向精密化的表現之一。[1]

任何制度都有兩面性，宋代的制度以"防弊"為中心，使兩宋內部環境穩定，加強了中央對地方的控制，所以范祖禹《轉對條上四事狀》說："唯本朝之法，上下相維，輕重相制，如身之使臂，臂之使指。……藩方守臣，統制列城，付以數千里之地，十萬之師；單車之使，尺紙之詔，朝召而夕至，則為匹夫。"（《全宋文》卷二一三七）但同時，這樣的制度也大大壓抑了地方的積極性，在外敵入侵時，弊病更加顯露。南宋的朱熹就曾評論道："本朝鑑五代藩鎮之弊，遂盡奪藩鎮之權，兵也收了，財也收了，賞罰刑政一切收了，州郡遂日就困弱，靖康之禍，虜騎所過，莫不潰散。"（《朱子語類》卷一二八）

更深入瞭解"祖宗之法"與宋代的制度問題，可以閱讀鄧小南《祖宗之法：北宋前期政治述略》。書中概括了宋代制度的特點：宋代的祖宗之法是時代的產物，是當時社會文化傳統與政治制度交互作用的結晶。作為祖宗之法的核心內容，所謂防弊之政，出發點著眼於"防弊"，主要目標在於保證政治格局與社會秩序的穩定。防弊之政，並非徹底拘謹內縮。防弊是以具體制度作為載體實施的。在士大夫們積極參與設計更革之下，設官分職體制中趨向理性化的精神，比較充分地顯現出來。中央官僚機構既相互補充又相互制約，形成事任分立的相互維繫態勢。北宋初期創建的制度法規，從總體上講，在當時有利於社會協調發展，其具體措置以務實為特色，不拘一格，體現出不少

1　宋代對宗室、外戚的管理，參考張邦煒：《宋代皇親與政治》，鄭州：鄭州大學出版社，2021 年。

合理的思路，事實上滲透著創新的精神。[1]

1127 年，北宋為金所滅，宗室南遷，建立了南宋。與北宋真正坐上皇位的九個皇帝不同，南宋最後兩位皇帝端宗和帝昺，是在南宋恭帝投降、全境為元佔領以後殘餘政權的皇帝而已（圖 9.4）。祖宗之法源自北宋，對南宋仍然有影響，最明顯地表現在南宋政府對軍將的管理和處置問題上。

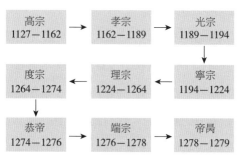

圖 9.4　南宋帝位傳承

南宋建國後，長期與北方的金朝對峙，邊防壓力很大。北宋的統兵體制，是樞密院、三衙分離，戰時臨時派將領指揮，以防止出現將領專兵的情況。這種制度的缺陷，在於兵將分離，使得“兵無常帥，帥無常師”、“兵不知將，將不知兵”，將領對手下士兵的訓練情況以及戰鬥力瞭解不足，士兵對將領的信任程度也不夠，軍隊的戰鬥力大打折扣。

北宋王安石變法，就曾希望以“將兵法”來彌補缺陷，但效果有限。到了南宋，巨大的邊境壓力迫使統治者對兵將分離的制度進行調

1　鄧小南：《祖宗之法：北宋前期政治述略（修訂版）》，北京：生活・讀書・新知三聯書店，2014 年，第 9、520、536 頁。

整，於是設立了"行營制"。韓世忠是行營前護軍，岳飛是行營後護軍，劉光世為行營左護軍，吳玠為行營右護軍，張俊為行營中護軍。"行營制"使得將領和軍隊的關係更為密切，出現了諸如韓家軍、張家軍、岳家軍的稱呼。如李綱《論方鎮》指出："若夫尾大不掉，則非今之所慮也，事定然後徐圖之可也"（《全宋文》卷三七五四），在邊境壓力增加的情況下，其中弊病可以暫不考慮，而一旦戰事緩和，這些問題就突顯出來。岳飛就是其中著名的例子。

岳飛率領的軍隊戰鬥力很強，他在軍中也有很高的威望。宋代的祖宗之法尤其忌諱將領對軍隊過於嚴密的控制，而南宋初期文官集團對武將群體在戰爭中地位的上升也頗為警惕。當"諸將稍恣肆，各以其姓為軍號"時，宰相秦檜向宋高宗強調"諸軍但知有將軍，不知有天子，跋扈有萌，不可不慮"（《鶴林玉露》甲編卷五"格天閣"條）。秦檜的養子秦熺也幫腔："主上聖明，察見兵柄之分，無所統一"，於是"密與檜謀，削尾大之勢，以革積歲倒持之患"（《建炎以來繫年要錄》卷一四六）。正是在祖宗之法的巨大影響下，一旦戰事稍有緩和，宋高宗便於紹興十一年（1141）解除了韓世忠、岳飛等人的兵權；同年底，以"莫須有"的罪名殺害了岳飛。岳飛被殺一事，反映了以"防弊"精神為核心的祖宗之法在南宋的延續。

三、從學校、科舉看宋代士大夫政治的發展

宋代學校、科舉制度方面的變化，反映了宋代士大夫政治的發展。宋代有句話稱"與士大夫治天下"，其中的"士大夫"主要是指從科舉出身的官員。與唐代相比，宋代科舉發展顯著。之前提到，直

到唐中期的貞元、元和時期，科舉制的進士科也僅僅是高級官員的主要來源，廣大的中低級官員大多並非來自科舉，而到了宋代，科舉出身的官員，在整個官員結構中的比例和地位都大大提高了。

宋代科舉種類，主要有貢舉、制舉、武舉、童子舉等，其中最重要的是貢舉，被稱為常科，和唐代的常科相同，都是定期舉行。相比前代，宋代科舉選官有兩個特點：一是取士範圍的擴大，鄭樵《通志·氏族略》說"自五季以來，取士不問家世，婚姻不問閥閱"，官員出身的範圍大大地擴展，不再被某些家族所壟斷，這與魏晉南北朝相比是一個尤為重大的變化；二是科舉取士規模的擴大，唐代的進士科難度很大，因而考上的人數很少，但到了宋代，取士的數量大大提高。以進士科為例，有唐一代近三百年全部錄取不過六千餘人，兩宋僅比唐多三十年，但錄取的進士數量，保守估計也達到唐朝的十倍以上。[1]

具體來說，宋代的科舉制是三級制。首先是鄉試，又稱解試，在地方舉行。鄉試合格者集中到中央，稱為省試或會試。會試合格者，即可獲得進士出身。最後一級是殿試，由皇帝親自主持，為宋代特別增設。原唐代科舉為鄉試、省試兩級，殿試祗在武則天時候實行過，並沒有延續下去。宋代增設殿試一級，主要原因在於，科舉制的設立與發展，使得主考官和應試者之間形成了一種特殊的座主—門生聯繫，成為日後官場交往，甚至是拉幫結派、相互傾軋中十分重要的關

1　唐代進士錄取情況，參金瀅坤：《中國科舉制度通史·隋唐五代卷》附錄二，上海：上海人民出版社，2015 年，第 879—895 頁。宋代進士錄取數量，參張希清：《中國科舉制度通史·宋代卷》，上海：上海人民出版社，2015 年，第 778—779 頁。

係基礎。宋朝的皇帝尤其忌諱朋黨之爭，於是著力打破這種座主和門生的關係，在二級制之上增加了一級殿試，強調"恩出主上"，所有人都是天子門生。三級考試的第一名，分別稱為解元、省元和狀元，故後代有"連中三元"之稱。

宋代科舉考試制度更為嚴密。其中代表性的措施有三。一是鎖院，即某人從被任命為主考官到考試結束，需要一直待在單獨的考試院裏，防止出現泄題的情況。二是彌封，或稱糊名。考試時，需要把考生的姓名粘上，使得閱卷官不知道考生是誰，以此增強考試的公平性。宋人有言："惟有糊名公道在，孤寒宜向此中求。"三是謄錄制度。為了預防考官通過筆跡識別考生，故設有專門的書手重新謄寫考卷，之後再交給考官判卷。種種制度，都使宋代的科舉考試更為嚴密，相對更為公平。

宋代通過科舉考試進入官場的人，數量大為增加，從表 9.1 可以看到，北宋時期宰相、副宰相科舉出身比例達到相當高的程度，某些階段甚至達到了百分之百。同時，宋代宰相、副宰相的出身範圍也大為擴大。據學者統計，唐朝約三百宰相，出自一百個家族，宋代有一百三十多位宰相，出自一百二十多個家族，分佈的範圍更廣。父輩、子輩都做到高官的情況，相比前代少見許多，這是社會流動性增強的重要體現，也是宋代科舉帶來的新現象。

表 9.1　北宋宰相、副宰相中科舉出身比例表

	宰相			副宰相		
	總數	科舉出身	百分比	總數	科舉出身	百分比
太祖	6	3	50%	4	3	75%
太宗	9	6	67%	23	21	91%
真宗	12	11	92%	17	17	100%
仁宗	23	22	96%	39	37	95%[*]
英宗	2	2	100%	2	2	100%
神宗	9	9	100%	18	18	100%
哲宗	11	11	100%	23	22	96%
徽宗	13	13	100%	34	31	91%
欽宗	7	6	86%	16	11	69%[*]

注：帶 * 者計算後有調整，原分別作 94%、70%。

　　科舉出身的士大夫，其社會責任感和參政意識有所提高。對於"士"所應當承擔的社會責任，《論語》記載："曾子曰：士不可以不弘毅，任重而道遠，仁以為己任，不亦重乎？死而後已，不亦遠乎？"認為士承擔的是價值層面的理想。東漢的名士李膺則說："士以天下風教是非為己任。"（《後漢紀》卷二一）他認為天下的輿論應由士來掌握，也是注重士在精神層面的責任。而到了宋代，范仲淹提出："先天下之憂而憂，後天下之樂而樂。"士大夫以天下為己任，從承擔精神價值層面的責任發展到強烈的、實際的參政意識。余英時對比以上三種觀點後，接著論述道："以天下為己任，蘊涵著'士'對於國家和社會事務的處理有直接參預的資格，因此它相當於一種'公民'意識。這一意識在宋以前雖存在而不夠明確，直到'以天下

為己任'一語出現，纔完全明朗化了。"[1] 這也意味著，士大夫在宋代政治中所起的作用比前代有了明顯的提升。

強烈的現實參與願望，與宋代士大夫整體文化素質的發展有關。從唐、宋常科設置來看（表9.2），唐代有秀才、明法、明書、明算、進士、明經六科，北宋前期有進士、明經、諸科三科，北宋中期以後則僅存進士一科，最主要的變化是考察專門學問的明法、明書、明算取消了。從學校設置的學科變遷來看，律學是唐代國子監六學之一，在北宋雖還是國子監諸學之一，但地位已經大為下降，到了南宋則被取消了。基於這兩方面的變化，清末民初的著名學者程樹德在《九朝律考》卷一中說："沿六朝隋唐，訖於趙宋，代有此官（指律博士），至元而廢。自是士大夫始鮮知律，此亦古今得失之林也。"他認為，元朝律博士的廢除，使得士大夫的素質受到了很大的影響，是導致此後政治敗壞的主要原因之一。

表9.2　唐宋常科設置表

唐	北宋前期	北宋中期以後
秀才	進士	進士
進士		
明經	明經	
明法	諸科	
明書		
明算		

1　余英時：《朱熹的歷史世界》，北京：生活·讀書·新知三聯書店，2011年，第211頁。

然而，詳細考察唐宋之間的變化，我們不難發現這個說法的不足之處。早在唐代，明法一科便已式微。中國古代儒家對人才的理想是"君子不器"，認為君子不應該是一名專才，而應該是一名全才。這些專門的學問，在唐代本就沒有受到特別的重視。白居易評價當時的朝廷是"輕法學，賤法吏"（《白居易文集》卷二八《策四·論刑法之弊》）；韓愈也認為在這樣的社會風氣之下，"學生或以通經舉，或以能文稱，其微者，至於習法律、知字書"（《韓愈文集》卷四）。在此社會背景下，唐代制度的調整方向，是希望經、法雙修。唐中期德宗的一份詔書載："其明經舉人，有能習律一部以代《爾雅》者，如帖義俱通，於本色減兩選，令集日與官。其明法舉人，有能兼習一小經，帖義通者，依明經例處分。"（《宋本冊府元龜》卷六四〇《貢舉部·條制第二》）詔書清楚地表明，當時的政策是鼓勵明經者懂法、明法者通經，在授官的時候，對二者兼修的給予優惠。

　　沿著唐中期以來的這種發展方向，北宋初年就已把"通經"作為明法考試的要求之一。北宋中期的王安石變法更進一步，"廢諸科，專以進士一科取士"，同時"設新科明法"作為過渡，祇允許變法以前應諸科的人應考，考試的主要內容是法律。王安石變法後，新科明法雖沒有被廢除，但是經義成了考試的重要內容，其比重甚至超過了法律。後又詔以"經義定去留，律義定高下"，考試是否通過，看的是考生的讀經水平；對法律的瞭解程度，是決定成績的高低。這一系列的變化和發展，整體上顯示出唐宋國家對法吏通經的要求在逐漸提高，專門學習法律者越來越難以當官，所以法律被視為"小道"，明法被視為"下科"。在一定程度上，明法科成為選拔低級法律專員的渠道，最終在南宋消失。明法科的消失，應當說是統治者對法吏通經這一客觀要求的結果之一。

再者，明法一科的消失，也並不代表士大夫的法律素養不如從前，古人有其自己的考慮。唐人趙匡《舉選議》一文論曰："不習經史，無以立身；不習法理，無以效職。人出身以後，當宜習法。"（《通典》卷一七）趙匡認為某人在未入仕時應當學習經史，入仕後則需要學習法律，揭示出學習法律是為官的基本條件。較之明法未取消的唐朝，宋朝對官員法律素養的要求，有進一步的提高，宋太宗強調"夫刑法者，理國之準繩，御世之銜勒。……應朝臣、京官及幕職州縣官等，今後並須習讀法書"，還頒佈《令中外臣僚讀律詔》，令"中外臣僚，宜令公事之外，常讀律書，務在研精，究其條約"。（均見《宋大詔令集》卷二〇〇）

出仕之前學習經史，入仕之後要學習法律，這種認識在之後的科舉考試中逐漸體現出來。北宋中期，神宗下令："自今進士、諸科同出身，及授試監簿人，並令試律令、大義或斷案，與注官。如累試不中或不能就試，候二年注官。"兩年以後進一步規定："進士及第，自第一人以下注官，並先試律令、大義、斷案。"前一個詔令規定，一部分進士出身者需要加試法律，兩年以後則要求所有獲得進士出身的人都要加試法律。具體的考試內容，宋太宗時規定由"吏部關試"，讓獲得進士出身者在當官前，試判三道具體的案子，合格後纔能夠釋褐授官。神宗以後又規定進士、諸科等並令試律、大義或斷案纔能授官，即要求考核律令的條文及其具體的使用，合格後纔能夠授官。這些規定促成了北宋時期所謂"天下官吏皆爭誦律令"的局面。可以說宋代士大夫的法律素養，並沒有因為明法科、律學的消失而降低，而是將法律的學習融入官員自身素養的提高，以及科舉考試的具體內容中。對於專門學習法律的人，司馬光評價說："至於律令敕式，皆當官者所須，何必置明法一科，使為士者豫習之？夫禮之所去，刑之所取，為士者果能知道義，自與法律冥合。若其不知，但日誦徒流絞斬之書，習鍛煉文致之事，為士已成刻薄，從政豈有循良？"（《續資治通鑑長編》卷三七一）在法律的相關知識成為士大夫必備的知識以及為官的基本素質後，單純的律學就失去了存在的意義。因此，律學的消亡並不是像程樹德所說的"士大夫始鮮知律"的原因，而是在重經義、重儒學的大背景之下，統治者要求士大夫知律的結果。[1]

　　這樣，"通經術、明吏事、曉法律"的宋代士大夫，使得兩宋的士大夫政治達到了一個新的境界。唐朝著名的政治家如房玄齡、杜如晦等人，在文學上並沒有很高的造詣，文學上著名的李白、杜甫，在政治上沒有什麼作為。而在宋代，范仲淹、蘇軾、王安石等人，在政治、文學等領域都很突出。有學者指出，宋代士大夫是一個綜合素質十分突出的群體。余英時認為，"'以天下為己任'，可以視為宋代'士'的一種集體意識，並不是極少數理想特別高遠的士大夫所獨有。"[2]宋代這樣一個綜合素質比較高的士大夫群體，共同把承擔國家職責、參與政務當成人生理想，宋代的士大夫政治達到了一個更高的發展程度。從東晉的"王與馬共天下"到兩宋的"與士大夫治天下"，

1　參葉煒：《論魏晉至宋律學的興衰及其社會政治原因》，《史學月刊》2006年第5期。
2　余英時：《朱熹的歷史世界》，北京：生活·讀書·新知三聯書店，2011年，第219頁。

其中顯示了從東晉到兩宋時期巨大的社會、政治制度變遷。

四、宋代的經濟發展

本講最後，簡要談一談宋代的經濟發展。提到經濟的發展，就會說到古代代表經濟發展最核心要素的人口和土地數字。唐朝的墾田數約合今天的六億畝，宋代則進一步發展，達到了七億畝以上。這個數字不僅前代沒有達到，後來的元朝也沒有超過這個數額。學者估計，兩宋時期的人口峰值已突破一億，[1] 意味著宋代的經濟發展水平，達到了一個新的高度。不僅農業繼續進步，尤為值得重視的，是兩宋時期海外貿易、商品經濟的發展。

宋代農田水利技術進步明顯，改造低窪地，"內以圍田，外以圍水"，與水爭田的造田方法進一步發展，圩田（圍田）在江南水鄉大規模擴展。灌溉器具的普及，使山鄉變山為田的梯田也發展起來。成熟早、抗旱能力強的"占城稻"等新的糧食作物品種逐漸推廣。一年兩熟的耕作制度在南方也已漸漸普及。重點討論水稻栽培種植的《陳旉農書》的問世，顯示了江南水田農業技術的進展。雖然對以上新技術實際上多大程度推進了兩宋江南農業生產力發展還存在爭論，但是兩宋江南農業有所發展，並且為以後增長奠定了重要基礎，是沒有問題的。

宋朝的對外貿易發達，主要通過海路進行，輸出的商品以絲織物

---

1 吳松弟推測北宋末年人口達 1.3 億，見吳松弟：《中國人口史》第三卷，上海：復旦大學出版社，2000 年，第 352 頁。

和瓷器為主。20世紀80年代，水下考古發現了一艘宋代商船，全長三十米，是目前所發現的最大的宋代船隻，被命名為"南海Ⅰ號"。對這艘船小規模地考察，就發現了四千五百餘件文物。文物專家推測，這艘宋船在考古學上的價值和影響力，甚至不亞於西安的秦始皇陵兵馬俑。2007年，"南海Ⅰ號"被整體打撈出水。清理船體後，發現存儲貨物的船艙保存比較完好，從裏面出水的文物達十八萬件之多（圖9.5），其中以瓷器和鐵器數量最大。"南海Ⅰ號"所運載的部分瓷器，與宋代一般瓷器頗有不同，如喇叭口的大碗和福建德化窯碗，它們與阿拉伯、東南亞地區使用的碗比較類似；還有一些陶瓷首飾盒，其式樣、造型和風格也與當時國內的物件有較大差別，它們或是專門為海外客戶製作的大宗日常用品。學者推測，"南海Ⅰ號"有可能是由福建泉州啟航，駛向東南亞或南亞進行瓷器和鐵器貿易的南宋民間商船。[1]宋代海外貿易相當發達，南宋負責管理海外貿易事務的市舶司，年收入達二百萬貫，佔到南宋中期國家收入的3%左右。[2]

圖9.6中右側這幅圖是左側這塊宋代銅版印出來的，這塊銅版是現存世界上最早的印刷商標、廣告實物。上寫"濟南劉家功夫針鋪"幾個字，中間畫了一隻小白兔兒，白兔的兩側寫有"認門前白兔兒為記"的字樣，下面還有相關的介紹："收買上等鋼條，造功夫細針，不誤宅院使用。客轉興販，別有加饒。請記白。"宋人莊綽的《雞肋

1　關於"南海Ⅰ號"的發掘過程和考古收穫，參孫鍵：《宋代沉船"南海Ⅰ號"考古述要》，《國家航海》第24輯，2020年。

2　參漆俠：《中國經濟通史‧宋代經濟卷》，北京：經濟日報出版社，1999年，第1190—1191頁。

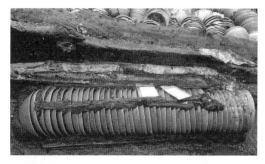

圖9.5 "南海Ⅰ號"出水部分瓷器

圖9.6 宋廣告銅版及所印製廣告

編》裏也有類似廣告營銷的記載："京師凡賣熟食者，必為詭異標表語言，然後所售益廣。" 這是前代沒有出現過的新現象，是宋代商品經濟發展的縮影。

閱讀書目

鄧小南:《祖宗之法:北宋前期政治述略(修訂版)》第三章、結語,北京:生活・讀書・新知三聯書店,2014 年。

余英時:《朱熹的歷史世界:宋代士大夫政治文化的研究》第二章、第三章,北京:生活・讀書・新知三聯書店,2011 年。

李劍農:《宋元明經濟史稿》第一章,北京:生活・讀書・新知三聯書店,1957 年。

李伯重:《"選精"、"集粹"與"宋代江南農業革命"——對傳統經濟史研究方法的檢討》,載李伯重:《理論、方法、發展趨勢:中國經濟史研究新探》,北京:清華大學出版社,2002 年。

黃寬重:《曲盡幽微 闡發新義 ——鄧小南〈祖宗之法 ——北宋前期政治述略〉評述》,《中國史研究》2012 年第 3 期。

葛兆光:《拆了門檻便無內無外:在政治、思想與社會史之間 ——讀余英時先生〈朱熹的歷史世界〉及相關評論》,《書城》2004 年第 1 期。

第十講

● 騎馬民族國家：遼、金、元

"騎馬民族國家"的稱呼，來自日本學者江上波夫的名著《騎馬民族國家》，他以此來指代以游牧民族為主，也包括狩獵、半獵半農、半獵半牧、半農半牧等民族所建立的政權。[1] 把由契丹建立的遼（907－1125）、女真建立的金（1115－1234）、蒙古建立的元朝（1271－1368）這三個北方民族創建的國家放在一起講，主要原因在於它們的時代銜接，其統治也共同在中國古代的歷史中產生了深遠影響。本講主要圍繞三個問題進行闡述，即遼代的二元體制、金的入主中原、元朝漢化的遲滯與早衰。

　　中國古代，北方少數族在入主中原後，都有如何穩固自己政權的問題，其中也都蘊含著統治漢地、吸收漢制的過程。呂思勉認為："在歷史上，最威脅中國的是北族。他們和中國人的接觸，始於公元前4世紀秦、趙、燕諸國與北方的騎寇相遇，至6世紀之末五胡全被中國同化而告終結，歷時約1000年。其第二批和中國的交涉，起於4世紀後半鐵勒侵入漠南北，至10世紀前沙陀失卻在中國的政權為止，歷時約600年。從此以後，塞外開發的氣運，暫向東北，遼、

1　江上波夫：《騎馬民族國家》，張承志譯，北京：光明日報出版社，1988年，第5－6頁。

金、元、清相繼而起。其事起於 10 世紀初契丹的盛強……這三大批北族，其逐漸移入中國，而為中國人所同化，前後相同。惟一二期，是以被征服的形式移入的，至第三期，則係以征服的形式侵入。"[1] 呂思勉的 "中國"，指的是中原王朝。日本學者宮崎市定認為："民族的自覺最盛，曾為東洋歷史開一新紀元的，是五代時崛起於北方的契丹民族。"[2] 姚大力提出："10 世紀上半葉以後建立的遼、金、元、清等王朝，都是真正 '征服型' 的王朝。它們都在一段很短的時間裏將一大部分漢地社會納入自己的版圖，同時始終把位於內陸亞洲或其伸延地區的 '祖宗根本之地' 視為領土構成中的重要部分，把它當作自己族裔和文化認同的珍貴資源。"[3] 以上學者均指出，10 世紀以後這些北族政權與此前少數族政權的差異，在於具有征服的某些特點，並且它們在漢化的同時，也都或多或少地強調對本族文化的認同。

一、遼代的二元體制

《東都事略》簡略記述了契丹和遼興起的過程："遼國，即契丹也。蓋東胡之種，在潢水（今內蒙古西拉木倫河）之南，本鮮卑之舊地也。自後魏（北魏）以來，名見中國。……〔耶律〕阿保機強併八部為一部，乃僭稱皇帝，自號天皇王，稱年曰神冊（916）……〔後〕

1　呂思勉：《呂著中國通史》，上海：華東師範大學出版社，1992 年，第 425－426 頁。

2　宮崎市定：《東洋樸素主義的民族和文明主義的社會》，劉永新、韓潤棠譯，北京：商務印書館，1962 年，第 88 頁。

3　姚大力：《中國歷史上的民族關係與國家認同》，載姚大力：《追尋 "我們" 的根源：中國歷史上的民族與國家意識》，北京：生活·讀書·新知三聯書店，2018 年，第 15 頁。

晉高祖（石敬瑭）立，求援於〔耶律〕德光，割幽、薊十六州與之。"
契丹建國後與中原交往中很重要的一件事，就是上述後晉石敬瑭割幽
薊十六州或稱燕雲十六州給契丹。明末清初的王夫之在《讀通鑑論》
卷二九中稱之為"授予奪之權於夷狄"，"於是而生民之肝腦，五帝
三王之衣冠禮樂，驅以入於狂流。契丹弱而女直（女真）乘之，女直
弱而蒙古乘之，貽禍無窮，人胥為夷"。王夫之將此事與後來北方民
族的發展，以及北方民族對中原的威脅結合起來。錢穆的看法與之
類似："此十六州既為外族所踞，從此中國北方迤東一帶之天然國防
綫，全部失卻，大河北岸幾無屏障。中國遂不得不陷於天然的壓逼形
勢下掙扎。"[1]

　　契丹在其發源地即今天的東北地區，經過較長時間的發展，形成
了獨具特色的文化、風俗。圖 10.1、圖 10.2 分別描繪了契丹男子和
契丹女子的形象，男子剪髮"妥其兩髦"（沈括《熙寧使虜圖抄》），
兩鬢留著比較長的頭髮，頭頂剃禿。"良家士族女子皆髡首，許嫁，
方留髮"（《雞肋編》卷上），女子在未婚時也要剃頭髮，結了婚以後
纔把頭髮留起來。還有記載說，契丹生活的地區，冬天寒風凜冽，女
子保護皮膚的方法，是把叫瓜蔞的植物碾碎成粉末，然後敷在臉上，
等春天來時洗掉，可以保持皮膚潔白如玉。這種粉末是金黃色的，所
以在當時又被稱為"佛妝"。

　　文字是一個民族歷史、文化的重要載體。此前入主中原的多數北
方族群，祇有自己的語言而沒有本族的文字，而契丹以後入主中原的

1　錢穆：《國史大綱》，北京：商務印書館，1996 年，第 511 頁。

圖 10.1　契丹男子像

圖 10.2　契丹女子像

圖 10.3　契丹小字銅鏡

圖 10.4　耶律祺墓誌（局部）

北方諸族都形成了自己的文字，文字是他們族群認同加強的重要基礎之一。契丹有兩種文字，一種是契丹小字，它是一種拼音文字，自從上世紀 20 年代被發現以來，對契丹小字的研究已取得相當大的進展，目前部分可以被識別出來。圖 10.3 是一面契丹小字的銅鏡，銘文是"壽長福德"。另一種是契丹大字，圖 10.4 就是著名的尚存兩千八百餘字的契丹大字耶律祺墓誌，對契丹大字的解讀工作至今遠未完成。

契丹從太祖耶律阿保機到天祚帝，一共九位皇帝。其中，遼聖宗在位的五十年（982—1031），是遼最為鼎盛的時期。遼代政治最顯著的特點是"二元體制"。遼佔據了燕雲十六州，遼宋對峙的分界綫已進入中原地區。對遼來說，其控制的地區分成了兩部分，一部分是遼興起的舊地，以半游牧、半農耕為主，一部分是中原地區，包括以前的渤海國地區，以農耕為主。正因為需要同時控制兩種地區，所以其政治的重要特點，在於因俗而治基礎上的"二元體制"，即"以國制治契丹，以漢制待漢人"。具體表現在以下這些方面。

首先是國號問題。遼行用的國號，有漢文和非漢文之分。漢文的國號，或稱大契丹，或稱大遼，或二者並稱。在 10 世紀後期，大遼指的是燕雲漢地，大契丹指的是遼故地，而非漢文的國號則是哈喇契丹。出現兩種國號的原因，當是針對不同的地域和人群出發的。劉浦江認為："遼朝的漢文國號，主要是針對漢人及部分漢化程度較深的契丹人的。由於對漢地統治的需要，漢文國號曾幾度變更，或稱'大契丹'，或稱'大遼'，或兩者並用。而遼朝的契丹文國號，則是針對契丹人及其他北方民族的。從現有材料來分析，契丹人可能始終都自稱他們的國號為'哈喇契丹'。漢文國號和契丹文國號的歧異，正是遼朝二元體制的一種表現。"[1]

更集中、更明顯的"二元體制"表現，反映在遼代政治制度設計上。《遼史·百官志》載："太祖神冊六年（921），詔正班爵。至於太宗，兼制中國，官分南、北，以國制治契丹，以漢制待漢人。國制簡樸，漢制則沿名之風固存也。遼國官制，分北、南院。北面治宮帳、部族、屬國之政，南面治漢人州縣、租賦、軍馬之事。因俗而治，得其宜矣。""以國制治契丹，以漢制待漢人"，二元體制的特點頗為明顯。

具體來說，北、南面官制的核心，是並立的北樞密院和南樞密院，分別作為北面、南面官的最高機構。北面官制大量保存契丹部落舊制，包括北、南大王院，管理皇族事務的大惕隱司，管理后族事務的大國舅司，管司法的夷離畢院，執掌起草文書的大林牙院，以及管理禮儀事務的敵烈麻都司等。這些機構的名稱，不見於以前王朝，均為契丹舊制。南面官制則不同，設有中書省、御史臺、大理寺、翰林院等傳統漢地機構。在地方，同樣也是兩套制度並行。在契丹、奚，以及其他草原民族居住地，實行部族制，由節度使管理；漢人和渤海人居住的地區，則利用中原傳統的管理辦法，設置州縣。

二元體制的其他表現，則是遼代制度中反映出的游牧特色。首先，遼存在一些特殊的區域，不完全由國家掌控，而是隸屬於斡魯朵

1 劉浦江：《遼朝國號考釋》，載劉浦江：《松漠之間 —— 遼金契丹女真史研究》，北京：中華書局，2008 年，第 50 頁。

和頭下。"斡魯朵"是宮帳、宮殿的意思。遼代每一個皇帝即位以後，都建有自己的斡魯朵，下面有直屬軍隊、民戶、奴隸、部族州縣，構成一個獨立的經濟軍事單位。斡魯朵為皇帝私有，皇帝死後由其家屬後代繼承。與之類似的，還有屬於貴族私有的"頭下"。"頭下"全稱"頭下軍州"，或稱"投下軍州"。貴族將俘虜或皇帝賞賜的人口自置城堡進行管理，即為"頭下"，因此又被稱為"私城"。在頭下中，"徵稅各歸頭下，唯酒稅課納上京鹽鐵司"（《遼史‧地理志一》）。這種存在私屬領地的現象，其實也是國家發展初期，在各種制度尚未成熟時常見的現象，如漢初郡國並行制下的諸侯國。

其次是首都制度。文獻記載，遼有五京，分別是上京臨潢府（今內蒙古巴林左旗）、中京大定府（今內蒙古寧城）、南京析津府（今北京）、東京遼陽府（今遼寧遼陽）、西京大同府（今山西大同）。然而實際上，並不能認為遼朝真的有五個都城，更應將它們視為五個鎮撫地方的首府。其原因在於，遼的皇帝並非常駐在五京，更多的時候，皇帝遊走於"四時捺鉢"之中，捺鉢纔是當時真正的首都和朝廷。"捺鉢"是契丹語，意思為"行在"，皇帝在哪裏，哪裏就是行在。遼朝皇帝和大部分貴族、高級官員，一年四季都往返於四時捺鉢之間，不僅有關游牧各部的重大問題都在這裏決策，漢地一切重要的政務也都從這裏取旨處理。具體來說，四時捺鉢分別稱為"春水"、"納涼"、"秋山"、"坐冬"，地點並不固定，大多分別在長春州、炭山、慶州伏虎林、永州廣平淀。春捺鉢從正月上旬到四月中旬，捕鵝、釣魚；夏捺鉢從四月中旬到七月中旬，避暑、議政、游獵；秋捺鉢從七月中旬到十月，射鹿；冬捺鉢從十月至正月上旬，避寒、議政、獵虎。

各捺鉢都有狩獵的內容，與契丹具有狩獵游牧的傳統生產生活方式相關。

在捺鉢中，處理政務是十分重要的，同時也能使遼代皇帝加強對周邊族群政治勢力的考察。遼代後期天慶二年（1112），遼帝至春州，"界外生女直酋長在千里內者，以故事皆來朝。適遇'頭魚宴'，酒半酣，上臨軒，命諸酋次第起舞；獨阿骨打辭以不能。諭之再三，終不從。他日，上密謂樞密使蕭奉先曰：前日之燕，阿骨打意氣雄豪，顧視不常，可託以邊事誅之。否則，必貽後患"（《遼史·天祚皇帝本紀》）。這裏就體現出捺鉢的政治意義。雖此時遼天祚帝已對完顏阿骨打有所警覺，但畢竟沒有除掉他，最終阿骨打帶領女真崛起，建立了金朝。

二、金朝之入主中原

金朝是女真族建立的王朝。女真，古稱肅慎，五代時，始稱女真。《三朝北盟會編》卷三記載："契丹阿保機乘唐衰亂，開國北方，併吞諸番三十有六，女真其一焉。阿保機慮女真為患，乃誘其強宗大族數千戶，移置遼陽之南。以分其勢，使不得相通。"契丹崛起以後，耶律阿保機考慮到女真可能產生的問題，於是把其中的強宗大族，移民到今遼陽以南地區，編入戶籍，使其處於契丹的控制之下。這樣一來，女真內部產生了分化，分為生女真與熟女真。《金史·世紀》記載："五代時，契丹盡取渤海地，而黑水靺鞨附屬於契丹。其在南者籍契丹，號熟女直（女真）；其在北者不在契丹籍，號生女直（女真）。生女直地有混同江、長白山，混同江亦號黑龍江，所謂'白山、黑水'是也。"金朝的建立者，是生活於今天黑龍江地區的生女真完顏部。

完顏阿骨打是女真族的一位英雄人物。他在女真發展史上的地位與契丹的耶律阿保機類似，都是統一了分散的部落，建立起一個規模更大的部落聯盟，並在此基礎上建國。1114 年，完顏阿骨打起兵反遼，次年稱帝，建國號金，是為金太祖，定都會寧府（今黑龍江哈爾濱市阿城區南），稱為上京，十年後的 1125 年滅遼。緊接著在北宋靖康元年（1126），金分兵兩路，南下攻破開封，俘虜宋徽宗、欽宗兩個皇帝及其后妃、皇子、貴戚，北宋滅亡，這就是《滿江紅》中所說的"靖康恥"。

金朝初期的制度，還有一定的部落聯盟色彩。在中央，實行的是"勃極烈輔政制"。"勃極烈"是女真社會中的部落酋長，權力很大。金政權建立以後，勃極烈主要由女真宗室貴族擔任，人數不定，但存在一定的地位等級差別，如有諳版勃極烈（即大勃極烈）、國論勃極烈、阿買勃極烈等。在地方，實行的是猛安謀克制。"猛安謀克"是女真原有的社會組織，金朝建立以後將其制度化，每三百戶編為一謀克，十謀克為一猛安。戰則以之統軍（或稱百夫長、千夫長），平時則按其進行行政管理。其"亦軍亦民"的特點，在中原國家建立初期以及北族政權中都比較常見。

所謂金之入主中原，主要是指與遼相比，金朝所控制的漢地範圍更大。金與南宋之間有過多次交鋒。12 世紀中，也就是南宋紹興、隆興年間，在金和南宋簽訂了一系列條約後，兩國的邊界大致穩定在淮水、大散關一綫，金的政治和經濟中心也由北向南轉移，越來越多的女真人定居於中原地區，這是金之漢化比遼之漢化更為深入的重要背景。金世宗時，梁襄云："本朝與遼室異，遼之基業根本在山北之臨潢。……我本朝皇業根本在山南之燕。"（《金史・梁襄傳》）遼的基業根本在"山北之臨潢"，即今天內蒙古東部地區；金的根本"山南之燕"，即今天的北京地區。"根本在山南之燕"的認識，反映了金朝人對其立國之本的看法。可以認為，遼朝始終堅持草原本位，明顯地體現在它的二元體制和一些游牧習俗、制度的保留上；而金朝則在海陵王時代，正式確立了漢地本位政策。

海陵王是通過政變殺害了他的堂兄金熙宗後，纔坐上皇位的。從金的正統觀來看，海陵王並沒有被列入金朝皇帝序列的資格。在得位不正的背景下，海陵王為了脫離舊勢力的制約和束縛，必須進行一些制度上的改革，調整各種利益關係，鞏固自己的帝位。於是，他擴建燕京城，並在 1153 年正式遷都於此，定名"中都大興府"；同時拆毀上京的宮殿，將居於上京的宗室、貴族及其猛安謀克遷入內地；太祖、太宗的陵寢，也一併遷至中都近郊（今北京市房山區。圖10.5 是分別位於哈爾濱和北京的金太祖睿陵遺址及北京睿陵的墓穴、

圖 10.5　金太祖陵（哈爾濱）遺址與金太祖陵（北京）墓穴與石棺

石棺）。此舉標誌著金統治重心的內移，也是北京作為古代王朝都城的開始。在遷都的同時，海陵王還下令拆毀了會寧府的舊宮殿、宗廟、諸大族宅第及儲慶寺，並"夷其址而耕種之"（《金史·海陵王本紀》），力圖徹底割斷與舊勢力的聯繫。這與北魏孝文帝漢化改革時遷都洛陽的舉措有異曲同工之處。

在海陵王之前，制度上的變革已在進行，這些舉措的主要目的並不在於漢化，而在於擺脫初期勃極烈輔政體制的制約，以加強皇權。金熙宗即位後，廢除勃極烈會議，建立聽命於皇帝的三省六部等機構，極大地減弱了貴族專政的色彩。海陵王延續加強皇權的方向，"罷中書、門下省，止置尚書省"（《金史·百官志一》），真正邁出了從唐中後期以來，從三省到一省變革的關鍵一步。為什麼是北方民族完成了這一關鍵性的變革？其原因當與北方民族沒有沉重的歷史包袱有關，他們並不十分瞭解漢制的制度深意，相比著眼於犬牙交錯的權力制約，北族統治者更加注重實際效率，所以更能夠對唐宋舊制進行大刀闊斧的改革。[1]

另外，法律方面也有相應的調整。海陵王之後，金章宗於泰和元年（1201）完成修律。金律以《唐律疏議》為模板，完全沿襲唐律十二篇的篇目體例，在量刑方面做了部分調整，"加贖銅皆倍之，增徒至四年、五年為七，削不宜於時者四十七條，增時用之制百四十九條，因而略有所損益者二百八十有二條，餘百二十六條皆從其舊。

1　參張帆：《回歸與創新 —— 金元》，載吳宗國主編：《中國古代官僚政治制度研究》，北京：北京大學出版社，2004 年，第 310 — 313 頁。

又加以分其一為二、分其一為四者六條，凡五百六十三條，為三十卷，附注以明其事，疏義以釋其疑，名曰《泰和律義》"（《金史·刑志》）。法律是一個時代政治、社會秩序的基本規範，以唐律為基礎修訂的金律，是金漢化措施的重要表現。

金在進入中原以後，社會也發生了明顯的變化，尤其體現在猛安謀克的變化上。金和南宋的邊界大致確定在淮水、大散關一綫後，金朝為了加強對中原的控制，將基層軍事組織猛安謀克從東北移入中原的華北、陝西、隴右之地，名為"屯田軍"。與契丹以狩獵游牧為主的生產方式不同，女真更多地以農耕為主，雜以游牧狩獵。不過其農耕與中原地區的精耕細作相比，還是有比較顯著的差別，這些遷移到中原的猛安謀克戶，不太適應這種轉變，加上他們本屬於金的特權階層，生活上極度依賴國家的支持，不思進取，漸漸出現"積貧"的問題。史稱猛安謀克戶"惟酒是務"（《金史·食貨志二》），不事生產，"游惰之人，不知耕稼，群飲賭博，習以成風"（《金史·陳規傳》）。元雜劇《虎頭牌》裏，也以猛安謀克戶的口吻說："我無賣也無典，無吃也無穿，一年不如一年。"

猛安謀克入居中原以後，深受中原文化的影響，穿漢服，說漢語，仿照漢族地主的享樂生活，使得本民族的尚武精神逐漸淪喪，逐漸走向"積弱"。《歸潛志》卷六載金朝建立以後，"諸女直世襲猛安謀克，往往好文學，喜與士大夫遊"。《金史·徒單克寧傳》記載了當時人的評論："承平日久，今之猛安謀克其材武已不及前輩，萬一有警，使誰禦之？習辭藝，忘武備，於國弗便。"統治者雖意識到了積弱的問題，並有所補救，但成效並不顯著。這樣，猛安謀克的"積貧積弱"問題便成為金日後淪亡的重要原因之一。

北方諸族統治漢地,多少都有一定程度的漢化,金在其中是屬於漢化程度較高的。一是它本身與契丹、蒙古相比,農耕的成分較多,容易接受漢地傳統的政治、經濟等制度;二是它統治的漢地比遼要廣闊,對利用漢地制度的需求也更高一些。值得注意的是,對北族來說,漢化是一把雙刃劍,一方面,漢化有利於鞏固他們在漢地的統治;另一方面,漢化也會削弱他們本族的文化傳統,如在深刻反映民族習俗的墓葬方面,海陵王遷都後女真貴族墓葬的漢化是相當明顯的。[1] 金的猛安謀克的"積弱積貧",即是這種漢化的負面影響,所以古人稱"金以儒亡"並不是沒有道理的。

迄於金末,國家的戰鬥力相比於金初,已不可同日而語。趙翼《廿二史劄記》卷二八"金用兵先後強弱不同"條評價稱:"金之初起,天下莫強焉。……十數年間,滅遼取宋,橫行無敵。……而猛安謀克之移入中原者,初則習於晏安,繼則困於饑乏……及蒙古兵一起,金兵遇之,每戰輒敗……望風奔潰,與遼天祚、宋靖康時之奔降,如出一轍。……其始也以數千人取天下而有餘,其後以天下之兵支一方而不足。"若想深入瞭解金的發展以及金的漢化問題,還可參考劉浦江《女真的漢化道路與大金帝國的覆亡》等文章。[2]

1　參吳敬:《金代女真貴族墓漢化的再探索》,《考古》2012 年第 10 期。
2　收入劉浦江:《松漠之間——遼金契丹女真史研究》,北京:中華書局,2008 年。

三、元朝漢化的遲滯與早衰

下面談談大蒙古國和元朝的問題。蒙古族興起於蒙古高原。所謂"蒙古高原"，指的是陰山以北，大興安嶺以西以及阿爾泰山以東的地區，是中國古代北族興起的搖籃。其中，鮮卑、契丹、蒙古都是東胡的後裔。蒙古的先民，在唐代被稱為"蒙兀室韋"，居住的地區大致在今天的額爾古納河流域。一般認為，在840年回鶻汗國滅亡後，蒙古族西遷。12世紀時，蒙古高原諸部並立。

如前文所述，北方諸族的勃興，多以由部落走向部落聯盟為契機，蒙古也不例外。當時蒙古諸部的英雄人物，就是被譽為"一代天驕"的成吉思汗。成吉思汗原名鐵木真，他為了給被其他部落殺害的父親報仇，開始了統一各游牧部落集團的歷程，最終在1206年統一了蒙古草原，建立了大蒙古國。大蒙古國一直延續到1271年元朝建立。蒙古自己的歷史《蒙古秘史》，描述了當時諸部混戰的狀況："有星的天空旋轉，諸部落混戰，沒有人進入自己的臥室，都去互相搶劫。有草皮的大地翻轉，諸部落紛戰，沒有人睡進自己的被窩，都去互相攻殺。"[1]《蒙古秘史》是一部很重要的歷史文學著作，不僅能幫助我們瞭解蒙古的早期歷史，而且對理解其他北方民族的興起歷程也多有啟發。它的版本較多，這裏推薦余大鈞譯注的版本（圖10.6）。

圖10.7是成吉思汗的畫像。南宋人趙珙在《蒙韃備錄》中描述鐵木真時說："韃主忒沒真者，其身魁偉而廣顙長髯，人物雄壯，

---

[1] 余大鈞譯注：《蒙古秘史》，呼和浩特：內蒙古大學出版社，2014年，第464—465頁。

圖 10.6 《蒙古秘史》書影　　　　　　圖 10.7　成吉思汗畫像

所以異也。……其人英勇果決，有度量，能容眾，敬天地，重信義。"1206 年，鐵木真統一了蒙古草原，建立了大蒙古國，稱成吉思汗。作為蒙古民族的締造者，他在蒙古人眼中有崇高的地位，他的家族也被稱為"黃金家族"。"汗"是古代北方民族首領的尊稱，而"成吉思"的含義則眾說紛紜：法國漢學家伯希和認為"成吉思"是海洋的意思，近年來有學者主張"成吉思"意為"強有力的"。

　　大蒙古國建立以後，成吉思汗創立了一系列制度，對當時的政治以及之後的元朝，有著巨大、深遠的影響。首先是千戶、百戶制度的建立，將全體草原牧民按照千、百、十戶的方式進行編制，組成 95 個千戶，由貴族世襲統領，既是軍事組織，也是基本行政單位，與金的猛安謀克，甚至是突厥、匈奴的相關制度都有類似之處，均為軍事單位與行政單位合一的制度。不過，成吉思汗創立的千戶、百戶制的關鍵在於，在編制千戶的過程中，被征服的部落被人為地拆散，再被重新編入不同的千戶中。民族產生的重要基礎之一是血緣關係，而千戶、百戶制則更具有官僚制的意義，雖然仍存在著一些沒有被拆散的部落，依舊由該部落的酋長擔任千戶、百戶的首領，但是也相應地把原來的領屬關係，改造成了官僚制的上級下級關係。由此，草原上原來的氏族逐漸瓦解，出現了統一的蒙古族。同時，由於這種做法打破了氏族、部落的血緣制或擬血緣制的傳統，北方地區產生新民族的根基蕩然無存，從前北方草原地區匈奴、柔然、高車、鮮卑、突厥、回鶻等族依次更迭的發展過程不再出現，從大蒙古國直到今天，蒙古草原地區再沒有出現新的民族。基於此，學者認為，這是漠北草原歷史上一個階段性的變化，使草原游牧國家的政治制度得以發展到新的階段。[1]

其次是怯薛護衛軍制度。"怯薛"是蒙古語"輪流值班"的意思，具體是指由蒙古貴族子弟充當大汗身邊的護衛親軍，同時作為大汗的近臣，參與軍政事務的策劃管理，很大程度上承擔了蒙古早期國家行政中樞的職能。怯薛職能的核心是保衛大汗，同時也要伺候大汗生活起居、管理日常政務，相當泛化。如"火兒赤"是佩弓矢環衛者，"云都赤"是帶刀環衛者，"必闍赤"是書記，"怯里馬赤"是譯史，"博兒赤"是司廚者等。這樣一個家國不分的執政群體的存在，當與國家

1 　參姚大力：《草原蒙古國的千戶百戶制度》，載姚大力：《蒙元制度與政治文化》，北京：北京大學出版社，2011 年；張帆：《中國古代簡史（第二版）》第十四章，北京：北京大學出版社，2015 年。

早期制度的發展有關，如錢穆在《國史大綱》中認為："郎官制度蓋為政制淺演之民族所必經之一級，如後世金人以世冑或士人為內侍，又如元之四怯薛制等，皆略相似。"[1] "郎官制" 產生於漢代，郎官由一些貴族子弟擔任，其基本職責與怯薛類似。另外，怯薛自身具有的特點也值得關注，怯薛與大汗之間有主奴關係，他們日夜陪伴大汗身邊。文獻記載，大汗與他的后妃在睡覺時，呼喚當晚值班的怯薛，怯薛沒有醒，於是大汗就讓后妃把怯薛踢醒。可見大汗即使在臥室，也並不避諱怯薛的存在，類似皇帝對宦官的態度。同時，怯薛在外又是國家重要的大臣，承擔著早期蒙古國行政中樞的職責。因而，把大汗與怯薛的主奴關係帶到了君臣關係中，這方面的影響對後世十分深遠，下文將再談。

再次是蒙古文字的創制。契丹、女真以後的族群都有自己的文字，對提高自身的族群認同起到了很大的作用，蒙古也是如此。成吉思汗下令在參考古回鶻文的基礎上創立了蒙古文，隨後便頒佈了自己的法典《大札撒》。

另外，蒙古國在地方設置了大斷事官札魯忽赤，或監臨官達魯花赤；大行分封；等等。

與創立制度同時，蒙古的對外戰爭也隨之展開，為大一統的創建奠定了重要基礎。首先是招降畏兀兒、滅西遼，滅西夏和金，成吉思汗在滅西夏期間去世。此外，大蒙古國更向西進行了大規模的對外戰爭，對整個世界歷史的格局都產生了深遠影響，這就是所謂 "三次西

1　錢穆：《國史大綱》，北京：商務印書館，1996 年，第 139 頁。

征"。第一次是從 1219 年到 1223 年，由成吉思汗指揮，消滅了花剌子模國；第二次是從 1235 年到 1242 年的"拔都西征"，其征戰的範圍更遠，一直打到了今歐洲地區的欽察、斡羅斯和東歐諸國，對俄羅斯和歐洲的歷史都產生了巨大的影響；第三次是從 1253 年到 1260 年的"旭烈兀西征"，消滅了波斯北部的木剌夷國、阿拉伯的黑衣大食國。木剌夷國是宗教極端派別建立的政權，其特點是多從事暗殺等恐怖活動。木剌夷國被滅後，當時的波斯歷史學家志費尼評論說"世界清靜了"。

西征以後，蒙古建立起一個地跨歐亞的大蒙古國。其中更值得關注的，是蒙古統治者對南方的控制問題。蒙古作為一個純粹的游牧族群，與契丹、女真有較大的差別，蒙古統治者並不熟悉農耕以及以此為基礎的管理體制。因此，蒙古在進入中原地區後，一直採取以大蒙古國的漠北草原為統治中心的態度，實行"草原本位政策"，對被征服地區則採取掠奪性剝削，使得中原地區的經濟遭到嚴重破壞，長期無法恢復。當時的近臣別迭甚至說："漢人無補於國，可悉空其人以為牧地。"（《元史·耶律楚材傳》）這體現出蒙古統治者對漢地的生產、生活、統治方式漠然無知，這種狀況直到忽必烈時期纔稍有改變。

忽必烈時期，在汗廷之外產生了相對獨立的四大汗國，分別為欽察汗國、伊利汗國、察合臺汗國、窩闊臺汗國。忽必烈出於長期經營漢地的經驗，對漢地的制度有更深入的瞭解，一定程度上提高了對漢地的重視程度。忽必烈的措施，首先是 1271 年改國號為"大元"，正式建立了元朝，在中國歷史上第一次實現了游牧地區和農耕地區的統一。秦漢之際，長城以北冒頓單于所建立的匈奴帝國與長城以南的秦漢帝國的兩個統一傳統延續到元，第一次完成了融合，學者認為元朝以後"大中國"變成常態，也為之後統一多民族國家的建立奠定了基礎。其國號"大元"來自《易經》的"大哉乾元"，也是蒙古統治者利用漢文化的表現。其次，在漢式官僚機構的基礎上有所承襲和創新，在中央設中書省，下轄六部，樞密院掌管軍事，御史臺掌監察，地方創立行省制等，建立一套漢式的機構。另外還有定都北京，改名大都等。圖 10.8 為元大都的示意圖。

元代行省制是具有代表性的制度創新。在元朝以前，省主要指中央機構而非地方機構。元的"省"是指中書省，"行省"就是"行中書省"的簡稱，它直接來源於金臨時派出、處理軍政事務的行尚書省，元的行中書省逐漸固定化，並成為元代地方的最高機構。元在滅金和南宋的過程中建立的若干個軍區就是行省劃分的基礎。與此前二級制、三級制的地方制度相比，行省制下的地方機構層級更多，大多數情況下屬於三級制或三級制分化出來的四級制。

元朝地域遼闊，但除中書省直轄區外，行省祇有十個。令人感興趣的是，規模如此巨大的行省為什麼沒有出現割據和分裂的情況？主要原因當有兩個：一是與行省範圍的設置有關。與唐代的"道"對比，更能夠說明問題。唐代的"道"是按照山川河流自然走向劃分的，便於觀察使進行巡查。如"河北道"即黃河以北、太行山以東的地區，"河南道"即黃河、淮河之間。元朝的行省設置卻恰恰打破了這些自然地理的區隔和障礙，如"河南江北行省"跨淮河南北；"陝西行省"則跨秦嶺而有漢中盆地；"湖廣行省"包括今天的湖南、湖

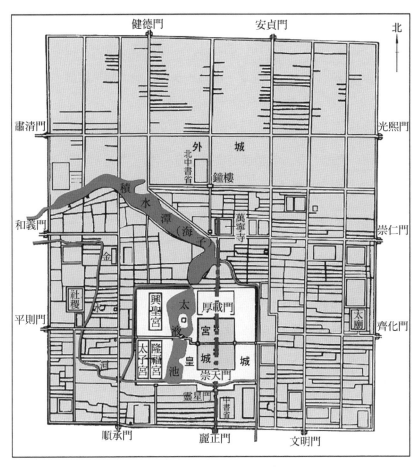

圖 10.8　元大都城平面復原示意圖

北，又跨南嶺而有廣西；"江西行省"則跨南嶺而有廣東等，極大地
消解了地方割據的因素。舉例來說，四川地域相對隔絕，歷代最容易
出現割據問題，而元代的四川，其北面的門戶秦嶺、漢中盆地卻分給
了陝西行省，因此有元一代，四川很少出現割據的問題。因此，清人
儲大文評論說："元代分省建制，惟務侈闊，盡廢《禹貢》分州、唐

宋分道之舊，合河南、河北為一，而黃河之險失；合江南、江北為一，而長江之險失；合湖南、湖北為一，而洞庭之險失；合浙東、浙西為一，而錢唐之險失；淮東、淮西、漢南、漢北州縣錯隸，而淮、漢之險失；漢中隸秦，歸州隸楚，又合內江、外江為一，而蜀之險失。"（魏源《聖武記》卷一二引）儲大文論述雖有一些不準確的地方，但很好地抓住了元統治者制度設計的精神。[1] 二是元朝是非漢族的政權，實行了比較嚴格的民族歧視政策，行省的長官以及行省中一些重要的職位，都是由蒙古、色目人擔任的，相比之下，他們更傾向於忠於蒙古族的政權，正如蕭啟慶所論："對蒙古統治者而言，地方分權之弊，可由種族控制之利來彌補。"[2]

元定都北京，是出於溝通南北的考慮，即所謂"幽燕之地，龍蟠虎踞，形勢雄偉，南控江淮，北連朔漠"（《元史·霸突魯傳》）。北京也留下了一些元大都遺跡。蒙古人有喜好飲酒的民族傳統，這在南宋趙珙《蒙韃備錄》的記載中也有所反映："韃人之俗，主人執盤盞以勸客，客飲若少留涓滴，則主人更不接盞，見人飲盡乃喜。……終日必大醉而罷。……凡見外客醉中喧鬧失禮，或吐或臥，則大喜，曰：客醉則與我一心無異也。"有趣的是，今天喝的高度白酒、燒酒，也是在蒙元時期纔出現的。北京北海團城上保留的"瀆山大玉海"（圖 10.9），就是至元二年（1265）製成的一個碩大的玉雕酒缸。

從元世祖忽必烈建立元朝至元順帝退出大都、北走塞外，歷時近

1　參周振鶴：《中國地方行政制度史》第七章第四節，上海：上海人民出版社，2005 年。
2　蕭啟慶：《元代的鎮戍制度》，載蕭啟慶《內北國而外中國：蒙元史研究》，北京：中華書局，2007 年，第 271 頁。

圖 10.9　瀆山大玉海

百年。中國古代建立的統一王朝大約能延續兩百年，與它們相比，元朝的百年統治則顯得尤為特殊。元的短命與其漢化遲滯所導致的早衰有一定關係。

首先，元的統治疆域很大，是中國歷史上第一次全部的漢地都由北族控制，但這並不意味著元的漢化程度必然更深。元朝統治者出自純粹的游牧族群，對理解以農耕生產、生活方式為基礎的漢制有較大困難，雖然忽必烈時期推行漢法，但是這些漢法的推行並不徹底。元朝有科舉制，但不像前代那樣定期舉行，且"開科舉、頒法典"等事也屢議不絕。與此相應的是大量蒙古舊制長期保留，還推行民族歧視、民族壓迫的政策。從選官來說，宋代以後，官員主要來自科舉及第的儒生，元朝則不同。元代姚燧認為，"大凡今仕惟三途，一由宿衛，一由儒，一由吏"（《全元文》卷三〇一），從官員來源看，宿衛出身佔 10%，儒生出身佔約 5%，胥吏出身佔約 85%。可以看出，元朝的官員主要來自作為宿衛的怯薛和基層的胥吏，對儒生並不重視，導致元朝官員素質良莠不齊。民族壓迫、歧視政策則將百姓分成四等人，即蒙古人、色目人、漢人、南人，蒙古人和色目人可以擔任重要職位，而漢人、南人則祇能擔任低級的官員，他們之間的法律、政治地位差別很大。在這樣的背景下，元朝的皇帝和蒙古貴族接受漢族文明的速度較慢，他們在相當長的時間內，對中原文明十分隔膜。清代史家趙翼認為這時期"不惟帝王不習漢文，即大臣中習漢文者亦少也"（《廿二史劄記》卷三），與漢文化素養很高的清代皇帝、大臣差別很大。對其原因，張帆論述說："蒙古建國後除漢文化外，還受到吐蕃喇嘛教文化、中亞伊斯蘭文化乃至歐洲基督教文化的影響，對本土文化貧乏的蒙古統治者來說，漢文化並不是獨一無二的藥方。"[1] 文獻亦載，元朝的太子上午接受儒生的教導，下午接受喇嘛的教導，他認為喇嘛講的藏傳佛教的內容十分好懂，而對儒生講的並不是很有興趣，這明顯地反映了元朝受到多元文化的影響。

其次，從生產生活方式角度看，蒙古族在進入中原以前，從事的是比較單純的游牧、狩獵經濟，對漢族農業文明幾乎全無接觸和瞭解，很難理解農業經濟及其相關上層建築、意識形態的重要性。另外，儘管橫跨歐亞的蒙古帝國已經分裂為元朝和四大汗國，但是在相當長的時間內，元朝在名義上還是蒙古世界帝國的一部分，漠北草原在國家政治生活中佔有重要地位，政權中仍然存在一個強大而保守的

1　張帆：《中國古代簡史（第二版）》，北京：北京大學出版社，2015 年，第 254 頁。

草原游牧貴族集團，這就使得元朝統治者不能擺脫“草原本位政策”的影響，長期難以做到完全從漢族地區的角度出發處理問題。

儘管元朝的漢化遲滯帶來了國家的早衰，但仍不可忽視元對此後中國歷史的影響。元朝不僅為之後統一多民族國家的建立奠定了基礎，而且對皇帝制度也產生了深刻的影響，可以說，在明清達到巔峰的專制集權君主制，即濫觴於金元。元的統治者雖是皇帝，但在蒙古人眼中就相當於大汗，由於本族傳統的影響，大汗的權力和權威都相當強大。志費尼的《世界征服者史》記載，大汗手下的將領，“他們的服從和恭順，達到如此地步：一個統帥十萬人馬的將軍，離汗的距離在日出和日沒之間，犯了些過錯，汗祇需派一名騎兵，按規定的方式處罰他：如要他的頭，就割下他的頭，如要金子，就從他的身上取走金子”[1]，顯示出大汗對其手下有著極強的控制力。這種傳統通過政權的轉換，帶到了元朝的君臣關係中，使得此後的君臣關係出現了新的變化。忽必烈自己就說，“凡有官守不勤於職者，勿問漢人、回回，皆論誅之，且沒其家”（《元史·世祖本紀》），對大臣可殺可打；而宋代君主一方面強調忠君，一方面以“禮臣”精神為指導，與士大夫共治天下，皇帝不輕易殺、打士大夫，二者的差異表現得十分明顯。

再次，怯薛是國家重要官員的主要來源，使得他們與大汗之間的主奴關係影響到了君臣關係。文獻曾記載，一位御史臺的官員在成宗即位以後，給成宗表忠心時說：“如今皇帝新即位，歹奴婢每比之在

1　志費尼：《世界征服者史》，何高濟譯，北京：商務印書館，2017 年，第 30—31 頁。

前，更索向前用心出氣力。"對此，姚大力有論："主奴觀念進入元代君臣關係是受蒙古舊制影響的結果，並且它已經滲透到漢式的皇帝—官僚關係中間。"[1] 周良霄、顧菊英在肯定元朝統一全國偉大歷史功績的同時，也指出元朝的消極方面："更主要的問題還在於在政治社會領域中由蒙古統治者所帶來的某些落後的影響，它們對宋代而言，實質上是一種逆轉。這種逆轉不單在元朝一代起作用，並且還作為一種歷史的因襲，為後來的明朝所繼承。它們對於中國封建社會後期的發展進程，影響更為持久和巨大⋯⋯明代的政治制度，基本上承襲元朝，而元朝的這一套制度則是蒙古與金制的拼湊。從嚴格的角度講，以北宋為代表的中原漢族王朝的政治制度，到南宋滅亡，即陷於中斷。"[2] 張帆《中國古代簡史》總結說："就中國古代皇權的發展綫索而言，兩宋金元是孕育明清極端專制主義皇權的關鍵階段。在宋朝⋯⋯忠君成為臣民絕對、無條件必須履行的準則。⋯⋯至金朝（還有後來的元朝）以北方民族入主中原，家天下色彩明顯，傳統官僚制度對皇權的約束、限制機能大為削弱。這種家天下的政治模式，輔以宋朝以來逐漸深入人心的絕對、無條件忠君觀念，導致了皇權的顯著強化，影響後代歷史至為深遠。""汗權的強大，是大蒙古國政治的突出特徵。與金朝相比，蒙古君主的個人權威一開始就非常突出，並未湮沒於家族集體權力之中。而且其權威主要來自北方民族自身的政

1　姚大力：《論蒙元王朝的皇權》，載姚大力：《蒙元制度與政治文化》，北京：北京大學出版社，2015 年，第 167、168 頁。
2　周良霄、顧菊英：《元代史》序言，上海：上海人民出版社，1993 年，第 5 頁。

治觀念，並非依賴漢族社會政治傳統始得建立。"[1]

本講主要討論了入主中原以後，遼、金、元三朝實行的不同制度，尤其是相關的漢化措施。這裏引用呂思勉《呂著中國通史》中的一段話作為結尾，以明三者之間的差異："遼、金、元三朝，立國的情形，各有不同。契丹雖然佔據了中國的一部分，然其立國之本，始終寄於部族，和漢人並未發生深切的關係。金朝所侵佔的重要之地，惟有中國。……不能據女真之地，用女真之人，以建立一個大國。所以從海陵遷都以後，他國家的生命，已經寄託在他所侵佔的中國的土地上了。所以他壓迫漢人較甚，而其瞭解漢人卻亦較深。至蒙古，則所征服之地極廣，中國不過是其一部分。雖然從元世祖以後，大帝國業已瓦解，所謂元朝者，其生命亦已寄託於中國，然自以為是一個極大的帝國，看了中國，不過是其所佔據的地方的一部分的觀念，始終未能改變。所以對於中國，並不能十分瞭解，試看元朝諸帝，多不通漢文及漢語可知。"[2]

1　張帆：《中國古代簡史（第二版）》，北京：北京大學出版社，2015 年，第 230、236 頁。
2　呂思勉：《呂著中國通史》，上海：華東師範大學出版社，1992 年，第 448—449 頁。

閱讀書目

張帆：《回歸與創新 —— 金元》，載吳宗國主編：《中國古代官僚政治制度研究》，北京：北京大學出版社，2004 年。

劉浦江：《遼朝國號考釋》，載劉浦江：《松漠之間 —— 遼金契丹女真史研究》，北京：中華書局，2008 年。

蕭啟慶：《蒙元支配對中國歷史文化的影響》，見蕭啟慶：《內北國而外中國：蒙元史研究》，北京：中華書局，2007 年。

張帆：《論蒙元王朝的 "家天下" 政治特徵》，載《北大史學》第八輯，北京大學出版社，2001 年。

鍾焓：《評劉浦江〈松漠之間 —— 遼金契丹女真史研究〉》，《唐宋歷史評論》2016 年第 2 輯。

● 明代的政治與制度

第十一講

中國古代的政治制度，是影響中國古代社會最重要的因素之一。明朝（1368—1644）的政治制度，奠定了此後中國古代最後幾百年政治制度的基礎。

一、小明王與大明皇帝

傳統觀點認為，"明朝"的"明"字，與元末農民戰爭及其宗教信仰有密切關係。[1]元末明初人陶宗儀《南村輟耕錄》卷二三載："堂堂大元，奸佞專權，開河變鈔禍根源，惹紅巾萬千。官法濫，刑法重，黎民怨，人吃人，鈔買鈔，何曾見？賊做官，官做賊，混賢愚，哀哉可憐！"這段記載描述了元末紅巾軍起義的重要背景，其中的核心問題是"開河變鈔"。"開河"，指的是元朝重新開黃河水道一事，給百姓帶來了深重的災難；而"變鈔"指的是元末濫發紙幣而造成的嚴重的通貨膨脹問題，以至於元末的米價相當於元初的兩千五百倍；再加上元代官場的腐敗等種種因素，引發了劉福通所領導的紅巾軍起義。

紅巾軍起義的背後，有著白蓮教的深刻影響。白蓮教可以追溯到

---

1 這一傳統觀點受到不少學者的質疑。新近研究提出，明朝國號出自《易經》"大明終始"，參杜洪濤：《明代的國號出典與正統意涵》，《史林》2014 年第 2 期。

唐代佛教的淨土宗，淨土宗由於教義淺顯、修行簡便而廣泛傳播。白蓮教作為淨土宗的一支，從南宋開始發展，到元以後，逐漸發展成為比較嚴密的宗教組織。在中國古代，宗教的組織形式往往為農民起義提供了條件，諸如東漢末年的黃巾起義、清末的太平天國運動等都是如此。

1351 年，白蓮教首領劉福通領導紅巾軍起義，並推出首領韓山童，聲稱韓山童為宋徽宗八世孫，當為中國主。同時，他們利用白蓮教中宣揚的"明暗二宗"的教義，將"明王出世"、"彌勒下生"作為起義的號召。"小明王"的"明"，就是來自這種宗教信仰。

明朝的建立者是朱元璋（1328—1398）。他出身貧寒，一度出家當過和尚。1352 年，二十多歲的朱元璋投奔紅巾軍領袖郭子興，郭子興對他十分信任器重，還把自己的養女嫁給了他。1355 年，紅巾軍的韓林兒稱"小明王"，同年郭子興去世，小明王命朱元璋繼任郭子興這支義軍的統帥。次年，朱元璋攻克江南重鎮集慶（今江蘇南京），獲得了極大聲譽。此時朱元璋羽翼尚未豐滿，加上長江以南還有若干競爭對手，於是他採納儒士朱升"高築牆，廣積糧，緩稱王"的建議，發展生產，積蓄力量。十年後，朱元璋認為時機已經成熟，害死小明王，停止使用小明王的"龍鳳"年號，先後打敗陳友諒、張士誠、方國珍等勢力。在穩定南方的局面後，朱元璋開始北伐，利用蒙漢民族矛盾，提出了著名的"驅逐胡虜，恢復中華，立綱陳紀，救濟斯民"（《明太祖實錄》卷二六吳元年十月丙寅）口號。1368 年，朱元璋在今天南京稱帝，國號大明，建元洪武。同年，明軍攻克元朝的首都大都，改大都為北平，元朝滅亡。

圖 11.1　國家博物館藏朱元璋像　　　圖 11.2　臺北故宮博物院藏朱元璋像

　　目前所見傳世朱元璋的畫像多達十餘種，且差別較大。有人認為
國家博物館藏這張面貌醜陋的朱元璋畫像（圖 11.1）反映了明太祖真
實的模樣，而今臺北故宮博物院藏面貌端正、俊朗的畫像（圖 11.2）
則不是；也有人認為，醜陋的畫像不是朱元璋的真容，而是朱元璋怕
有人刺殺他，故意讓畫師畫得難看。近年又有學者提出，醜陋的奇人
異相出自朱元璋死後，是明成祖試圖用相學理論重新闡釋開國歷史，
從而啟動了朱元璋容貌變異的進程。[1]朱元璋沒有被刺殺，他在三十年

1　參胡丹：《相術、符號與傳播："朱元璋相貌之謎" 的考析與解讀》，《史學月刊》2015
　　年第 8 期。

皇帝生涯中的所做所為，使明朝制度深刻地打上了他的烙印。

二、朱元璋與明初政治、制度

明代的政治制度及其對清朝的長遠影響，主要是由朱元璋建立的制度所奠定的。明朝建立之初，制度多沿襲元朝。明初中央制度，據《明史·職官志二》載："國家立三大府，中書總政事，都督掌軍旅，御史掌糾察。"地方制度也沿襲元朝，設置行中書省，簡稱"行省"，作為地方最高行政機構。隨後以明初胡惟庸一案為契機，政治制度發生了較大的變化。

明太祖從一開始就不十分信任宰相，並且有意地限制、削弱宰相的權力。明初擔任過宰相的人，有徐達、李善長、汪廣洋、胡惟庸，除了徐達，另外三位都沒有善終。洪武十一年（1378），明太祖朱元璋曾說："胡元之世，政專中書〔省〕，凡事必先關報，然後奏聞，其君又多昏蔽，是致民情不通，尋至大亂，深可為戒。"（《明太祖實錄》卷一一七洪武十一年三月壬午）朱元璋對元朝制度的弊病有切身的感受，同時也認為宰相制度限制了皇帝，於是在這一年，著手改革宰相制度，"奏事毋關白中書省"，使得地方和中央機構給皇帝的奏報直接報給皇帝，而不必報給中書省，在一定程度上架空了宰相機構。洪武十三年（1380），明太祖以謀反罪名誅殺中書左丞相胡惟庸，宣佈廢除中書省及宰相，秦以來的宰相制度不復存在。"胡惟庸案"是洪武三大案之一，前後延續十年，牽涉上萬人。應當說，胡惟庸雖確有剛愎自用、招權納賄的問題，但正如吳晗指出的那樣，胡惟庸的罪名像層累的歷史，是後來慢慢加上去的。[1]宰相制度廢除後，明太祖還專門下詔書說："自古三公論道，六卿分職，自秦始置丞相，不旋踵而亡。漢唐宋因之，雖有賢相，然其間所用者，多有小人專權亂政。我朝罷相……以後嗣君並不許立丞相，臣下敢有奏請設立者，文武群臣即時劾奏，處以重刑。"（《明太祖實錄》卷二三九洪武二十八年六月己丑）可以說，此前宋代強調的"君使臣以禮，臣事君以忠"被拋棄，明朝以後，"祇知尊君而不知禮臣"，一味地強調尊君和大臣對皇帝的義務，而皇帝對大臣的禮待則不復存在。明代沿用金代的廷杖，且廷杖祇針對臣下。《明史·刑法志三》稱，"廷杖之刑，亦自太祖始矣"，"公卿之辱，前此未有"。正如明朝人于慎行《穀山筆麈》說的那樣："三代以下待臣之禮，至勝國（元朝）極輕，本朝因之，未能復古"，"本朝承勝國之後，上下之分太嚴"（卷三、卷一〇）。明朝皇權的膨脹，延續了元朝的情況，以上也是常說的君主集權更加強化的重要表現。

廢除宰相後，中央出現了權力的真空，從前屬於宰相的議政權、監督百官執行權出現了分流，一部分被納入皇帝手中，另一部分則轉歸吏戶禮兵刑工六部，時人稱"中書之政，分於六部"，六部成為皇帝之下處理政務的最高一級機構。在政務運行中，除了重大事務需要奏請皇帝批准外，日常的事務可以由六部自行處理。將元和明進行對比，可以看得更為清楚。從官員的銓選制度來看，元朝的官員任命有

1　參吳晗：《胡惟庸黨案考》，北京市歷史學會主編：《吳晗史學論著選集》第一卷，北京：人民出版社，1984年。

三個層次：三品以上的高級官員，由宰相機構中書省提供人選，皇帝作最後的定奪；三品以下、七品以上的中層官員，由宰相機構決定；從七品以下的低級官員，則由吏部決定。明朝宰相機構廢除以後，丘浚《大學衍義補》卷一〇記載："今制，四品以上及在京堂上五品官，在外方面官，皆具職名，取自上裁。五品以下及在外四品，非方面者，則先定其職任，然後奏聞。"明朝分成兩個層次，四品以上由皇帝任命，以下由吏部決定。這表明，原來宰相的權力，部分歸屬皇帝，部分歸屬吏部。六部權力的擴展，以及官僚制度進一步的發展在有明一代是相當突出的，個別皇帝甚至幾十年不參與政事，都沒有對政務的正常處理造成太大的影響。

明朝的地方機構在名稱上雖沿襲了元朝"省"的說法，但內部的權力劃分則有較大不同。明朝的省分為三司，分別為承宣布政使司、都指揮使司、提刑按察使司，簡稱布政司、都司、按察司，分管民政、軍政、司法事務，與兩宋"路"的分司管理有一定相似之處。

監察制度方面，監察機構在明初是御史臺，洪武十三年罷置。洪武十五年置都察院，長官為左、右都御史，下設十三道監察御史。明朝監察御史的權力較大，張萱所謂"事得專達，都御史不得預知也"（《西園聞見錄》卷九三），監察御史可以直接向皇帝奏請事務，都察院的長官也不能干涉，以此保證監察御史在行使監察權時有一定的獨立性。另外還設有六科給事中，分別對六部進行對口行政監察工作。給事中原設於門下省，其職責是審查報給皇帝的章奏和下達的詔書情況，而明朝沒有門下省，給事中變為六科，其作用與前代門下省給事中有類似之處。《明史·駱問禮傳》載："詔旨必由六科，諸司始得奉行。"明末清初學者顧炎武對明六科作用給予了較高評價:"本朝(明代)雖罷門下省長官,而獨存六科給事中,以掌封駁之任。旨必下科,其有不便,給事中駁正到部,謂之科參。六部之官無敢抗參而自行者,故給事中之品卑而權特重。萬曆之時,九重淵默,泰昌以後,國論紛紜,而維持禁止,往往賴抄參之力。"(《日知錄集釋》卷九"封駁")

六科給事中和十三道監察御史合稱"科道官",又稱"言官",他們雖然數量並不大,不過二百人左右,但是在明朝政治中相當活躍,發揮了突出的作用。明選拔、管理科道官的方式有一定的特殊之處,如在選拔方式上,能夠當六科給事中或監察御史的人,絕大多數都是進士出身的佼佼者。"考選之例,優者授給事中,次者御史,又次者以部曹用"(《明史·選舉志三》),"呼翰林、吏部、科、道為四衙門,以其極清華之選也"(《萬曆野獲編》卷一〇)。但同時,明政府又規定,做科道官的人必須積累一定的政治實踐,並且不能老於官場、老於世故,往往選年齡在三十歲到五十歲之間的人。在科道官的管理上,明代法律規定,"凡風憲官吏受財,及於所按治去處求索借貸人財物,若賣買多取價利及受饋送之類,各加其餘官吏罪二等"(《大明律》卷二三《刑律六·受贓》),即科道官如果貪贓枉法,會受到比普通官員更為嚴厲的懲處。科道官如果做得好,又可以得到迅速的提拔機會,明人有"官繇科道升者,每苦太速"(楊士聰《玉堂薈記》卷四)的感嘆。制度設計的目的,是使監察官員更好地發揮激濁揚清的職能。明朝言官在政治中活躍的表現,與明的監察制度安排有相當密切的關係。

明朝的軍事制度，在明初也發生了重要變化。明初仿照元朝的樞密院，設置大都督府，總攬軍旅和軍政，即掌握軍隊的管理權、發兵權、指揮權。戰爭時期，這種制度設計有利於提高戰鬥力，但是進入和平時代後，其權力過大的缺點很快引起了皇帝的警覺。就在廢除宰相的同年，即洪武十三年，朱元璋將大都督府一分為五，包括左軍都督府、右軍都督府、中軍都督府、前軍都督府、後軍都督府，稱為“五軍都督府”，目的是維護皇帝對軍隊的控制權。《春明夢餘錄》卷三一載隆慶年間大學士趙貞吉評論：“我朝內外衛兵分隸五府，乃高皇帝定萬世太平之計，俾免前代強臣握兵之害，其為聖子神孫慮至深遠，其法制甚周悉也。”

　　具體來說，五軍都督府管理軍隊的體制，稱為“衛所”制度。所謂“衛”、“所”，是指這套管理體制中的兩級，中央設置五軍都督府，下設都指揮使司，再往下是衛指揮使司。一般來說，五千六百人設一衛，長官是正三品衛指揮使，下設五個千戶所，其長官是正千戶，下面還有百戶所等。衛所制度的特點是，衛指揮使以下的多數官兵是父死子繼，世代不得脫離軍籍，這既受到了元代戶計制的影響，與唐代的府兵制也有相似之處，有寓兵於農、兵農合一的色彩。圖11.3 顯示的是位於今河北懷安的懷安衛城、今浙江溫州的蒲壯所城，它們是不同等級的軍事機構。今天從城市名稱上還能感受到衛所制度的一些影響，如天津、威海的名稱，就是來自天津衛、威海衛等明朝初年所建的衛城。

　　五軍都督府統領軍隊，掌管軍隊的日常管理和訓練；兵部掌握包括發兵權在內的軍政。洪武十三年軍旅、軍政分離的制度安排，一方

懷安衛城
（今河北懷安縣）

蒲壯所城
（今浙江蒼南縣）

圖 11.3　明代衛所城址

面消解了政治中不安定的割據因素，同時也有著文、武官員相互制衡的內涵，兵部的長官、副官都由文臣擔任，而五軍都督府的官員則多由武將擔任。《春明夢餘錄》卷三〇對此制度論述說：“兵部有出兵之令而無統兵之權，五軍〔都督府〕有統兵之權而無出兵之令”，“合之則呼吸相通，分之則犬牙相制”。《西園聞見錄》卷六三評論：“五府握兵籍而不與調發，兵部得調發而不治兵事，其彼此之相制也若犬牙然，其俯首而聽於治也若束縛然。”其分權制衡的制度設計理念，與宋代樞密院、三衙的分工方式有近似之處。另一方面，戰時與平時的軍隊管理權也是分開的，明章潢《圖書編》卷一一七記載：“出師之日，賜平賊、討賊、平敵、平西、征夷、征北等印，或將軍，或副將軍，或大將軍，隨時酌議，必由兵部題請，五府亦不得干預。事平之日，將歸於府，軍歸於營，印歸於朝，其意深矣。"中國古代的許多朝代，對軍隊管理的制度設計都有類似的"將歸於府，軍歸於營，印歸於朝"的兵將分離精神，漢朝、唐朝的承平時代也是如此，其目的都是為了加強皇帝對軍隊的控制，不使軍閥勢力有生長的空間。

任何制度都有弊病，兵將分離的弊病在於士兵不熟悉將領，缺乏對將領的信任，將領也不熟悉士兵，對其訓練情況不瞭解，因此會削弱軍隊的戰鬥力。在軍事吃緊時，為了克服這種弊病，古代統治者也多次進行調整，如唐朝的府兵制被軍鎮所替代；北宋王安石變法推行過"將兵法"，南宋初期實行過軍將合一的行營護軍制；明朝則是從衛所制向鎮戍制演變。明初，中央在軍事活動頻繁的地區，設置軍鎮屯駐重兵，並設置總兵一職進行統領。隨著時間的推移，這種原設置於邊疆的制度被逐漸推廣到內地和京畿附近，以至於凡天下要害之處，都設官統兵鎮戍，以致出現"鎮守權重，都司勢輕"的現象，即總兵官取代了都指揮使司原來的地位，成為地方名副其實的軍事統帥。總兵逐漸獲得了較大的權力，中央自然需要對其有所控制，於是明中期以後又發展出了由文臣擔任的總督和巡撫，作為中央派出的差遣，他們的工作之一是對總兵進行管理和約束，也體現了文武制衡的精神。到了清朝，這種制度漸漸固定下來，成為中國古代後期調整中央地方關係、加強中央對地方控制的行之有效的制度。

總的來說，明初由明太祖朱元璋所建立的各項政治制度，主要體現了分權與制衡的原則。《明太祖實錄》卷二三九所謂"我朝罷相，設五府、六部、都察院、通政司、大理寺等衙門，分理天下庶務，彼此頡頏，不敢相壓，事皆朝廷總之，所以穩當"，就相當清晰地反映了這一點。這裏推薦王天有《明代國家機構研究》一書。這本書按照明代政府機構編排，言簡意賅，能夠幫助讀者準確暸解明代國家機構的基本情況。

法律制度方面，首先是修撰明律。《大明律》於明太祖洪武三十年（1397）定稿，共三十卷，其中有很多內容沿襲唐律，但在量刑方面存在明顯的差別，即所謂"輕其輕罪，重其重罪"（孫星衍《重刻故唐律疏議序》）。"重其重罪"，就是對直接危害國家統治的謀反、賊盜等重大犯罪，其量刑要重於唐代；而對不直接威脅統治的諸如風俗教化等，在定罪處刑上相對較輕，即"輕其輕罪"。清代法學家薛允升在其著作《唐明律合編》中，仔細比較了唐律、明律的異同，揭示出明律的很多特點，可作為進一步閱讀的參考。除此之外，明律與此前法律另一個不同的地方，是將凌遲入刑。唐律中的死刑有絞、斬兩種，五代以後雖存在凌遲這種酷刑，但都不是正刑。明律還增加充軍，成為流刑範圍中最重的刑罰。罪犯被發往邊地衛所充軍籍，輕者本人終身服役，重者子孫世代不免。

此外，朱元璋的個人因素對明初的法制也有明顯影響，這主要體現在明太祖自己撰寫的《大誥》中。《大誥》的內容是明太祖親自審理、判決的案例，共有四部分，合二百三十六條，反映了明太祖"亂世用重典"的思想。這種思想主要體現在"律外用刑"和"重典治吏"兩個方面，如族誅、墨面紋身、挑筋去指、斷手等，都是正刑中所沒有的。在量刑方面，同一種犯罪，《大誥》中的判決往往重於大明律。特別是對官員，"重典"精神體現得尤為明顯，甚至有所謂"剝皮實草"的記載，就是殺了貪官污吏後，從他們身上剝下皮，裏面塞上草，掛在大堂上，作為對繼任者的警示。

朱元璋所營造的政風，是君主絕對獨裁的體現。在洪武年間，《大誥》就已經頒行，朱元璋將其列為全國各級學校的必修課程，規定科舉考試從中出題，並採取一系列具體措施，開展全民性的講讀活動。還要求每個家庭都要閱讀《大誥》，朱元璋甚至下達過專門的詔書說："朕出是《誥》，昭示禍福。一切官民諸色人等，戶戶有此一本，若犯笞杖徒流罪名，每減一等，無者每加一等。所在臣民，熟觀為戒"，"敢有不敬而不收者，非吾治化之民，遷居化外，永不令歸"。要求每個家庭都要收藏、閱讀《大誥》，使這種"亂世用重典"的精神為國家大多數人瞭解和體察。[1]

三、內閣制度與宦官專權

任何制度都會發生變化，明太祖建立的制度也不例外。本節主要介紹明朝的內閣制度和宦官專權的問題。

內閣制度的產生，與宰相制度的廢除直接相關。廢相後，宰相的權力一部分歸屬於皇帝，一部分歸屬於六部。這就意味著皇帝要處理的事務更多了。據《明太祖實錄》，朱元璋八天之內，收到"內外諸司奏劄凡一千六百六十，計三千三百九十一事"，朱元璋自己也說，"朕代天理物，日總萬幾……豈能一一周遍"，"人主以一身統御天下，不可無輔臣"（卷一六五、一三三）。即便能力強如明太祖，也感

1　參楊一凡：《明大誥研究》，南京：江蘇人民出版社，1988年，第85、125頁。

到力不從心，所以需要找人幫助他，這就是內閣制度產生的背景。在廢相的同年，明太祖設置四輔官，起用的是幾位學問很好，但缺乏執政能力的人。兩年後又廢四輔官，設置殿閣大學士，不過朱元璋"自操威柄，學士鮮所參決"（《明史・職官志一》）。雖然需要輔臣協助決策，但是朱元璋不願大權旁落，故設置的四輔官、殿閣大學士都沒有什麼實質意義，但這畢竟是開了一個頭。

明成祖朱棣以後，內閣制度有所發展。明成祖即位，從翰林院中選拔解縉、胡廣等人，讓他們入直文淵閣，稱為"內閣學士"。內閣學士不同於洪武年間的四輔官、殿閣大學士，開始有了一定的參政機會，"內閣"之名以及閣臣"參預機務"由此開始。不過明成祖時期，這些內閣學士的品位較低，且受到諸多限制，如文獻所載："成祖即位，特簡解縉、胡廣、楊榮等直文淵閣，參預機務。閣臣之預務自此始。然其時，入內閣者皆編、檢、講讀之官，不置官屬，不得專制諸司。諸司奏事，亦不得相關白。"（《明史・職官志一》）由於諸司奏事並不報閣臣，所以這時候內閣學士仍然是顧問的身份，沒有主動參政的機會。

仁宗、宣宗以後，閣臣的地位逐漸提高。英宗正統初年，內閣獲得了一項制度性的"票擬"權，"始專命內閣條旨"（《殿閣詞林記》卷九），這使內閣從制度上獲得了普遍參與朝政的權力，打破了"諸司奏事，亦不得相關白"的限制。內閣可以通過"票擬"議政並影響皇帝的決策。"票擬"，是一切內外章奏送到內閣後，由內閣學士先進行閱讀、處理，並且提出初步的處理意見，寫在紙條上，與章奏一起呈報皇帝。內閣票擬後，皇權的行使就表現為"批紅"，皇帝看過章奏和閣臣的意見後，用紅筆寫於章奏，之後再下達處理。圖 11.4 展示了內閣制度形成後政務的運行、處理流程：首先，內外章奏通過通政司傳達到司禮監，司禮監是一宦官機構，由他們上達給皇帝，皇帝再通過司禮監下發內閣，在此過程中，皇帝不參與討論。隨後，內閣閱讀章奏，進行票擬，再通過司禮監上呈皇帝，皇帝進行批紅處理。批紅通過司禮監下發內閣，並形成詔書下發各部門執行。

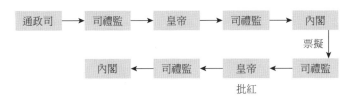

圖 11.4　明政務運行流程示意圖

以前文所述祝總斌界定的宰相必備的兩項權力，即議政權和監督百官執行權來衡量明代內閣制度，可以發現，內閣擁有制度上的議政權，但閣臣並非百官之長，不具有監督百官執行權，故明朝內閣制度並不是宰相制度的翻版，不能等同於歷史上的宰相制度。明朝中期的嚴嵩、張居正等閣臣權傾一時，史稱："明制，六部分涖天下事，內閣不得侵。至嚴嵩，始陰撓部權，迨張居正時，部權盡歸內閣。"（《明史·楊巍傳》）但這是非制度性的，可視為個別權臣當政的情況，而不能認為是宰相制度的復歸。宰相制度廢除後，六部的權力有所擴大，六部對於內閣的權力擴張也一直是重要的制約因素。[1]

再談談宦官問題。宦官專權問題也是明朝中後期尤為令人注目的

<hr />

1　參譚天星：《明代內閣政治》，北京：中國社會科學出版社，1996 年，第 123 頁。

問題之一。與漢、唐相比，明朝宦官規模龐大、機構發達、權力廣泛。明朝的宦官機構，重要的有十二監、四司、八局，合稱二十四衙門（表 11.1），它們共同構成了明朝宦官機構的核心。權力廣泛，指宦官權力延伸至政治、經濟、社會等各個方面。明初時，太祖對宦官問題有所警惕，曾在宮門前鑄了一塊鐵牌，書"內臣不得干預政事，預者斬"。祇不過，這種防範缺乏制度的保障，後來還是出現了很多問題，《明史·宦官傳序》概括說，"明世宦官出使、專征、監軍、分鎮、刺臣民隱事諸大權，皆自永樂間始。初，太祖制：'內臣不許讀書識字。'後宣宗設內書堂，選小內侍，令大學士陳山教習之，遂為定制。用是多通文墨，曉古今，逞其智巧，逢君作奸。數傳之後，勢成積重，始於王振，卒於魏忠賢，考其禍敗，其去漢、唐何遠哉！"王振和魏忠賢，是明代前期與晚期最著名的兩名宦官。明朝的司禮監與內閣之間在長期政治實踐中曾形成了相互協作的機制，而在王、魏時期，司禮監一度凌駕於內閣與外朝的百官之上。今天北京的智化寺（圖 11.5）曾是王振的家廟，以其建築與傳承至今的明代古樂聞名於世。

表 11.1　明代宦官二十四衙門

十二監	司禮監	內官監	御用監	司設監	神宮監	尚寶監	尚膳監	印綬監	御馬監	直殿監	尚衣監	都知監
四司	惜薪司	鐘鼓司	寶鈔司	混堂司								
八局	兵仗局	銀作局	浣衣局	巾帽局	針工局	內織染局	酒醋麵局	司苑局				

圖 11.5　智化寺及《智化寺旌忠祠記》拓片

　　明朝宦官專權也與皇權加強有關。明皇權急劇膨脹，使得皇帝對大臣有很強的猜忌心理，於是發展出了具有明朝特點的特務政治。皇帝設置錦衣衛、東廠、西廠等機構進行特務活動，其中部分特務機構就由宦官掌管，為宦官的專權提供了制度性的條件。理論上說，宦官專權的基礎是皇權的強大，東晉門閥政治皇權衰弱，就產生不了宦官專權的問題。祇有到了皇權比較強、皇帝又不行使其權力的時候，皇權纔有可能為身邊的人所攫取，出現皇權旁落、宦官專權的情況。漢朝、明朝都是如此。明朝廢除宰相，皇權有所擴展，為宦官竊取皇權提供了空間，使得宦官以皇帝家奴的身份竊取了部分皇權。在內閣制下，處理政務的關鍵環節是內閣的票擬和皇帝的批紅，明朝中後期的不少皇帝怠於政務，於是轉由司禮監的掌印、秉筆等人代為批紅，由此竊取了皇權的一部分。趙翼在《廿二史劄記》卷三三有論："人主不親政事，故事權下移。長君在御，尚以票擬歸內閣，至荒主童昏，則地近者權益專，而閣臣亦聽命矣。"明朝幾個重要的專權的宦官，正是在趙翼所謂"荒主童昏"的情況下產生的。

明朝有"四大權閹"，分別是英宗時期的王振，憲宗時期的汪直，武宗時期的劉瑾以及熹宗時期的魏忠賢。其中王振、劉瑾、魏忠賢都是司禮監的太監，汪直則掌管西廠。這幾個皇帝，也都如趙翼所說的那樣，為"荒主童昏"。王振從英宗當太子時就一直陪伴左右，因此深得英宗信任，英宗繼承皇位時祇有九歲，王振便竊權納賄，毀掉了明初"內臣不得干預政事"的鐵牌，而且唆使英宗親征瓦剌，導致了土木堡之變，王振也死於此役。憲宗當了皇帝以後，十分寵愛比他大十九歲的萬貴妃，對政事漠不關心，汪直得以掌權。朝中大臣的權力則受到極大的壓抑，產生了"紙糊三閣老，泥塑六尚書"（《明史·劉吉傳》）的說法。武宗的執政能力不強，讀不懂大臣的章奏，反而熱衷於遊玩享樂、帶兵打仗。《明武宗外紀》記載："武宗遍遊宮中，日率小黃門為角抵蹋毱之戲，隨所處輒飲宿不返，其入中宮及東西兩宮，月不過四五日。"又別構宮室，名為豹房，"群小見幸者，皆集於此"。他還曾任命自己為鎮國公總督軍務威武大將軍總兵官，派自己去打仗，又給自己加官晉爵。寧王朱宸濠在南方反叛，很快被抓，武宗想要親自捉拿，於是就把叛王放了，在親征途中，武宗不慎落水致病，不久後一命嗚呼。在武宗荒誕不堪的時期，實際掌權的便是劉瑾，在當時，武宗被稱為"坐皇帝"，劉瑾被稱為"站皇帝"。至於熹宗，他本人頗為聰明，但文化程度較低。他熱衷於做木匠活，據說現在紫禁城中留下的一些模型就是熹宗做的。魏忠賢就利用了熹宗不務政事的機會，經常在熹宗專心致志地做木匠活時，向熹宗上達奏章，熹宗很不高興，便讓魏忠賢自己處理。明朝宦官專權的原因，與皇帝的文化素質相對較低、對皇帝角色缺乏認同有一定關係。日後清朝的皇帝吸取了明朝的教訓，清朝對皇子們的教育是相當嚴格的，這在後面還會提及。

明朝的宦官雖也曾權傾一時，但是皇帝對付他們，還是比較容易的，這與皇權在制度上的成熟有關。

四、邊患：南倭北虜

《皇明祖訓》記載了明太祖朱元璋對其後代的訓誡，其中有涉及明朝對外關係的一段："四方諸夷，皆限山隔海，僻在一隅，得其地不足以供給，得其民不足以使令。若其自不揣量，來撓我邊，則彼為不祥。彼既不為中國患，而我興兵輕伐，亦不祥也。吾恐後世子孫，倚中國富強，貪一時戰功，無故興兵，致傷人命，切記不可。但胡戎與西北邊境互相密邇，累世戰爭，必選將練兵，時謹備之。"朱元璋一方面強調加強對蒙古的防備，另一方面則告誡後代不要發動對外戰爭。他還將朝鮮國、日本國等"不征諸夷國名"開列於後。朱元璋明確制止侵略海外國家的政策，不僅是對以往的漢、唐、宋諸代實踐的肯定和對元帝忽必烈實踐的否定，同時也為明朝對外關係確立了重要的信條。[1]北疆是明朝戰略防禦體系的重點。

1368 年，明軍攻克大都，元順帝退走塞外蒙古草原，仍稱元朝，

1　王賡武：《明朝對外關係：東南亞》，載崔瑞德、牟復禮編：《劍橋中國明代史1368－1644（下卷）》第六章，楊品泉等譯，北京：中國社會科學出版社，2006 年，第 285 頁。

史稱北元。明成祖時，蒙古分裂為兀良哈、瓦剌、韃靼三部分。兀良哈歸附明朝，瓦剌和韃靼企圖恢復元朝的統治，對明朝構成重大威脅。明成祖遷都北京，並五次親征漠北，史稱“永樂北伐”。北伐打擊了瓦剌、韃靼的侵擾，穩定了北疆，但也消耗了大量的人力物力。永樂以後，明朝對北疆的政策從進攻轉為防禦。

明朝致力於北方軍事防禦體系的建設。首先，明朝修築了遼東邊牆和萬里長城。遼東邊牆始建於明成祖永樂年間，起自山海關，經開原，至鴨綠江邊的九連城，長 1960 餘里。萬里長城東起山海關，西迄嘉峪關，從明太祖開始，前後十八次修建或改建。長城的修築利用天然地形，多選擇在易守難攻的險要之地。作為軍事防禦工程，長城的防禦設施也逐步完備。為了加強長城防禦能力，明中期以後增築空心敵臺（圖 11.6），守城士卒可居住其中，並儲存武器、彈藥。還有防禦騎兵的“擋馬牆”等專門設施。此外，明朝在長城沿綫設置了九

圖 11.6　空心敵臺及示意圖

大軍事重鎮，它們分別是遼東鎮、薊鎮、宣府鎮、大同鎮、山西鎮（三關鎮）、延綏鎮（榆林鎮）、寧夏鎮、固原鎮（陝西鎮）、甘肅鎮，合稱"九邊"。九邊駐紮重兵，分區防守，形成了完備的指揮、防禦系統。史稱"終明之世，邊防甚重，東起鴨綠，西抵嘉峪，綿亘萬里，分地守禦"（《明史·兵志三》）。這樣，明朝以北京為中心，以九鎮為重要軍事據點，以長城為屏障陣地，共同構成阻擋蒙古騎兵南下的防禦體系。

明朝的防禦力量加強以後，蒙古覺得發動掠奪戰爭不如與明朝貿易更為合算，穆宗隆慶五年（1571），明朝與蒙古達成和議，結束戰爭狀態。此後，明朝在沿邊各地開馬市與蒙古貿易，蒙古的物質需求得到了較大滿足，明朝北部邊境的壓力得以緩解。

日本古稱倭國，所謂倭寇，是指元代開始出沒於中國東南沿海地區的日本海盜集團。明代倭寇問題，明初即有，"時倭寇出沒海島中，數侵掠蘇州、崇明，殺略居民，劫奪貨財，沿海之地皆患之"（《明史紀事本末》卷五五《沿海倭亂》）。在嘉靖以前，倭寇騷擾的範圍還祇限於個別地區，尚未構成對東南沿海地區的嚴重威脅。嘉靖嚴加海禁，東南沿海的海商集團靠走私牟利，朝廷對其進行剿捕，雙方矛盾激化。嘉靖以後，倭患加劇，一個重要原因便是上述海上走私集團在日本的支持下，穿著日本人的服飾，打著日本旗號進行劫掠。"海中巨盜，遂襲倭服飾、旗號，並分艘掠內地，無不大利。故倭患日劇。"（《明史·日本傳》）嘉靖年間，林希元《拒倭議》稱，"今雖曰倭，然中國之人居三之二"。某些倭寇群體中的中國人比例可能更高，"嘉靖壬子（1552），倭寇初犯漳、泉，僅二百人。真倭十之一，餘皆閩、浙通番之徒"（顧炎武《天下郡國利病書‧廣東備錄下‧海寇》）。"通番之徒"，當時是指與日本勾結的中國人，當時最大的倭寇頭目王直就是徽州人。這樣，倭患蔓延至東南沿海各省，進入十分猖獗的階段。

嘉靖後期，名將戚繼光被調任浙江平倭。戚繼光招募了一支由農民和礦工組成的軍隊，並根據倭寇作戰特點，進行有針對性的訓練，還在陣法和兵器等方面有所創新。嘉靖四十年（1561），戚繼光九戰九捷，浙東倭寇平。接著，他又平定了福建各地的倭寇。嘉靖末年，在戚繼光、俞大猷等將領的努力之下，東南沿海的倭寇問題基本解決。穆宗隆慶以後，海禁政策也有所放鬆，私人海外貿易獲得發展。[1]

1　參晁中辰：《明代海禁與海外貿易》第八章第三節 "隆慶開放後海外貿易的發展"，北京：人民出版社，2005 年。

閱讀書目

吳晗：《胡惟庸黨案考》，載《吳晗史學論著選集》第一卷，北京：人民出版社，1984 年。

王天有：《明代國家機構研究》第一章，北京：北京大學出版社，1992 年。

馬大正主編：《中國邊疆經略史》第七編 "明朝的邊疆經略"，鄭州：中州古籍出版社，2000 年。

李新峰：《明初勳貴派系與胡藍黨案》，《中國史研究》2011 年第 4 期。

王劍、李忠遠：《有明之無善政自內閣始 —— 論明初政治變動中的內閣政治文化》，《求是學刊》2015 年第 3 期。

趙子富：《系統全面　精審創新 —— 讀王天有先生著〈明代國家機構研究〉》，《北京大學學報（哲學社會科學版）》1994 年第 3 期。

● 清代統一多民族國家之形成

公元前 221 年，秦始皇統一中國，與此同時，在長城以北的地區，匈奴冒頓單于也建立了匈奴帝國，分別代表了農耕地區和游牧地區的統一。兩種統一傳統延續到元代，最終融合為一體。清代便是繼元代之後，另一個統一農耕地區和游牧地區的王朝，也是中國古代的最後一個王朝，本講主要介紹清的統一歷程。此前歷朝的統一過程，並沒有過多介紹，之所以著重談清朝的統一問題，是因為清朝的統一是滿、蒙、漢三個地區的大統一，直接奠定了今天中國版圖的基礎，清代開創的維護統一多民族國家的宗教、文化政策也一直影響至今。本講主要圍繞三個問題展開，一是滿族的崛起和清朝的建立，二是清完成統一的歷史過程，三是清代鞏固統一的民族政策。

一、滿族的崛起和清朝的建立

清代的建立者是滿族，其前身是女真族。明朝時，在今天的東北地區，女真從北向南大體上分為野人女真、海西女真、建州女真三大部分，明朝政府在當地設置了奴兒干都司等，下轄若干衛所，對女真舊地進行管理，屬於一種較為鬆散的管理方式。在女真三部中，最南的建州女真發展較快。到了明代中後期，建州女真的貴族努爾哈赤（1559—1626）便開始了統一女真各部的戰爭，於明神宗萬曆四十四年（1616）建立了大金政權，史稱後金。

努爾哈赤在建立政權的過程中，進行了若干文化和制度上的建設。文化上，以蒙古文字母為基礎創制了滿文。因為女真與蒙古較早建立了聯繫和交往，所以他們參照更為熟悉的蒙古文來創造自己的文字。制度上，創建了八旗制度。八旗制度的基礎是女真原始的狩獵組織"牛錄"，具有軍事和行政雙重性質。值得注意的是，這種具有兵民合一特點的制度，在北方族群中十分常見：匈奴有萬騎、千長、百長、什長制，"寬則隨畜，因射獵禽獸為生業，急則人習戰攻以侵伐"（《史記·匈奴列傳》）；契丹"有事則以攻戰為務，閒暇則以畋漁為生"（《遼史·營衛志上》）；女真的猛安謀克制也是"緩則射獵，急則出戰"（《大金國志校證》附錄一《女真傳》）；蒙古的千戶百戶制也是如此，有萬戶、千戶、百戶、十戶等單位之別。滿族八旗制度的組織特色與它們近似，與猛安謀克制更是一脈相承。八旗制的組織特點是"出則為兵，入則為民"（《太宗實錄》卷七）；"無事耕獵，有事徵調"（《聖武記》卷一）；"以旗統人，即以旗統兵"（《清朝文獻通考》卷一七九）。八旗分為上三旗和下五旗，上三旗包括鑲黃旗、正黃旗、正白旗，下五旗包括正紅旗、鑲白旗、鑲紅旗、正藍旗、鑲藍旗，上三旗的旗主是皇帝，地位更高。今天北京的一些地名，如藍旗營、廂紅旗等，都是八旗制度留下的歷史遺跡。關於滿族的早期歷史，可以參考劉小萌《滿族從部落到國家的發展》[1]。

努爾哈赤死後，其子皇太極即位。皇太極在位期間，1636 年改

1　劉小萌：《滿族從部落到國家的發展》，北京：中國社會科學出版社，2007 年。

國號為大清，定都今天的遼寧省瀋陽市，同時把本族名從女真改為滿洲。皇太極去世後，其子福臨即位，改元順治，由皇太極的弟弟多爾袞攝政。1644 年 4 月，明朝為李自成所滅，明朝將領吳三桂引清兵入關，共同鎮壓農民起義。同年，清朝政權從瀋陽遷都北京。此時，明朝雖已滅亡，但明的殘餘勢力還在活動，建立了一系列打著明朝旗號的小政權，但無奈大勢已去，它們陸續為清軍擊敗。順治二年（1645），清軍攻克南京，南明弘光政權覆滅；康熙元年（1662），南明永曆政權覆滅；康熙三年（1664），夔東十三家農民軍被消滅。這樣，在明朝故土內部的戰爭已經基本平息，清朝的統治纔算真正穩固了下來。（圖 12.1）

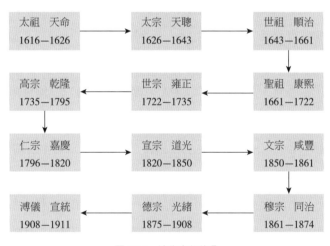

圖 12.1　清代帝位傳承

二、清代完成統一的過程

19 世紀前期，清朝鼎盛時期的疆域，大大超越了明朝的版圖。對於清代統一的過程，譚其驤有精當的論述："清朝的統一，實際上是先統一了滿族的地區，即廣義的滿洲；再統一漢族的地區，即明王朝的故土，再統一蒙族地區和蒙族所控制的維藏等族地區。主要是滿、蒙、漢三區的統一。"[1]

清代統一的歷程，大體上是從 17 世紀中葉到 18 世紀中葉，耗費了將近一百年的時間，歷經康雍乾三朝，前後分為統一臺灣、喀爾喀蒙古部歸附、穩定西藏統治、平定準噶爾部四個階段。

（一）統一臺灣

17 世紀早期，臺灣島上主要有三股勢力：荷蘭人控制臺南，西班牙人控制臺北，鄭芝龍海盜集團控制臺中。困擾明朝多年的 "南倭北虜" 問題中的 "南倭"，就是指東南沿海的當地海盜和日本倭寇，他們往往聯合起來侵擾明朝東南邊境，鄭芝龍的勢力就是這樣發展起來的。1644 年明亡後，明朝的殘存勢力在東南地區建立了南明政權，得到了鄭芝龍的支持，南明政權便將鄭芝龍的兒子鄭森賜姓朱，改名為朱成功，也就是歷史上著名的鄭成功。南明政權和鄭芝龍集團由此建立了較為親密的關係。後來鄭芝龍投降清朝，鄭成功卻不答應，他趁著 1661 年順治皇帝去世的機會，率兵驅逐荷蘭殖民者，收復臺灣，置承天府。（圖 12.2）

鄭成功收復臺灣後，雖與清政府處於對立狀態，但他說："臺灣者，早為中國人所經營，中國之土地也"，明確表示臺灣是中國的土

---

1 譚其驤：《歷史上的中國和中國歷代疆域》，《中國邊疆史地研究》1991 年第 1 期，第
   36 頁；收入譚其驤：《長水集續編》，北京：人民出版社，1994 年。

圖 12.2　順治十八年招撫鄭成功部下建功來歸詔及稱為“國姓瓶”的火藥彈

圖 12.3　《丕翁先生巡視臺陽圖卷》（局部）

地。鄭成功到臺灣後不久去世，政權落到其子鄭經手中。鄭經與鄭成功不同，他認為“臺灣遠在海外，非中國版圖。先王在日，亦祇差‘剃髮’二字，若照朝鮮事例，則可”（《臺灣外記》卷六），把臺灣作為與清朝談判的籌碼，要求類似朝鮮的待遇。清政府自然不會同意，康熙帝就反駁說：“朝鮮係從未所有之外國，鄭經乃中國之人”，“臺灣皆閩人，不得與琉球、高麗相比”，[1]立場非常鮮明。康熙二十年（1681），鄭經去世，康熙決定乘機大舉發兵收復臺灣。《聖祖實錄》卷九六載：“同心合志，將綠旗舟師，分

1　分見《明清史料·丁編》第三冊，北京：國家圖書館出版社，2008 年，第 555 頁；《聖祖實錄》卷一九，《清實錄》第三冊，北京：中華書局，1985 年，第 118 頁。

領前進，務期剿撫並用，底定海疆，毋誤事機。"1683年，清軍渡海攻克澎湖，鄭氏集團首領鄭克塽請降。

統一臺灣後，清朝設臺灣府，下轄三縣，隸屬於福建省。另外，為了加強對臺灣的管理，康熙末年還設置了巡臺御史，每年派滿、漢御史各一員，前往巡察，駐臺灣府城，加強對臺灣地方官的監督。圖12.3是《丕翁先生巡視臺陽圖卷》局部，有學者認為，"丕翁先生"就是雍正十三年（1735）的巡臺御史嚴瑞龍。設置巡臺御史是清朝在統一臺灣以後加強對臺管理的措施。

（二）喀爾喀蒙古部歸附

其次是喀爾喀蒙古問題。在明清之際，中國西北的蒙古族，分成漠南蒙古、漠北蒙古、漠西厄魯特（衛拉特）蒙古三部。在滿族入關前，漠南蒙古中先後有科爾沁部、內喀爾喀部、察哈爾部等歸附了清朝，尊皇太極為博格達·徹辰汗。清統治者對其採取優待政策，對漠南蒙古貴族進行封爵，並與之聯姻，奠定了此後清朝對蒙古政策的基礎。清與漠南蒙古這種穩定、密切的聯繫，對日後清朝統一漠北、西藏、新疆地區產生了重要影響。

屬於漠北蒙古的喀爾喀蒙古歸附清朝，要從漠西蒙古攻打漠北蒙古說起。1688年，漠西蒙古準噶爾部在沙俄的支持下，由噶爾丹帶領，派出三萬大軍攻打漠北蒙古，橫掃喀爾喀部。《綏服紀略》載："喀爾喀四部共有八十扎薩克，今生齒日繁，戶口約有十餘萬，無不尊敬黃教，欽敬哲布尊丹巴呼圖克圖者。先是，準噶爾厄魯特最為強悍，與喀爾喀仇殺不已，康熙二十七年（1688），喀爾喀力微不能抵敵。眾議，就近投入俄羅斯為便，因請決於哲布尊丹巴呼圖克圖。呼圖克圖曰，我輩受天朝慈恩最重，若因避兵投入俄羅斯，而俄羅斯素不信佛，俗尚不同，視我輩異言異服，殊非久安之計。莫若攜全部內徙，投誠大皇帝，可邀萬年之福。眾欣然羅拜，土謝圖汗遂請呼圖克圖率眾內附。”漠北蒙古在漠西蒙古的攻擊下，在北投俄羅斯和南投清之間做了抉擇，其中起到重要作用的是宗教因素。哲布尊丹巴呼圖克圖認為，俄羅斯素不信佛，而清朝早在努爾哈赤建國的過程中，就已經引入了藏傳佛教的格魯派，由此建立了與漠北蒙古的聯繫，因此他們決定歸附清朝。於是清朝出兵擊敗噶爾丹，隨後康熙皇帝親自主持了多倫諾爾（今內蒙古多倫縣境內）會盟，又稱“多倫會盟”，在漠北蒙古劃分三十四個旗，實行清朝的封爵制度和法律制度，由清廷對漠北實行直接管轄，如此便完成了清朝對整個蒙古高原的統一。

秦漢以來，長城以北的北族勢力對中原政權都是巨大的威脅，清代則很好地處理了滿蒙關係，因此《聖祖實錄》記載，康熙帝曾十分得意地說：“昔秦興土石之功，修築長城，我朝施恩於喀爾喀，使之防備朔方，較長城更為堅固。”“本朝不設邊防，以蒙古部落為之屏藩耳。”（卷一五一、卷二七五）

（三）穩定西藏統治

第三是西藏問題。明朝的兵力主要用於對蒙古的戰爭和防禦，對西藏地區則實行和平招撫政策，建立朵甘都司和烏思藏都司等機構加強控制。同時，鑑於當時的西藏存在諸如薩迦派、噶當派、噶舉派、後起的格魯派等若干藏傳佛教派別，明朝採取了“多封眾建、尚用僧徒”的政策，設置西藏八王，其中三個是佛教的大乘法王、大寶法王、大慈法王，分別來自噶舉派、薩迦派、格魯派。另外還有闡化王、護教王、贊善王、輔教王、闡教王五個地方王。在經濟上，實行茶馬互市等政策，以此加強雙方經濟上的往來。

　　明朝時期，西藏最值得注意的政治動向，是西藏與蒙古建立了聯繫，其標誌性事件發生於明萬曆年間。1578 年，藏傳佛教格魯派活佛索南嘉措與蒙古俺答汗在青海會見。俺答汗是 16 世紀後期蒙古一位十分重要的首領，在他統治期間，蒙古的勢力發展迅猛，與明朝簽訂了協議，雙方處於較為和平的時期。格魯派又稱黃教，是藏傳佛教後起的一派，格魯派希望得到蒙古的支持以求擴大在西藏的影響，所以有了這次會見。會見之後，蒙古俺答汗贈予索南嘉措 "聖識一切瓦齊爾達喇達賴喇嘛" 的尊號。"聖" 是超凡入聖之意；"識一切" 是西藏佛教對顯宗方面取得最高成就僧人的尊稱；"瓦齊爾達喇" 為執金剛之意，是西藏佛教對密宗方面取得最高成就僧人的尊稱；"達賴" 是蒙語 "大海" 之意；"喇嘛" 是藏語 "上師" 之意。同時，索南嘉措也給俺答汗 "咱克喇瓦爾第徹臣汗" 尊號。"咱克喇瓦爾第" 是轉輪王之意，"徹臣汗" 是蒙語 "聰明睿智的汗王" 之意。通過會見以及互賜尊號，蒙古的政治勢力和西藏的宗教勢力更加緊密地結合在了一起。明朝政府對此有所瞭解，也有進一步動作，於 1587 年派使節對索南嘉措加以敕封。《明史·西域傳》載："時有僧鎖南堅錯者，能知已往未來事，稱活佛，順義王俺答亦崇信之。""俺答亦勸此僧通中國，乃自甘州遺書張居正，自稱釋迦摩尼比丘，求通貢，饋以儀物。居正不敢受，聞之於帝，帝命受之，而許其貢。" 當時建立的達賴喇嘛的傳承系統，延續至今。

　　到 17 世紀，漠西厄魯特蒙古的和碩特部首領顧實汗（固始汗）

前往青海，與格魯派的首領達賴五世合作，擊殺了統治西藏的由噶舉派支持的藏巴汗，在西藏建立了和碩特蒙古與藏傳佛教格魯派聯合的統治政權，延續了七十多年。這時期的清朝，其內部問題還沒有得到完全解決，因此對西藏的管理是通過顧實汗間接進行的。顧實汗為了分化、牽制達賴喇嘛的勢力，給自己的老師羅桑卻吉堅贊加了"班禪博克多"的尊號，"班"即"班智達"，為學者之意；"禪"意為大；"班禪"就是大學者。此後，藏傳佛教格魯派中班禪活佛轉世系統與達賴活佛轉世系統並立。今天西藏"達賴"和"班禪"兩個藏傳活佛轉世系統，都是由蒙古君主開創的，其在西藏地區的深遠影響可見一斑。這樣，達賴和班禪成為西藏最高的宗教領袖，政權便落入了顧實汗手裏，形成了一種政教分離的政治體制。表 12.1 展示了歷代達賴和班禪的世系，俺答汗冊封索南嘉措，給他的尊號是達賴三世，顧實汗給羅桑卻吉堅贊的尊號是班禪四世，前面的達賴一世、達賴二世以及班禪的前三世都是追封的。西藏的治理中，宗教的因素起到了十分關鍵的作用。

表 12.1 歷代達賴、班禪世系表

達賴世數	名字	生卒年	班禪世數	名字	生卒年
1	根敦朱巴	1391 — 1474	1	克主傑	1385 — 1438
2	根敦嘉措	1475 — 1542	2	索南喬郎	1439 — 1504
3	索南嘉措	1543 — 1588	3	恩薩巴羅桑頓珠	1505 — 1566
4	雲丹嘉措	1589 — 1616	4	羅桑卻吉堅贊	1567 — 1662
5	阿旺洛桑嘉措	1617 — 1682	5	羅桑益喜	1663 — 1737

達賴世數	名字	生卒年	班禪世數	名字	生卒年
6	倉央嘉措	1683—1706	6	貝丹意希	1738—1780
7	格桑嘉措	1708—1757	7	丹貝尼瑪	1782—1853
8	強白嘉措	1758—1804	8	丹貝旺秋	1855—1882
9	隆多嘉措	1805—1815	9	卻吉尼瑪	1883—1937
10	楚臣嘉措	1816—1837	10	確吉堅贊	1938—1989
11	克主嘉措	1838—1855	11	確吉傑布	1990—
12	成烈嘉措	1856—1875			
13	土登嘉措	1876—1933			
14	丹增嘉措	1934—			

　　清朝統治者在入關以前就十分尊崇藏傳佛教的格魯派，入關後，清廷曾多次派遣使者進藏，邀請五世達賴前往內地。順治九年（1652），五世達賴親赴北京，1653年在北京南苑地區與順治皇帝會見。這次會見的雙方分別作為清朝的皇帝和藏傳佛教的領袖，採取了"不期而遇"的辦法，減少了許多禮儀上的紛爭，體現了雙方的政治智慧和靈活的交往策略。對於這次會見，五世達賴曾描述說："我下馬步行，皇帝由御座起身相迎十步，握住我的手通過通司問安。之後，皇帝在齊腰高的御座上落座，令我在距他一庹（約合五市尺）遠，稍低於御座的座位上落座。賜茶時，諭令我先飲，我奏稱不敢造次，遂同飲。"[1]（圖12.4）五世達賴在京停留了兩個月，得到清廷的厚待。返藏時，清朝冊封五世達賴為"西天大善自在佛所領天下釋教

1　五世達賴喇嘛阿旺洛桑嘉措：《五世達賴喇嘛傳》，陳慶英、馬連龍、馬林譯，北京：中國藏學出版社，2006年，第242頁。

圖 12.4　順治帝迎接五世達賴喇嘛圖（局部）

普通瓦赤喇怛喇達賴喇嘛"，在"領天下釋教"之前加了一個"所"
字，這個字的藏文封號譯成漢語是"在一個很大的範圍內"。足見清
朝認為達賴喇嘛並不管理全中國的佛教事務，而是管轄一個很大範
圍內的佛教事務，實際上是指蒙古、西藏等信奉佛教地區的佛教事
務。[1] 由此，清延確認了達賴在青藏地區的宗教統治地位，也確立了歷
代達賴喇嘛都需要經過清朝中央冊封的制度，這是清朝對西藏的管轄
中相當重要的一步。圖 12.5 為敕封達賴喇嘛金印和金冊。冊封五世
達賴喇嘛後不久，清政府也冊封顧實汗為"遵行文義敏慧顧實汗"，

1　王輔仁、陳慶英：《蒙藏民族關係史略》，北京：中國社會科學出版社，1985 年，第
　　142 頁。

清高宗敕封七世達賴喇嘛金印

清宣宗敕封十一世達賴喇嘛金冊

圖12.5　清帝敕封達賴喇嘛的金印和金冊

延續了政教分離的管理體制。對顧實汗管理西藏的成果，據《世祖實錄》卷七四記載，順治對其讚譽有加：「爾尚益矢忠誠，廣宣聲教，作朕屏輔，輯乃封圻。如此則帶礪山河，永膺嘉祉，欽哉！」

　　此後，西藏內部政教之間出現了矛盾。1679年，年輕的第巴桑結嘉措掌握了西藏的行政大權，他是五世達賴一手培養起來的，深受達賴信任。1682年，五世達賴去世，由於第巴桑結嘉措掌權時間不長，為了鞏固自己的地位，他採取了「密不發喪」的做法，長達十五年。在此期間，第巴桑結嘉措與當時西藏的世俗領袖拉藏汗發生矛盾，雙方兵戎相見。結果，第巴桑結嘉措被拉藏汗的王妃擒殺。這場鬥爭影響到了達賴的傳承。歷史上出現三位六世達賴，就是雙方鬥爭的表現，這三位六世達賴分別是倉央嘉措、意希嘉措、格桑嘉措（一般稱為七世）。倉央嘉措是第巴桑結嘉措主持推選出來的，後來疑似為拉藏汗所殺。倉央嘉措雖然在達賴的位置上少有建樹，但是因為詩才卓越而在西藏文學史上享有盛名。倉央嘉措被殺害之前，拉藏汗就宣佈倉央嘉措為假達賴喇嘛，推動選擇出另一位六世達賴，即拉藏汗的非婚生子意希嘉措。不過由於西藏廣大的僧人和百姓並不承認意希嘉措的六世達賴地位，所以最後纔又選出了格桑嘉措。

為了防止這種混亂局面的再次出現，康熙四十八年（1709），清政府第一次直接派官員入藏處理藏族事務。1713年，清朝又派人入藏，冊封五世班禪羅桑益喜為班禪額爾德尼，“額爾德尼”是滿語“珍寶”之意，確立了五世班禪額爾德尼在西藏的政教地位。

拉藏汗和第巴桑結嘉措的矛盾，為漠西蒙古的準噶爾部干預西藏事務創造了條件。康熙五十六年，準噶爾部的策妄阿拉布坦率部入侵西藏，殺死了和碩特汗王拉藏汗，結束了和碩特蒙古在西藏的統治，打破了清朝信任的和碩特部管理西藏的局面。因此，清朝採取了“驅準保藏”的措施。在康熙五十七年和康熙五十九年，兩次出兵進藏平亂，第一次失敗，第二次清軍從南北兩路進藏，獲得了成功。平叛以後，清政府敕封格桑嘉措為六世達賴，護送入藏，但由於倉央嘉措是西藏廣大僧俗認定的六世達賴，所以一般稱格桑嘉措為七世達賴。對於兩次入藏用兵，《聖祖實錄》卷二八九載：“朕以準噶爾人等現今佔取藏地，騷擾土伯特、唐古特人民，再吐蕃之人，皆近雲南、四川一帶邊境居住，若將吐蕃侵取，又鼓動土伯特、唐古特人眾侵犯青海，彼時既難於應援，亦且不能取藏。”可以看出，康熙毅然決定“驅準保藏"，是從全局角度考慮的。如姚念慈所論："自達賴五世與固始汗結盟以來，西藏政權即在厄魯特蒙古汗王控制之下。故清廷欲徹底馴服內外蒙古，又非與厄魯特蒙古爭奪西藏控制權不可。"[1]

"驅準保藏" 獲得成功後，清朝在西藏建立起新的機構。康熙六十年，廢除了西藏地方政府中總攬大權的 "第巴" 一職，將原來的幾位 "噶倫" 即政務大臣的地位提高，負責西藏的行政工作，以此加強高級官員之間的相互牽制，便於中央對地方的控制。雍正五年（1727），兩個駐藏大臣的設置，標誌著西藏地方與清中央政府的隸屬關係進一步加強。乾隆十三年（1748），西藏再次發生叛亂，駐藏大臣被殺，清軍入藏平叛，乾隆認為："西藏經此番舉動，正措置轉關一大機會，若辦理得當，則可永保寧謐。如其稍有滲漏，則數十年後，又滋事端。朕前傳諭班第，以西藏事必當眾建而分其勢，目今乘此兵威，易於辦理，惟在相度機勢，計慮久遠，方為萬全。"（《高宗實錄》卷三七七）清利用這次平叛的機會，對西藏的管理方式進行了改革，並通過法律條文的形式將其固定下來.乾隆十六年，清政府正式授予七世達賴喇嘛管理西藏行政事務的權力，建立起了政教合一的噶廈地方政權。噶廈作為西藏地方政府，其中的噶倫由三名俗官和一名僧官構成，在達賴喇嘛和駐藏大臣的領導下處理西藏的政務，並規定噶廈的一切公文、政令，必須通過由僧官主管的譯倉審核鈐印後方能生效。也確立了清軍在西藏長期駐紮的制度。

1　姚念慈：《康熙盛世與帝王心術：評 "自古得天下之正莫如我朝"》，北京：生活·讀書·新知三聯書店，2015 年，第 289 頁。

圖 12.6　金本巴瓶和玉籤

另外，清朝還建立了金瓶掣籤制度，規定達賴和班禪轉世靈童須在中央代表的監督下，經過金瓶掣籤的方式認定（圖 12.6）。乾隆五十八年，頒佈《欽定西藏章程》，取消了達賴喇嘛的專主地位，約束其權力，同時又大大提高駐藏大臣的權力和地位，明確規定了西藏是清朝中央直接管轄的地區。經過這一系列的變革，清政府對西藏的管理逐漸穩定下來。清代啟蒙思想家魏源在《聖武記》卷五中曾評論此舉："於是事權始歸一，自唐以來，未有以郡縣治衞藏如今日者……自元明以來，未有以齊民治番僧如今日者。" 清朝直接管理西藏地區的水平達到了前所未有的程度。

（四）平定準噶爾部

清朝最後一個解決的是準噶爾部的問題，這也是清朝版圖確立的最後階段。如上文所述，明末清初的蒙古分成漠南蒙古、漠北蒙古、漠西蒙古三大部分。其中，漠西蒙古又稱為厄魯特蒙古，源於元代蒙古斡亦剌部，《明史》稱其為瓦剌，清代又稱其為厄魯特、衞拉特等，意即 "林木中的百姓"。厄魯特蒙古經過分裂、融合後，形成了準噶爾部、杜爾伯特部、土爾扈特部、和碩特部四部，顧實汗在青、藏地區建立和碩特部政權的同時，準噶爾部成為新疆地區最強大的蒙古力量。

17世紀前期，準噶爾部的首領是巴圖爾琿（渾）台吉。他把其子噶爾丹送到拉薩出家，交由五世達賴親自教育。《秦邊紀略》卷六"嘎爾旦（噶爾丹）傳"載，噶爾丹"有大志，好立奇功"，"居烏斯藏（西藏）日久，不甚學梵書，唯取短槍摩弄。黃衣僧（很可能是達賴五世）常嘆息，西方回紇，不奉佛法，護法如韋馱，僅行於三洲。嘎爾旦笑曰，安知護法不生於今日"。噶爾丹不僅獲得了五世達賴的信任，而且還和第巴桑結嘉措建立了較為密切的聯繫。巴圖爾琿台吉去世後，在五世達賴的鼓勵、支持下，噶爾丹還俗，返回準噶爾部，並成為了準噶爾部的領袖。康熙時，噶爾丹合併厄魯特四部，把漠西蒙古在新疆北部的地區統一了起來，成為新疆最強大的勢力，接著又將統治擴大到了南疆維吾爾族地區。五世達賴對此表示支持，並贈予噶爾丹"博碩克圖汗"的稱號。清廷雖然默認了噶爾丹稱汗的事實，但對其迅速興起還是存有戒心的。

　　噶爾丹的理想是恢復成吉思汗時期的大蒙古國，於是執行東進政策，與清朝爭奪對青海和碩特部與漠北喀爾喀部的控制權。康熙二十九年，噶爾丹侵入內蒙古地區，與清朝產生了正面衝突，發生了歷史上有名的烏蘭布通（今屬內蒙古赤峰市克什克騰旗）之戰。據馬思哈《塞北紀程》記載，噶爾丹"佈陣於山崗，以橐駝萬千，縛其足，使臥於地，背加箱垛，氈漬水，蓋其上，排列如柵，以自蔽，謂之駝城。於柵隙注矢發槍，兼施鈎矛，以撓我師，為不可勝計。我兵奮勇先登，無不踴躍遞進，炮火齊發，自未至戌，聲震天地。駝斃於火，頹且僕，陣斷為二……賊驚潰不支，遂破賊壘，大敗之。"噶爾丹的三萬人馬為清朝十萬大軍所敗，欲逃歸新疆，卻發現新疆已經被他的侄子策妄阿拉布坦佔據，並與噶爾丹決裂。噶爾丹於是轉頭希望逃奔西藏，但為清軍所阻。1696 年，清軍最終在今蒙古國烏蘭巴托以南的昭莫多再次大敗噶爾丹，其精銳力量損失殆盡。次年三月，眾叛親離的噶爾丹去世。

噶爾丹的失敗祇暫時挫傷了準噶爾部政權的銳氣。其繼任者策妄阿拉布坦對內發展經濟，對外擴張勢力，不僅控制了天山南北路地區，而且在康熙五十六年的時候，率兵攻入西藏，殺掉了拉藏汗，結束了蒙古和碩特部在西藏的統治，迫使清朝"驅準保藏"。策妄阿拉布坦的兒子噶爾丹策零時期，也延續了這樣的激進政策。1745 年，噶爾丹策零去世，準噶爾部出現了內訌，為清朝帶來了削平割據、統一中國的良機。乾隆二十年到二十四年，即 1755 年到 1759 年的幾年間，清軍平定了準噶爾和回部，設置伊犁將軍統轄天山南北，最終確立了清朝在新疆地區的統治。相關過程可參考王輔仁、陳慶英的《蒙藏民族關係史略》。

三、鞏固統一的民族宗教政策

經過康、雍、乾三朝約一百年的努力，清朝最終完成了統一。而統一之所以能夠延續，與清朝頗為成功的民族政策有很大關係。乾隆曾說："中國撫馭遠人，全在恩威並用，令其感而知畏，方為良法。"（《高宗實錄》卷一一一六）這明確地反映了清統治者處理民族問題的指導精神。從制度上說，清朝在皇太極時期設置了理藩院。據光緒《大清會典事例》載，皇太極時"蒙古部落盡來歸附，設立理藩院專管外藩事務"。理藩院是清代處理邊疆民族事務的最高機構，標誌著清代統一多民族國家體制的建立。從政策上說，清朝的民族政策包括"修其教不易其俗，齊其政不易其宜"；"分而治之"、"眾建而分其勢"。這發揚了中國古代以來的民族政策和管理經驗。

"修其教不易其俗，齊其政不易其宜"，就是採取"因地制宜"的辦法，根據各地不同的宗教文化傳統，對邊疆地區各族實行不同的管理制度，如在東北地區採取八旗制、州縣制的混合制度；在蒙古地區採取盟旗制；在新疆地區採取州縣制、伯克制、札薩克制三種制度；在西藏形成了噶廈制；在西南地區是土司制；在臺灣和海南地區推行的是州縣制。如果說今天的中國是"一國兩制"的話，那麼清代的民族政策可以說是"一國多制"。以新疆為例，清代新疆地區的最高軍事行政長官是伊犁將軍，統轄天山南北，但南疆、北疆的制度安排有差異。在南疆回部地區，實行伯克制。"伯克"是回語"長官"的意思。清統一新疆後，繼承並改造了傳統伯克制度：首先，按照清朝的官制，對伯克劃定品級，廢止伯克世襲制；其次，規定五品以上伯克缺，必須由總辦回疆事務參贊大臣擬定名單，奏請皇帝圈定批准；再次，伯克養廉費用按照品級由中央撥給；最後，禁止宗教領袖干預政務，伯克不得兼任阿訇等，採取政教分離的統治方式，便於中央對地方實行有效的管理。在北疆蒙古各部生活的地區，實行根據八旗制度組織原則的札薩克制。另外，在北疆和南疆東部的漢族聚居地區，則實行州縣制度。

對於加強與各民族地區上層人士的聯繫，清朝也實行了相應的政策，如聯姻制度、朝覲制度、圍班制度等。朝覲是進北京朝見皇帝；圍班就是不進京，在今天的承德地區朝見皇帝。為了會見的順利，清朝在承德地區修建了多座藏傳佛教寺廟，稱為"外八廟"。其中包括黃教寺廟普寧寺，還有規模更大的普陀宗乘之廟，它仿照拉薩的布達拉宮而建，又被稱為"小布達拉宮"。這些充分體現了清統治者對不同民族宗教、文化的尊重，因此也得到了對方的承認和尊重，誠心歸附清朝。楊念群指出，清朝分別針對內地和邊疆形成了新型的"正統性"的統治模式，清帝在內地的統治仍然依賴儒家的道德教化，對藩部的控制則主要依靠邊疆少數族群對藏傳佛教的信奉。[1]

"分而治之"、"眾建而分其勢"的經驗，是對中國傳統國家治理經驗的延續。西漢就有所謂的"眾建諸侯而少其力"（《漢書·賈誼傳》），宋、明兩代的制度設計都突出地體現了分權的原則。乾隆曾說："少其地而眾建之，既以彰賞罰之典，又使力少不能為亂，庶可寧輯邊陲。"（《高宗實錄》卷二九五）盟旗制度即是"分而治之"政策的典型，它最早行於漠南蒙古，後來又被推廣到漠北蒙古，最後成為清朝對邊疆地區實行的基本政策之一。盟旗制度的基本單位是旗，旗的地盤有一定限制，旗與旗之間的交往也多有限制，旗地也被一步一步地分割。喀爾喀蒙古原有三十多個旗，到乾隆時期，被劃為了八十多個旗。

此外，清代對邊疆民族的政策多以立法的形式確立下來，具有創新意義。其中最為重要的，是在《蒙古律例》基礎上擴展而成的《理藩院則例》，它不僅是理藩院這一機構的行政法規，也可以視為清朝

---

1 楊念群：《清朝"正統性"再認識 —— 超越"漢化論""內亞論"的新視角》，《清史研究》2020 年第 4 期。

統治蒙、藏等地區的基本法。[1] 還有《蒙古律例》、《西寧青海番夷成例》、《回疆則例》、《西藏通制》等專門法律。這些專門的法律都經過了比較長時間的修訂和調整，纔最終得以訂立，是清朝民族宗教政策經驗的制度化。

1　參鄭秦：《清朝統治邊疆少數民族區域的法律措施》，《民族研究》1988 年第 2 期。

閱讀書目

王鍾翰：《清代民族宗教政策》，載《王鍾翰清史論集》第二冊，北京：中華書局，2004 年。

馬大正主編：《中國邊疆經略史》第八編 "清朝前期的邊疆經略"，鄭州：中州古籍出版社，2000 年。

王輔仁、陳慶英：《蒙藏民族關係史略》，北京：中國社會科學出版社，1985 年。

姚念慈：《準噶爾之役與玄燁的興兵之由》，載姚念慈：《康熙盛世與帝王心術：評 "自古得天下之正莫如我朝"》，北京：生活·讀書·新知三聯書店，2015 年。

● 專制文明之巔

一般認為，中國古代發展到明清時期，國力處於逐漸衰微的階段，與西方的蒸蒸日上呈現出鮮明的對比。而從另一個角度看，中國古代以專制皇權為核心的官僚帝國體制，自秦漢奠基，到清代便達到了發展的成熟時期。從世界文明史看，古代傳統君主制國家中，中國古代君主權力的集中化程度之高、延續時間之長，是獨一無二的，是專制君主制的典型。同時，學界愈發認識到古代中國政治體制在決定社會等級、社會關係與社會觀念上的巨大權重。[1]基於此，我們將中國古代文明稱為"專制文明"。清代是中國古代政治制度發展的頂峰，故本講稱為"專制文明之巔"。這裏主要圍繞三個問題展開：一是君主集權制度的發展，二是清朝的漢化與民族特色，三是在清朝盛世背後存在的"隱憂"。這些問題也直接或間接地導致了近代一系列問題的產生。

一、君主集權制度的發展

清代君主集權制度的發展有許多方面，主要表現於尊君卑臣、秘

1　參閱步克：《政體類型學視角中的"中國專制主義"問題》，《北京大學學報（哲學社會科學版）》2012 年第 6 期；閻步克《中國古代官階制度引論》，北京：北京大學出版社，2010 年，第 8 頁。

密立儲、奏摺制度、軍機處、內務府、督撫制度等。有些是制度上的發展，有些是運作方式的改進，分別簡要介紹。

"尊君卑臣"是一種意識，主要體現在日常的政務運行當中。秦漢以後，皇帝多有意識地加強"尊君卑臣"的思想，這裏可以舉出漢代大臣上疏皇帝的兩個例子，第一條是"臣廣昧死再拜以聞皇帝陛下"，第二條是"使西域大使五威左率都尉，冀土臣某稽首再拜上書"。材料顯示，漢代大臣給皇帝的上書，其開頭往往用"昧死"、"冀土臣"、"稽首"等固定格式，明顯地體現出尊君卑臣的意味。而給皇帝上疏，是大臣的日常行為，固定格式的意義在於使"尊君卑臣"的意識深入到日常職務行為、日常政務運行當中，使其不斷得到強化。到了清代，君主專制登峰造極。錢穆曾總結說：明大臣四拜或五拜，清大臣始有三跪九叩首之制；明大臣可以侍坐，清大臣則奏對無不跪；明六曹答詔皆稱"卿"，清則稱"爾"；清大臣對皇帝奏摺，皆自稱"奴才"等。[1] 這裏要補充的一點是，臣於君前稱"奴才"最早出現於清康熙時期，且祇有很小一部分與康熙關係較為親密的官員纔可以如此。故在當時，所謂"奴才"，更多地顯示一種親近的意味，強調了大臣對皇帝的絕對服從與依附關係。[2]

清代君主集權制度創造的"秘密立儲"，是對中國古代皇位繼承制度的改進。中國古代皇位繼承制度是嫡長子繼承制，它的原則是"立子以貴不以長，立嫡以長不以賢"，皇位繼承人須是皇后所生之長

1　錢穆：《國史大綱（修訂本）》，北京：商務印書館，1996 年，第 833—834 頁。
2　祁美琴：《清代君臣語境下"奴才"稱謂的使用及其意義》，《清史研究》2011 年第 4 期。

子。這種按照血緣關係選擇繼承人的制度，理論上是一種自然選擇，希望排除人為干預，並且能夠在一定程度上消彌諸子之間的奪位之爭。然而事實卻是，中國古代的皇帝大概有一半並非以嫡長子身份繼承皇位，也曾多次引發相當嚴重的問題，最著名的包括前面曾經提及的唐李世民的玄武門之變，宋太祖、太宗"斧聲燭影"中的兄終弟及等。另外，皇子們都成長於宮廷之中，對社會不夠瞭解，治理國家能力方面也有所欠缺。宋人黃倫曾憂心忡忡地說，這些皇子們"生於深宮之中，長於婦寺之手，未嘗知哀，未嘗知憂，未嘗知苦，未嘗知懼者，其亦危哉！"（《尚書精義》卷三九）

清朝建立之初，作為北族的滿族並沒有嫡長子繼承制的傳統，繼承引發的政治問題比較突出。皇太極突然去世，生前沒有立嗣，去世前也沒有遺囑，圍繞皇位繼承問題便發生了變亂。矛盾主要集中於皇太極的長子豪格和皇太極的同父異母弟、努爾哈赤的兒子多爾袞之間，後來立了皇太極的第九子、年僅六歲的福臨為帝，是為順治。康熙即位不久，便冊立了剛滿周歲的嫡長子胤礽為皇太子，並給了他很高的待遇，史稱"正位東宮，以重萬年之統，以繫四海之心"。"凡皇太子服御諸物，俱用黃色；所定一切儀注，幾與朕相似。"（《聖祖實錄》卷五八、卷二五三）但這樣一來，容易產生的問題是，在皇帝之外出現一個新的權力中心，這對當朝皇帝無疑是一股異己力量，甚至有可能構成威脅。後來康熙對胤礽產生諸多不滿，曾兩次廢皇太子，這就造成了皇位繼承的混亂和"九子奪嫡"的局面。後來是第四子胤禛笑到了最後，是為雍正帝。不過，有一些流傳很廣的逸聞，如雍正篡改康熙詔書，將"傳位十四皇子"改為"傳位于四皇子"等，這些是經不起推敲的。首先，按照當時制度，十四子也好，四子也好，在正式的文件中都會稱皇四子、皇十四子，改"十"為"于"在句法上說不通。其次，當時的"于"多寫作"於"，很少寫成"于"，無法篡改。再次，當時的詔書應當還有滿文的版本，所以通過改漢文詔書篡位也是不大可能的。有鑑於此以及嫡長子繼承制的制度性缺陷，雍正即位後，著手改革皇位繼承制度。

正是因為雍正（圖 13.1）通過激烈的政爭纔當上了皇帝，切身地體會到皇位繼承的混亂所導

圖 13.1　泥塑彩繪雍正像

致的後果，所以雍正即位後不久，便宣佈了秘密立儲的決定。雍正說："當日聖主（康熙）因二阿哥之事，身心憂悴，不可殫述。今朕諸子尚幼，建儲一事，必須詳加審慎，此事雖不可舉行，然不得不預為之計。今朕特將此事親寫密封，藏於匣內，置之乾清宮正中世祖章皇帝御書正大光明匾額之後，乃宮中最高之處，以備不虞，諸王大臣咸宜知之"（《東華錄》卷二五）。圖 13.2 是 20 世紀初乾清宮的照片；圖 13.3 則是藏在乾清宮正大光明匾額之後的秘密立儲的匣子。所以，雍正改嫡長子繼承制為秘密立儲制。雍正十三年（1735），雍正

圖 13.2　20 世紀初年的乾清宮及其內景

圖 13.3　道光秘密立儲匣及立儲諭旨

急病突然去世後，被雍正秘密選定為繼承人的皇四子弘曆順利即位，是為乾隆。乾隆時期，秘密立儲進一步制度化，為了防止皇帝暴卒的意外，秘密立儲的決定製成一式兩份，一份藏在乾清宮正大光明匾額之後，一份由皇帝隨身攜帶。乾隆時期還編寫了一部《欽定古今儲貳金鑑》，借鑑歷史上立儲所造成的問題以及經驗，為秘密立儲制度的進一步完善做準備。乾隆明確地說：“朕歷覽諸史，今古異宜，知立儲之不可行與封建、井田等”，“建儲冊立，非國家之福，召亂起釁，多由於此”。（《清高宗實錄》卷一〇六七、卷一一八九）乾隆認為，不可不立儲，但是又不可把選擇的皇位繼承人公之於眾，這纔是良法美意。與嫡長子繼承制相比，秘密立儲擺脫了嫡長觀念的束縛，排除了其他勢力對皇位繼承的干擾，使得皇帝全權掌握選擇皇位繼承人的權力，是皇權強化、選賢任能的顯著表現。

　　一項制度的成熟，需要有配套措施與之相輔相成。對秘密立儲制來說，相配套的是清代對皇子的教育制度。鑑於明朝皇帝多有怠政，明朝皇子素養差、知識水平低等問題，清代皇帝尤其重視皇子們的教育。曾在軍機處任職的趙翼記載："本朝家法之嚴，即皇子讀書一事，已迥絕千古。余內直時，屆早班之期，率以五鼓（凌晨四時左右）入，時部院百官未有至者，惟內府蘇喇數人往來。黑暗中殘睡未醒，時復倚柱假寐，然已隱隱望見有白紗燈一點入隆宗門，則皇子進書房也"，"日日如是，既入書房，作詩文，每日皆有程課，未刻（下午一至三時）畢，則又有滿洲師父教國書、習國語及騎射等事，薄暮始休"（《簷曝雜記》卷一"皇子讀書"）。皇子們每天很早就進宮讀書，接受嚴格的漢滿文化教育。另據文獻記載，當時的皇子們可能除了除夕有休息之外，剩下的每天都是按照這樣的作息時間讀書的。法國傳教士白晉曾經在康熙身邊工作，在其著《康熙帝傳》中記載：這些皇子的教師，都是翰林院中最博學的人，皇帝特別重視皇子們道德的培養，以及適合他們身份的鍛煉，他希望他們能吃苦耐勞，儘早地堅強起來，並習慣於簡樸的生活。到打獵時，整整一個月，這些年幼的皇子同皇帝一起，終日在馬上任憑風吹日曬，他們之中的每個人，幾乎沒有一天不捕獲幾件野味回來。皇子們都能流利地講滿語和漢語，在繁難的漢語學習中，他們進步很快，那時連最小的皇子，也已學過"四書"中的前三部，並開始學習最後一部了。他讓皇子們處在歐洲人無法辦到的最謹慎的環境中成長起來。正是基於嚴格的教育，清朝皇帝的整體素質在中國古代歷朝帝王當中是十分突出的，他們都有良好的文化修養，不僅認同皇帝的角色，而且也都比較勤政。

奏摺制度，也是清代加強中央集權的重要制度。大臣給皇帝的奏疏自古就有，清初文書制度沿襲明制，奏疏分為兩類，公事用題本，私事用奏本。奏本和題本通過通政司交給內閣票擬，再經過皇帝批紅，朱批下發內閣執行（圖 13.4）。經此程序，在皇帝看到題本和奏本之前，其他機構如通政司、內閣等的官員，都已經瞭解了其中的內容。這對皇帝來說，並不利於他對權力的全盤掌握。清朝對此有所改革，創立了奏摺制度。奏摺制度開創於康熙時期。康熙中葉，皇帝允許一些親信官員用奏摺報告機密事件，派遣專人投送京師，不經通政司、內閣而直達御前。皇帝的批示用朱筆寫於奏摺上，發還執行。康熙朱批李煦奏摺時曾寫道："近日聞得南方有許多閒言，無中作有，議論大小事，朕無可以託人打聽，爾等受恩深重，但有所聞，可以親手書摺奏聞纔好，此話斷不可叫人知道。"康熙朱批王鴻緒奏摺時說："京中有可聞之事，卿密書奏摺與請安封內奏聞，不可令人知道。"[1] 以上二人，一位是地方官，一位是中央官，康熙都要求"不可叫人知道"，這就體現了奏摺的突出特點：保密。皇帝希望通過奏摺，讓各種官員把重要的問題迅速、秘密地上報，構成了皇帝和大臣之間私密的一對一聯繫。

1　中國第一歷史檔案館編：《康熙朝漢文朱批奏摺彙編》，北京：檔案出版社，1984 年，第二冊，第 659 頁；第一冊，第 277 頁。

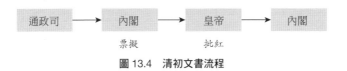

圖 13.4　清初文書流程

　　作為中央集權的專制君主，一個關鍵問題是需要盡可能迅速地掌握重要信息。奏摺突出的功能，是使皇帝能夠迅速地、多渠道地瞭解下情。《聖祖實錄》記載，康熙說："大臣乃朕股肱耳目，所聞所見，即應上聞，若不可用露章者，應當密奏。天下大矣。朕一人聞見，豈能周知？若不令密奏，何由洞悉？"（卷二七五）奏摺的另一個功能，則是皇帝通過奏摺能夠加強對大臣的控制。對此，康熙也說過："凡一切奏摺，皆朕親批，諸王文武大臣等知有密摺，莫測其所言何事，自然各加警懼修省矣。"（卷二七〇）某機構中，若干大臣都有權力給皇帝上奏摺，但彼此之間並不瞭解他人報告的內容以及皇帝批復，導致幾位大臣之間相互猜忌，這樣就更加便於皇帝對他們的掌控。雖說清以前也有類似的舉措，但是缺乏具體的制度，上報文書很容易被湮沒。唐武則天時曾置"匭"於宮外，官員、百姓都可以通過"匭"給皇帝上書，皇帝希望以此瞭解下情。但由於上書數量太多，超過了皇帝個人的處理能力，因此往往會設置匭使對這些文書加以分類、揀擇，但這又違背了皇帝直接獲得信息的目的。所以在唐代，匭無法變成固定的制度，而清代較之則更為成熟。

　　雍正以後，奏摺制度應用的範圍有所擴大，部分中級官員也獲得了使用奏摺的權力，奏摺漸漸成為清朝最重要的官方文書。雍正本人也十分重視奏摺，雍正在《朱批諭旨》自撰前言中說："此等奏摺，皆本人封達朕前，朕親自覽閱，親筆批發，一字一句皆出朕之心思，無一件假手於人，亦無一人贊襄於側。"他告誡臣下："凡有密奏，密之一字最為切要，臣不密則失身，稍有疏漏，傳播於外，經朕聞知，則貽害於汝匪淺，追悔莫及矣。"奏摺進一步制度化的表現，一是應用了奏匣。雍正說："朕將內製皮匣發於諸臣，令其封鎖奏達，蓋取堅固慎密，他人不敢私開也"，這從制度上保證了奏摺的保密程度。二是奏摺存檔制度進一步嚴密。雍正規定："所有皇父朱批旨意，俱著敬謹查收進呈，或抄寫、存留、隱匿、焚棄，日後敗露，斷不宥恕，定行從重治罪"，"嗣後朕親批密摺，下次具奏事件內，務須進呈，亦不可抄寫存留"。這樣，所有的朱批都保存在了紫禁城中，也成為今天瞭解清代政治及其運作的重要資料。奏摺逐漸成為清代的正式官文書，到了乾隆年間，奏本被廢除。奏摺制度加強了君主對信息的壟斷和操縱。[1]

軍機處的產生，是清代中樞機構的重大變革。對清前期的中樞制度及其發展，趙翼《簷曝雜記》卷一"軍機處"曾有概括："國初承前明舊制，機務出納悉關內閣，其軍事付議政王大臣議奏。康熙中，諭旨或有令南書房翰林撰擬。……雍正年間，用兵西北兩路，以內閣在太和門外，儤直者多，慮漏泄事機，始設軍需房於隆宗門內，選內閣中書之謹密者入直繕寫。後名軍機處。地近宮庭，便於宣召。為軍機大臣者，皆親臣重臣。於是承旨出政，皆在於此矣。"內閣、議政王大臣會議、南書房、軍機處代表了清初中樞機構的四個發展階段和

1　參白彬菊：《君主與大臣：清中期的軍機處（1723—1820）》，董建中譯，北京：中國人民大學出版社，2017 年，第 314 頁。

過程，這裏分別簡要地進行介紹。

議政王大臣會議的演變過程，是從議政王大臣會議變成議政大臣會議，直至取消。清初有滿洲貴族參政的傳統。努爾哈赤建立後金，便設置了議政大臣五人，與諸貝勒每五日一次討論國政，公斷是非。皇太極時期，為了分散諸貝勒的權力，命八旗總管大臣參加議政，成為王大臣共同輔政的形式，即所謂"議政王大臣會議"。康熙親政後，取消了宗親貴族參與議政的資格，議政王大臣會議變成了議政大臣會議，議政範圍也有所縮減，其在中樞決策中的地位大為下降。雍正時期，皇帝大權獨攬，議政大臣會議遭到冷落，特別是成立軍機處以後，議政大臣會議有名無實。乾隆時期正式取消。議政王大臣會議的沒落，反映了宗室貴族在中央決策中地位的下降，與此相伴的是皇權的不斷上升。

明朝廢宰相、設內閣，輔助皇帝決策，內閣是明朝最重要的中樞機構。清入關後，仿照明制，以內閣作為政府的中樞機構，但其權力遠不及明代，也存在權勢逐漸衰落的過程。首先，在清初，內閣之外設有議政王大臣會議，凡軍國機要不經內閣票擬，而是由議政王大臣會議策劃、皇帝裁決。這樣一來，清內閣的權力比明內閣大為萎縮。其次，明代的內閣主要由閣臣票擬供皇帝裁斷，皇帝並不參與內閣票擬的過程，但清代的皇帝則是直接參與票擬。從這點來說，清內閣的權力也遠不及明。

康熙時，在議政王大臣會議和內閣之外，設置了與皇帝更為親密的南書房，史稱"章疏票擬，主之內閣。軍國機要，主之議政處。若特頒詔旨，由南書房翰林院視草"（《養吉齋叢錄》卷四）。南書房成為康熙皇帝的機要參謀和秘書班子。重要的詔旨均由南書房草擬，內閣的地位再次下降。

軍機處則產生於雍正年間。由於雍正有意地限制議政大臣會議和內閣的權力，加上雍正七年對西北蒙古用兵，軍報頻繁，於是在其住所養心殿附近的隆宗門內，設立了一個叫軍需房的機構，佈置幾個大臣每日值班，協助皇帝處理軍務，後來更名為軍機處。從地理位置上看，紫禁城大致可以分成兩部分，以乾清門為界限，其外為太和殿、中和殿、保和殿三大殿，是皇帝上朝、接見大臣的地方，是皇帝的辦公區。乾清門內是皇帝的生活區。由皇帝的辦公區進入皇帝的生活區，有嚴格的門禁制度，隆宗門正是乾清門西側的重要禁門，故軍機處的設置地點緊挨著皇帝生活區。從軍機處的職能上來講，清人曾說："諸臣陳奏，常事用疏，自通政司上，下內閣擬旨。要事用摺，自奏事處上，下軍機處擬旨，親御朱筆批發。" 即一般的陳奏通過奏疏由內閣處理，機要事務則是通過奏摺由軍機處處理。從設置伊始，軍機處所處理的文件的重要性要高於內閣。"自是內閣權移於軍機處，大學士必充軍機大臣，始得預政事。日必召入對承旨，平章政事，參與機密"（《清史稿・張廷玉傳》），內閣大學士祇有充任軍機大臣，纔有機會協助皇帝，參與處理軍政要務。

正是由於軍機處隨時在皇帝身邊，雍正覺得十分方便，所以在西北軍務緩和以後也沒有裁撤軍機處，這使得軍機處慢慢地制度化。光緒《清會典》卷三描述軍機處的職責時說："掌書諭旨，綜軍國之要，以贊上治機務。" 具體的職掌包括撰擬諭旨、處理奏摺、參議大政，議後提出處理意見並奏報皇帝裁奪，還參與重大案件的審理、對重要官員的任免和考核，跟隨皇帝出巡，奉旨出京查辦事件等。軍機處在清代沒有定員，所有軍機處的成員都是兼職。軍機處職位分成兩個層次，一是軍機大臣，二是軍機章京。軍機大臣一般有四五個人，地位更高，由親王、大學士、尚書侍郎或京堂充任，稱為"大軍機"。軍機章京的地位低一些，稱為"小軍機"。軍機大臣需要每天值班，隨時等候皇帝召見，而且當天事務必須當天處理完畢，保證處理政務的效率。由於軍機處協助皇帝處理重要的政務，皇帝走到哪，軍機處就設在哪。總結起來，軍機處有三個特點：簡、速、密，"簡"是機構精簡，人員兼職，皇帝可以隨時調來調走，便於控制；"速"是迅速，辦事效率高；"密"這一點尤為重要，軍機處中間環節少，處理奏摺直達皇帝，皇帝下發意見給軍機處，軍機處直接送遞給執行官員，保密性很強。所謂"廷寄諭旨"是清代詔書中保密性最高的一種，即由軍機處來執行。軍機處設立以後，成為輔佐皇帝決策的重要中樞機構，它的存在也使得清代皇權的行使與前朝相比有了明顯的差別。白新良論述說："由於軍機處成為主要決策機構，雍正帝不但像前此各代帝王一樣擁有對中樞決策的批准權和否決權，而且，還擁有了對所有事務的決策權，從而徹底改變了前此清代帝王地位雖高但是在中樞決策中作用並不重要的現象。"[1] 皇帝對政務決策的參與度比以前的帝王要高得多，這是清代皇權發展的特點，也是清代君主專制發展的顯著表徵。

　　清代君主集權制度的發展，還體現在對宦官管理方式的成熟上。

1　白新良：《清代中樞決策研究》，瀋陽：遼寧人民出版社，2002 年，第 207 頁。

在紫禁城交泰殿的附近，有一塊順治時的鐵牌，略曰："但有犯法干政，竊權納賄，囑託內外衙門，交結滿漢官員，越分擅奏外事，上言官吏賢否者，即行凌遲處死，定不姑貸。"（《養吉齋叢錄》卷二五）這是針對宦官的。在明朝，朱元璋也立過類似的鐵牌，告誡宦官不得干政，但朱元璋的鐵牌後來被王振砸了，並未有效阻止明朝宦官專權現象的出現。僅僅有皇帝的告誡並不夠，還必須要有配套措施，從制度上遏制問題的發生。清朝對宦官的管理方式，是設了專門的機構內務府，以此替代以往由閹人把持的內廷機構，"收閹宦之權，歸之旗下"（《石渠餘記》卷三"紀立內務府"）。內務府各個機構管理皇帝生活起居，相關職務有專門的大臣擔任，清人曾十分自豪地說："我朝龍興之初，創立內務府，以往昔之舊僕專司其事。……其閹人寺宦，則惟使之供給灑掃之役，毋得任事，將漢唐宋明歷代諸弊政，一旦廓而清之。其法度之精詳，規模之宏遠，尤為超越千古矣。"（《嘯亭雜錄》卷八"內務府定制"）若哪個太監略有放縱，許內務府先拿後奏，加強了對宦官的管理。清朝有名的宦官如李蓮英之輩，雖深受恩寵，但畢竟對當時的政務都沒有過多的干預。清朝對宦官的管理是比較成功的，這也是制度成熟的表現之一。

以上幾項是中央制度，下面再談談地方的督撫制。總督和巡撫在明朝就已出現，清朝進一步制度化。清代內地的政區分成十八個省，省是一級行政區；府是二級行政區，另有直隸廳、直隸州等同於府；縣、散廳、散州是三級行政區。巡撫為一省之長，每兩省或三省設總督一名，總督重兵事，巡撫重吏事。清前期，總督的地位更高，到了清中後期，總督和巡撫的地位相差無幾。常說的"封疆大吏"就是指的這些人。

中國古代的三級制容易造成割據的問題，但清代卻沒有出現類似的問題，也是制度成熟的表現。具體來看，督撫制度在設置上有幾個特點：首先，總督巡撫“例兼部院銜”，即都要加中央的頭銜，意味著他們是中央派出的官員。其次，清代的總督、巡撫一直沒有本衙門的屬官。同時，督撫沒有正方形的官印，而使用的是長方形的關防，也與地方官有很大不同。從這幾點來看，總督、巡撫並不是嚴格意義上的地方官，而是具有中央派出身份的地方官，具有中央官和地方官的雙重屬性，有助於中央對他們的管理，也加強了他們對中央的認同。從中央對督撫的控制和監督上看，一方面，督撫權力相對突出，事權的統一減少了明朝三司分立時相互推諉、延誤事情的現象，有利於中央決策的貫徹和地方行政效率的提高。另一方面，督撫在人事、財政、司法等關鍵問題上沒有決定權，這些權力依然屬於皇帝。同時，督、撫級別相近，又都有給皇帝上奏摺的權力，總督、巡撫彼此牽制、相互制衡。正是由於這樣一系列制度的相互配合，清朝的總督和巡撫雖然位高權重，但並沒有出現尾大不掉的局面。清統治者通過對中國古代中央地方關係構建經驗的總結，使得地方制度進入了相對成熟的時期，這是地方制度的重要發展。

二、漢化與民族特色

清朝是北族建立的國家，也是中國歷史上北方諸族所建立政權中最成功的一個。這些北族建立的政權，要統治中原地區，都會或多或少地利用“漢制”，進行“漢化”。正因為如此，學者自然把清的成功與漢化聯繫起來。西方漢學界代表人物費正清（John King Fairbank）在《中國：傳統與變遷》中提出，"滿族統治者比前代的蒙古統治者更好地借鑑了儒家的統治方式。他們之所以成功，就在於他們學習了漢人的政權組織方式"，"清建都北京後任用了大批漢族官員，實際上成為滿漢合作的政權"。同時，契丹以後的北族政權，對自身文化的認同也在不斷加強。清在漢化的同時，也"力圖不被漢人同化，以此來維護其民族意識與民族特徵"，這使其制度頗具特色。[1]

　　清朝的漢化，從入關之前就已經開始了。當時他們對漢制的瞭解主要來自明和蒙古，先是仿照明制改定八旗將領的官銜，用明的總兵官、副將、參將、游擊、備禦等名稱替代了滿語的固山額真、梅勒額真、甲喇額真、牛錄額真等。皇太極時，又翻譯了《明會典》、《資治通鑑》、《孟子》等書，包含了漢地的政治制度、史學、思想、文學等多方面內容，同時加強滿洲諸貝勒、大臣子弟的教育。入關後，順治皇帝就曾多次有"滿漢官民俱為一家"、"滿漢人民皆朕赤子"、"不分滿漢，一體眷遇"之類的表述，在意識形態領域，清朝不像元朝那樣強調民族壓迫政策，而是強調滿漢一體。在實際政治中，清代對漢制也多有借鑑，文武官制"略仿明制而損益之"（《清文獻通考》卷七七），中央官多滿漢官員同等擔任，道府以下地方官多由漢人擔任。利用漢制的重要方面，是對法律制度的繼承。清朝沿襲明律，制訂了《大清律》，並且利用明朝萬曆年間的《賦役全書》作為

1　費正清：《中國：傳統與變遷》，張沛、張源、顧思兼譯，長春：吉林出版集團有限公司，2013 年，第 190、198、195 頁。

國家徵派賦稅、徭役的依據。在文化教育方面，順治十四年（1657），將儒學的祖師孔子定為"至聖先師"（圖13.5），加強滿族對漢文化的認同。

不過，漢化畢竟是一把雙刃劍，金漢化以後猛安謀克戶貧困化以及相關的積弱現象就是前車之鑑。清的建立者與金同宗同源，自然對此問題十分重視。因此，清統治者對漢化有所戒備，並十分重視保存自己的民族特色，避免重蹈金的

圖13.5　果親王允禮繪孔子像

覆轍，"恐日後子孫忘舊制、廢騎射，以效漢俗"（《太宗實錄》卷三二）。皇太極強調說："我國家以騎射為業，今若不時親弓矢，惟耽宴樂，則田獵行陣之事，必致疏曠，武備何由而得習乎？"（《太宗實錄》卷三四）從國家政策來看，則以"國語騎射"作為根本的國策，希望加強對自身文化的認同，保持尚武精神。

但從較長時段來看，這些舉措並不成功。以滿語為例，乾隆時期，大臣因為不熟悉滿語，故准許用漢字寫奏摺。清中期，道光皇帝曾考試滿洲高級官員滿語，結果"翻譯通順及稍有錯誤者，不過十之三四，竟有不能落筆者過半"（《宣宗實錄》卷七九）。在滿族發源地，"土人皆用漢語，微特民人無習滿語者，即土著之滿人亦如之"

（《宣統承德縣志書》）。在統治廣闊漢地的大背景下，滿族人的滿語難以維持。美國學者歐立德（Mark C. Elliott）在其著作《滿洲之道》（*The Manchu Way*）中提出，像滿語、騎射這樣的族姓標誌是發展變化的，經過三百年的發展，滿語和騎射這些外在的文化符號可能蕩然無存，但是依託八旗制度，滿洲人心中有分明的旗民劃分，他們也明白，作為旗人所享有的政治、經濟、法律和社會意義，這些內在的思想最終變成一種不可磨滅的內在民族意識。歐立德強調了民族不僅僅是一些符號，更是一種認同，由於滿族人對自身民族的認同，所以它的民族特色也保存了下來。以前研究民族，主要強調其外在因素，如服飾、語言、風俗等，而現代民族學更強調民族的認同。外在的符號可能不存，但民族認同沒有消失，反而加強成為一種內在的民族意識。張雙智也有類似的看法："保持滿洲人固有的習俗和本族意識，這也是從努爾哈赤、皇太極起，清朝諸帝的共識。清帝的努力與北魏鮮卑族斷北語、易胡服，遼、金、元走的路子不同，而是堅定不移地培養與漢人平等的滿洲共同體的意識，使之具有了近代意義上的民族特性。所以，從乾隆以降，滿洲人雖然漢化越來越嚴重，但強烈的滿洲意識卻始終存在。"[1] 從這樣的學術背景出發，有些學者提出，清代的成功不是漢化的成功，持此觀點的學者多屬 "新清史" 學派。其代表人物羅友枝（Evelyn S. Rawski）在 20 世紀 90 年代末出版的專著《最後的皇族：清代宮廷社會史》中，開宗明義地說："本書不認為漢化是清朝統治獲得成功的主要原因，相反，本書得出了完全不同的

1　張雙智：《清代朝覲制度研究》，北京：學苑出版社，2010 年，第 269 頁。

結論：清朝成功的關鍵因素在於，它有能力針對帝國之內亞邊疆地區的主要非漢族群體採取富有彈性的特殊文化政策的能力。"[1] 此觀點一出，引發了學術界熱烈的討論，可以參考羅友枝的《再觀清代》與何炳棣的《捍衛漢化》。[2] 新清史學者主要強調兩點，一是對非漢文史料的利用，一是以內陸亞洲視角突出滿族的特色，強調清代制度與此前不同，具有獨特性。開拓史料的利用範圍，帶來新視野，對推動研究深入無疑是有價值的。但在對清朝制度獨特性的強調上，則因為新清史學者往往忽視清朝對傳統帝國體制的繼承性，且因為對內亞特性本身的揭示不夠，遭到學界的諸多質疑。

回到漢化的問題，從長時段來看，歷史上統治中原的北族王朝，多少都有漢化的現象，但其漢化的程度各不相同。為什麼會有這樣的差別呢？魏特夫（Karl August Wittfogel）從生產生活方式的差異角度認為：如把遼代與元代發生的有限的涵化同金代與清代的較大的文化融合相比較，便可以知道將兩種不同的征服者（一種是游牧民，一種是擁有牧群的農民）所建立的兩種不同類型的征服社會加以區別是有意義的。半農業的女真族，作為中國的統治者，衹控制了中國北部。他們很快放棄了他們很大一部分民族風俗，比游牧的蒙古人在佔領整個中國本部以後所放棄的要多得多。而融合得最成功、掌權時間最長

1　羅友枝：《最後的皇族：清代宮廷社會史》，周衛平譯，上海：上海人民出版社，2020年，第13頁。

2　這兩篇文章以及有關 "新清史" 的相關討論，可以參考劉鳳雲、劉文鵬編：《清朝的國家認同 ──"新清史" 研究與爭鳴》，北京：中國人民大學出版社，2010年。不同意見，還可參考葛兆光等著：《殊方未遠：古代中國的疆域、民族與認同》，北京：中華書局，2016年。

的滿族人，則是在征服中國的部族中最少游牧性的。[1] 劉浦江也提出：
在遼金元清四個北族王朝中，女真人建立的金朝和滿族建立的清朝，
屬於典型的漢化王朝。生活方式是決定北方民族漢化程度的首要因
素。與農耕民族的生活方式差異越小，漢化就越容易、越徹底，與農
耕民族的生活方式差異越大，漢化就越困難、越膚淺。中國歷史上的
北族王朝，對漢文化採取積極接受的態度還是消極抵制的態度，大抵
上即取決於此。[2]

三、盛世的隱憂

中國古代史上有若干被稱為盛世的時期，康熙至乾隆時期是最
後一個。這一百年是中國統一多民族國家大發展的時期，也是經濟
持續增長的時期。從世界範圍對比來看，安格斯·麥迪森（Angus
Maddison）在《中國經濟的長期表現》中估算，在這一百年的時間
裏，中國經濟在世界經濟中所佔的比重是相當大的，而且還從 22.3%
增長到了 32.9%。（表 13.1）

盛世之下，也存在著許多問題。首先是吏治的腐敗，這個問題歷
朝歷代都有，所謂"權重處便有弊"（《朱子語類》卷一三四），"權
力產生腐敗"。清代的腐敗表現出制度性和集體性的特點。制度性腐
敗主要體現在陋規當中。陋規是慣例性的非法收費，近似於將貪污腐
敗合法化，這就加重了百姓的普遍壓力。"耗羨"就是陋規之一，當

---

[1] 魏特夫：《中國社會史 —— 遼（907—1125）：總論》，載王承禮主編：《遼金契丹女真
史譯文集》，長春：吉林文史出版社，1990 年，第 25 頁。
[2] 劉浦江：《松漠之間 —— 遼金契丹女真史研究》，北京：中華書局，2008 年，第 237 頁。

表 13.1　1700、1820 年世界 GDP 分佈及年增長率表

	中國	歐洲	印度	日本	美國	俄國 （蘇聯地區）	平均
1700 年	22.3%	24.9%	24.4%	4.1%	0.1%	4.4%	
1820 年	32.9%	26.6%	16.0%	3.0%	1.8%	5.4%	
年增長率	0.85%	0.58%	0.17%	0.25%	2.72%	0.69%	0.52%

時百姓用銀兩繳納賦稅，地方官府需要將散碎的銀子鑄成大塊的銀錠纔能上交國庫，在鑄造過程中或多或少會有一些損耗。官府就要由百姓來承擔損耗，因此要求百姓比制度規定的賦稅多交一些上去，便是"耗羨"。但實際狀況卻是，耗羨大大地超過了熔鑄過程中的真實損耗，百姓怨聲載道。中央政府的解決辦法是把耗羨制度化，即雍正朝的"耗羨歸公"，希望以此打擊地方官員的任意攤派。但結果卻是地方官府"將耗羨之外，又增耗羨"（彭端淑《耗羨私議》），陋規合法化後，又出現了新的陋規，國家難以控制。這是制度性腐敗的典型表現。

　　集體腐敗的典型例子，則是在乾隆四十六年（1781）的甘肅"捐監冒賑案"。甘肅布政使王亶望每年虛報旱災，得到國家的補助，謊稱以粟賑濟，私留銀兩，歷時七年纔被發現。案發以後，審查的結果表明，自總督以下皆有分取，從王亶望家抄出資產達三百餘萬兩。此案涉及甘肅省絕大部分的官員，最終處死了五十六人，免死發遣者四十六人。另外更為人熟知的是和珅，和珅在嘉慶年間被處理的時候，其資產為清朝年收入的五倍以上，所以當時民間諺語說"和珅跌倒，嘉慶吃飽"。

在社會層面，主要是大興文字獄。文字獄在中國古代也不是新鮮事，在清朝的影響卻比較大。康熙時候出過兩個有名的案子，一是莊廷鑨的《明史》案，一是戴名世的《南山集》案，都與書寫明朝的歷史有關。這兩部書在寫南明歷史的時候，都用了南明的年號，以南明為正統，這當然為清朝統治者所不容。雍正時又出了曾靜、張熙謀反案。曾靜、張熙師徒二人受到呂留良的影響，強調華夷之辨和反清復明，曾勸說清朝重要將領岳鍾琪反清復明。岳鍾琪不聽，反而將二人告發，於是出了這起謀反案。這個案子比較特別的一點是，雍正皇帝編了一部《大義覺迷錄》，收集了雍正皇帝對曾靜、張熙的批駁，強調清超越了華夷之辨而行滿漢一體的思路。如果說康熙和雍正時期的文字獄，確實有申明正統的意義在，那麼乾隆時期的文字獄，則顯得十分泛化和穿鑿附會了，如詩文中明、清二字共存，即被當作謀反處理，這就反映了當時皇帝對統治的不自信，以及對社會問題認識不清。

文字獄發生的同時，乾隆三十三年前後還發生了一起"叫魂案"，也對清朝社會產生了較大的影響。對此，美國學者孔飛力有一部很有名的學術著作《叫魂：1768年中國妖術大恐慌》，通過對該案在民間層次的影響、對官府的影響，以及對乾隆皇帝的影響三個層次的分析，可勾勒出當時社會、皇帝與官僚機構之間存在的問題。他首先指出，"叫魂"實際上是一種民間妖術，"一旦官府認真發起對妖術的清剿，普通人就有了很好的機會來清算宿怨或謀取私利。這是扔在大街上的上了膛的武器，每個人——無論惡棍或良善——都可取而用之。在這個權力對普通民眾來說向來稀缺的社會裏，以‘叫魂’罪名來惡意中傷他人成了普通人的一種突然可得的權力，對任何受到橫暴的族人或貪婪的債主逼迫的人來說，這一權力為他們提供了某種解脫；對害怕受到迫害的人，它提供了一塊盾牌；對想得到好處的人，它提供了獎賞；對妒嫉者，它是一種補償；對惡棍，它是一種力量；對虐待狂，它則是一種樂趣"。這段話精彩地描述出"叫魂案"反映出的社會狀況，即不惜犧牲別人為自身謀得安全。此外，從乾隆對這件事的高度關注出發，孔飛力揭示出了皇帝所不能掌控的權力。君主通過各種各樣的方式加強自己的權力，但在某一天，他突然發現一種妖術的產生，極大地反映了地方政府在處理妖術的過程中官僚化的傾向，甚至是皇權所不能控制的，於是他就利用這樣的叫魂案整頓官場。"弘曆的憂懼亦真亦幻。真實的部分在於，他難以打破官僚體制自我滿足、常規裹足的積習。君主要維護鞏固自身的利益，就必須不斷訴諸專制和無常的權力，而提出政治罪指控則是這種權力的最佳機會。幻影的部分則在於，他對於無法為他所見的勢力心存恐懼，妖術當然就是這樣的一種勢力，但還有來自於謀反和漢化的雙重威脅"。[1]

在以上背景之下，1793 年，還發生了英國使節馬戛爾尼訪華事件。這個事件表面上是英國為了慶祝乾隆的八十三歲壽辰，實際上是英國希望通過這次覲見，使清政府多開放一些口岸進行通商，試圖打開中國市場，但被清朝拒絕了。馬戛爾尼來訪時，清宮還編排演出了一部《四海昇平》的頌壽戲劇，裏面特別加上了外國使者在天朝皇帝

1 孔飛力：《叫魂：1768 年中國妖術大恐慌》，陳兼、劉昶譯，北京：生活・讀書・新知三聯書店、上海：上海三聯書店，2012 年，第 285、280 頁。

的庇護之下纔到達清朝，向皇帝朝貢之情節，如"有映咭唎國，仰慕皇仁，專心朝貢"云云。到了嘉慶時期，英國又陸續派了使者請求通商，也都被清朝拒絕了。《仁宗實錄》卷三二○載："爾國距中華過遠，遣使遠涉，良非易事。且來使於中國禮儀不能諳習，重勞脣舌，非所樂聞。天朝不寶遠物，凡爾國奇巧之器，亦不視為珍異……嗣後無庸遣使遠來，徒煩跋涉。"這種天朝大國的自負觀念以及對歐洲經濟、科技迅速發展事實的茫然無知躍然紙上。多次漠視之後，再來的就是西方帝國主義的堅船利炮了。

閱讀書目

郭成康：《十八世紀的中國政治》再版前言、第一章，北京：中國人民大學出版社，2021年。

白彬菊：《君主與大臣：清中期的軍機處（1723—1820）》第一部分，董建中譯，北京：中國人民大學出版社，2017年。

孔飛力：《叫魂：1768年中國妖術大恐慌》第九章、第十章，陳兼、劉昶譯，北京：生活‧讀書‧新知三聯書店、上海：上海三聯書店，2012年。

黃興濤：《清代滿人的"中國認同"》，《清史研究》2011年第1期。

沈培建：《〈君主與大臣〉：西方法治視野中的清朝軍機處 —— 兼論"衝擊—回應"說及學術與國際"接軌"》，《史學理論研究》2020年第5期。

徐忠明：《皇權與清代司法運作的個案研究 —— 孔飛力〈叫魂〉讀後》，《華東政法學院學報》2000年第1期。

●

元明清時期的經濟與社會

一、元朝的經濟與社會

元世祖忽必烈即位以後，重視農業，採取促進農業生產、恢復經濟的措施。中統元年（1260）便在各地設置勸農官，以"通曉農事者"充任。《元史·食貨志》記載："世祖即位之初，首詔天下，國以民

圖 14.1 《農桑輯要校注》封面

為本，民以衣食為本，衣食以農桑為本。於是頒《農桑輯要》之書於民，俾民崇本抑末。"《農桑輯要》（圖 14.1）是我國第一部官撰農書，對 13 世紀以前的農耕技術經驗進行了系統總結，"耕蠶之術，畜孳之方，天時地利之所宜，莫不畢具"（蔡文淵《農桑輯要序》）。政府將該書頒發給各地勸農官，供指導農業生產之用。這一系列舉措，突出地發揮了官僚體制對農業發展的積極影響。

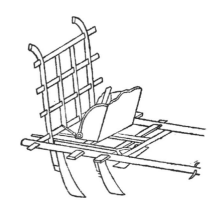

其高以十丈為準，上下架木，各豎一輪，下輪半在水內。各輪徑可四尺，輪之一周，兩旁高起，其中若槽，以受筒索。

下種器也……近有創製下糞耬種，於耬斗後別置篩過細糞，或拌蠶沙，構時隨種而下，覆於種上，尤巧便也。

耬車　　　　　　　　　　高轉筒車

圖 14.2　《王禎農書》中的部分農器圖譜

　　元代在主要延續前代農具的基礎上，還有少量發明創造。元代農具分工很細，每個生產環節，都有專門的工具。中國古代的農業生產工具，至元代發展到一個高峰，以後再沒有重要的創造。[1] 通過 14 世紀初成書的《王禎農書》，還可以見到不少當時農具的樣貌。《王禎農書》分為"農桑通訣"、"百穀譜"、"農器圖譜"三部分，"農器圖譜"是其一大特色，篇幅佔全書的 4/5，不僅繪有 281 幅圖，涉及 100 餘種農具，而且還對農具的構造和用法加以文字說明（圖 14.2）。

　　總體而言，元朝農業在北方及南北交界的兩淮地區都有所恢復，

<hr>

1　陳高華、史衛民：《中國經濟通史（元代經濟卷）》，北京：經濟日報出版社，2000 年，第 156 頁。

在江南地區有所發展，邊疆地區的農業開發成績更為明顯。學者估算元代的耕地面積在 5.35 億畝左右，[1] 這個數字比唐、宋都要低一些。

元初開始完善戶口調查統計制度，並以"戶口增"作為考核地方官政績的標準。經過十餘年的和平發展，南方地區的戶數已達到南宋末年的水平。元代人口高峰出現在元順帝時，約為九千萬人，位於唐、宋之間。[2] 隨著農業生產的恢復與人口數量的增長，元代的手工業和商業也在前代基礎上有一定發展。

梁方仲指出，從元代整個手工業的社會生產力看來，它比兩宋時代有了一定的提高。這不祇表現為生產技術水平的提高、生產工具的改善，也表現在產量和產品種類的增加、國內外市場的擴大等方面。[3] 其中最為引人注目的，無疑是棉紡織業的發展。古代的棉花又名吉貝，也稱木棉。《王禎農書》記載："其種本南海諸國所產，後福建諸縣皆有，近江東、陝右亦多種，滋茂繁盛，與本土無異，種之則深荷其利。"棉花栽培在南方逐漸普及，開始向北方拓展，還從西域引進了新的棉種，種植於陝甘一帶。在元代，棉花已經和絲、麻一道，成為最主要的紡織原料。

棉紡織業隨之發展，一系列技術逐漸配套、成熟。元朝前期，黃道婆將海南島的製棉工具和棉紡織技術帶到松江（今上海市），進一步革新，松江逐漸發展成為棉紡織業中心。陶宗儀的《南村輟耕錄》

1　李美嬌、何凡能、楊帆、李士成：《元代前期省域耕地面積重建》，《地理學報》2018年第 5 期。

2　吳松弟：《中國人口史》第三卷，上海：復旦大學出版社，2000 年，第 383—391 頁。

3　梁方仲：《元代中國手工業生產的發展》，載《梁方仲經濟史論文集》，北京：中華書局，1989 年。

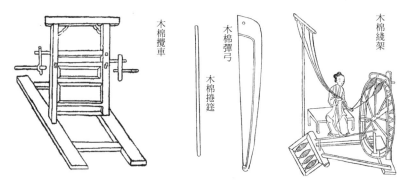

木棉攪車

木棉彈弓

木棉捲筳

木棉綫架

圖 14.3 《王禎農書》中的木棉紡織工具

卷二四對此有所記載："國初時,有一嫗名黃道婆者自崖州(今海南三亞)來,乃教以做造捍(攪車,即軋棉機)、彈(彈棉弓)、紡(紡車)、織(織機)之具,至於錯紗配色,綜綫挈花,各有其法。以故織成被褥帶帨,其上折枝、團鳳、棋局、字樣,粲然若寫。人既受教,競相作為,轉貨他郡,家既就殷。"(圖 14.3)由於棉布的市場日益擴大,絲綢、麻布市場則相對有所收縮。

宋朝是中國古代製瓷業的高峰期,元朝在宋朝基礎上又有所發展。元代製瓷業遍佈全國,和前代相比,鈞窯等窯系逐漸衰落,景德鎮燒造技術進步,生產規模擴大,成為元代製瓷業的代表。元代早期,瓷器生產以青白瓷、黑釉瓷和卵白釉瓷為主;元代中期,卵白釉瓷上升到了重要地位,青花瓷工藝有所發展;元代晚期,青花瓷燒造已達成熟,並產生了釉裏紅(彩釉中含有銅的成分,燒成後呈紅色,故稱釉裏紅。這是元代的新創造)、青花釉裏紅、紅釉、藍釉、孔雀綠釉、紅綠彩瓷等品種。青花瓷工藝的發展是元代製瓷業的重要成就。(圖 14.4)

圖 14.4　元青花雲龍紋獸耳蓋罐及釉裏紅彩斑貼塑蟠螭龍紋高足轉杯

　　元代社會飲酒之風盛行，釀酒業獲得了空前的發展。元代的酒大致可以分為糧食酒、果實酒、馬奶酒和白酒四類。其中酒精含量較高的白酒（蒸餾酒），始於元代，李時珍《本草綱目》卷二五記載，"燒酒非古法也，自元時始創其法"。元人好飲，故酒的生產規模頗大，在大城市尤為顯著。"京師列肆數百，日釀有多至三百石者，月已耗穀萬石，百肆計之不可勝算"（姚燧《中書左丞姚文獻公神道碑》），"杭州一郡，歲以酒糜米麥二十八萬石"（《元史・武宗本紀》）。大都和杭州釀酒所耗穀的數量驚人，從一個側面反映了當時釀酒業的發達。

　　元代農業和手工業的恢復、發展，對商業產生了積極的影響。有學者認為，元代商業的繁榮程度超出了其農業、手工業所達到的實際水平。元代商業的發展得益於一些得天獨厚的條件。元代見不到其他朝代經常出現的打擊商人、抑制商業的活動。相反，從政府到蒙古、

 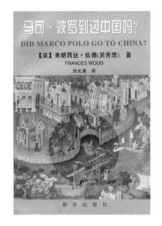

《馬可波羅行記》對歐洲乃至世界都產生過重大影響。現存各種文字的抄本約一百四十種。有少數學者認為馬可波羅並未真正到過中國，其書中內容主要來自傳聞和虛構。[1]

圖 14.5　討論馬可·波羅是否曾到過中國的兩種著作

色目貴族普遍積極參與經商逐利，這是造成商業繁榮的重要原因。相對於宋金對峙時期南北商業交流受到阻隔，元朝的大統一為商業發展開闢了廣闊前景。元朝疆域廣大，還有橫跨歐亞的四大汗國，促進了商人的往來和商品的流通。當時元朝的良好貿易環境給外國人留下了很深的印象。14 世紀的大旅行家伊本·白圖泰在其遊記中寫道："對商旅來說，中國地區是最安全、最美好的地區。一個單身旅客，雖攜帶大量財物，行程九個月也儘可放心。因為他們的安排是每一投宿處都設有旅店……登記旅客姓名、加蓋印章後店門關閉。翌日天明後，官吏率錄事來旅店，逐一點名查對，並繕具詳細報告，派人送往下

1　新的研究，可以參考傅漢思：《馬可·波羅到過中國：貨幣、食鹽、稅收的新證據》，党寶海、馬曉林、周思成譯，北京：北京大學出版社，2022 年。

站，當由下站官吏開具單據證明全體人員到達。"[1]

大都作為全國的政治中心，其繁華給馬可·波羅留下了深刻印象（圖 14.5）。大都所需的糧食、布帛等主要仰給於江南。元朝疏通了京杭大運河，又開闢了沿海運輸綫。據《元史·食貨志》，在元文宗時，江浙、江西、湖廣三省糧食產量相加，已超過全國糧食產量的一半。每年海運至大都的糧食約三百三十萬石，都由江浙承擔；由大運河北運糧食五百萬石，多半來自江南。自唐代以來經濟重心南移的過程已經完成，北方政治中心對南方經濟的依賴結構更為穩固。

相對於已經頗為開放、流動性較強的宋代社會，元代社會的特點是存在世襲的特權與世代相承的職業和地位。戶計制度是其代表。戶計制度是將蒙古人及其屬民都以一定職業按戶劃分的辦法（表14.1），每種戶計都要為國家承擔某種特定義務。最基本的一類是民戶，包括一般地主、自耕農和佃戶等。民戶之外，承擔全國一千五百餘處驛站服務工作的站戶數量最大，承擔兵役的軍戶次之。元朝將儒士也劃入戶計中，是為儒戶，他們的義務是入學以備選用。儒戶地位與僧戶、道戶、也里可溫戶、木速蠻（達失蠻）戶等宗教戶計相當。此外，還有從事官手工業生產的匠戶等。戶計並非自願選擇，而是國家強制劃分的，它是元朝政府為動員人力、物力而制定的世襲戶役制度。元朝的戶計制度為明朝所承襲，改稱為"戶役"。元朝開始的"全民勞役化"一直到明朝推行"一條鞭法"，纔得到徹底遏止。[2]

1　馬金鵬譯：《伊本·白圖泰遊記》，銀川：寧夏人民出版社，1985 年，第 550 頁。
2　李治安：《元史暨中古史論稿》，北京：人民出版社，2013 年，第 232 頁。

表 14.1　元代戶計制度

	僧戶	薑戶	銅戶	禮儀戶
民戶		藤花戶	鉛錫戶	禮樂戶
	道戶	葡萄戶	竹戶	陰陽戶
軍戶		香莎糯米戶	醫戶	巫戶
	儒戶	魚戶	鷹房戶	沙魚皮戶
站戶		採珠戶	控鶴戶	
	木速蠻戶	窰戶	馬戶	
匠戶		淘金戶	車戶	
	也里可溫戶	茶戶	壩夫戶	
		銀戶	窩戶	

二、明清經濟發展與“資本主義萌芽”問題

　　接下來談談明清時期的經濟發展與資本主義萌芽問題。本書唐代部分曾指出，唐代發明了適合南方水田耕作的曲轅犁，以及一套適合水田耕作的農具。唐代以後，農業技術發展並不明顯，元代就已經達到了高峰，此後再沒有什麼重要的創造。明朝農業在單位面積產量提高有限的情況下，發展方式有所變化。隨著平原地區農田開墾的飽和和人口規模的擴大，明朝的農田開墾逐漸進入開發不充分的丘陵和邊遠地區。墾田面積、糧產總量因此都有所增加。據學者統計，明朝的耕地面積超過了八億畝，與宋代的七億畝相比，其增量是較為顯著的。更重要的一點，是引進、種植了諸如甘薯、玉米、土豆、花生等新的耐旱作物，它們不需要很好的水土條件就能在地形崎嶇、乾旱貧瘠的地區種植。兩者相結合，使糧食的產量有了較大提高。

由於平原早已人滿為患，開墾越來越進入丘陵山區和邊遠地區。清代前期的一百年中，國家推行鼓勵墾荒的政策，康熙、雍正之際，全國墾田數字已經超過了明朝後期的水平。隨著雍正、乾隆時期的發展，墾田數字繼續上升。康熙、乾隆時期，清廷重視興修水利，特別是致力於對黃河的治理，使得黃河水流漸趨穩定（圖14.6）。這對於安定人民的生活、恢復發展農業生產，有積極作用。

　　此階段人口數字迅速增長。從17世紀中葉到19世紀中葉，中國人口從1.5億增長到4.3億，耕地面積增加至十二億畝。清朝對中國

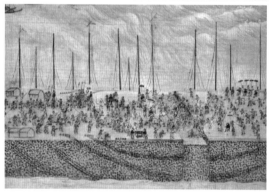

圖 14.6　《黃河築堤圖冊頁》（局部）

經濟最有推動力的方面，是通過人口遷徙，將農業從人口密集地區擴展到了土地過剩地區。[1] 清代糧食生產最突出的成就，是耕作地域擴散以及糧食畝產量在全國地區的普遍提高。中國古代經濟發展達到頂峰。

明清商品化作物種植在農業生產中的地位逐漸提高。煙草從明末開始傳入中國，推廣迅速，雍正、乾隆之際，遍及廣東、江南、山東、直隸、湖廣、陝西、甘肅各地。農業經營方式也有所變化，其中值得一提的，是明朝中後期出現的經營性地主。光緒《常昭合志稿》卷四八載："譚曉，邑東里人也，與兄照俱精心計。居鄉湖田多窪蕪，鄉之民皆逃而漁，於是田之棄弗治者以萬計"，於是兄弟倆"薄其值買傭鄉民百餘人，給之食，鑿其最窪者為池，餘則周以高塍，闢而耕，歲入視平壤三倍。池以百計，皆蓄魚，池之上架以椽，為茇舍，蓄雞、豕其中，魚食其糞又易肥，塍之上植梅桃諸果屬，其污澤則種菇茈菱芡，可畦者以藝四時諸蔬，皆以千計。凡鳥鳧昆蟲之屬，悉羅取而售之。……於是資日益饒"。這儼然一副現代生態農場的經營狀況，而且他們的產品幾乎都用於出售。至明清之際，譚氏兄弟的這種農場大經營在江南不復存在，但新興起的小經營，同樣具有生態農業和商業化的特點。[2] 將這種現象與當時整個經濟發展的方式聯繫起來，可以看出它新的特點。有學者指出："如果說明前期社會經濟的

1　王業鍵：《清代田賦芻論（1750─1911）》，高風等譯，北京：人民出版社，2008 年，第 8 頁。

2　參李伯重：《十六、十七世紀江南的生態農業（上）》，《中國經濟史研究》2003 年第 4 期。

發展主要還是耕織結合的傳統經濟的發展，那麼明中期社會經濟發展的主要標誌則是商品經濟的空前發展，在中國古代經濟發展史上開創出一個嶄新的局面。"[1]

商品經濟在中國古代一直存在，祇不過在傳統經濟中，其所處的地位並不是特別突出。明中期以後，推動經濟發展的一個主要因素即來自商品經濟的發展。首先，手工業規模有所擴大，已經開始脫離農家副業的性質，由工場主僱用工人工作，向著具有現代經營性質的工場手工業發展；同時，還在生產上逐漸變成一個有機的系統，出現了地域上的專業分工，如松江的棉布、蘇州的絲織、江西景德鎮的陶瓷等。明中期以後的手工業不僅規模大、質量精，而且逐漸發展出一些專業的城鎮、鄉村，這都是以前不曾見到的局面。傅衣凌是明清經濟史研究的奠基者之一，他認為：明代中葉以後，中國工業原料生產與糧食生產分工逐漸明顯，出現有些地區專種經濟作物，而另一些地區則以糧食生產為主，因而各地區之間的經濟交流，不僅有消費品的交流，也有工業原料的交流。像這樣一種工業原料的交流，應為此時代的一個特徵。明清時期，商業的規模和商人的活動範圍、商業資本的積累，都大大地超越了前一個歷史階段的水平，成為推動經濟社會發展的重要動力之一。[2] 廣東的佛山鎮、江西的景德鎮、湖北的漢口鎮、河南的朱仙鎮等，都是因為商品經濟而發展出來的工商業城鎮，被稱為"天下四大鎮"。明朝以前，中國古代城市的發展主要與軍事、政

1　王毓銓主編：《中國經濟通史（明代經濟卷）》，北京：經濟日報出版社，2000年，第2—3頁。

2　參傅衣凌：《明清時代商人及商業資本》，北京：人民出版社，1956年。

治、地理位置有很大的關係，而純粹經濟型的城市則幾乎沒有，明朝城鎮的這種變化即是商品經濟發展的有力印證。除新興城鎮以外，傳統城市如北京、南京、杭州等的經濟職能也在提升。

中國商品經濟發展的同時，世界航海業的發展和新大陸的發現，也使得明朝的經濟在自覺或不自覺中捲入了世界經濟，其中最顯著的代表是"白銀貨幣化"的過程。以前中國的本幣主要是銅錢，元朝發行過的紙幣被認為是不成功的，明代以後纔開始用銀作為流通的主要手段，出現"朝野率皆用銀，其小者乃用錢"（《明史·食貨志五》）的景象。銀在中國的產出較少，明清使用的白銀，多數來自絲綢、瓷器的出口所得（圖14.7）。"白銀貨幣化"是明清商品經濟發展中的重要現象。

弗蘭克的《白銀資本》，是社會科學界一部很有影響的著作。此書試圖從世界貿易的角度重新審視世界經濟中的中國。弗蘭克認為，在整個世界經濟中，中國"這種更為核心的地位是基於它在工業、農業、（水路）運輸和貿易方面所擁有的絕對與相對的更大的生產力。中國的這種更大的、實際上是世界經濟中最大的生產力、競爭力及中心地位表現為，它的貿易保持著最大的順差。……世界的白銀流向中國，以平衡中國幾乎永遠保持

圖14.7　明萬曆五十兩銀錠

著的出口順差"[1]，至少到 1800 年為止，亞洲，尤其是中國一直在世界經濟中居於支配地位。他的這個結論與 "西方中心論" 對中國歷史發展大勢的認識，有很大差別。這本書出版伊始便引起了學界的關注與熱烈討論，故作為推薦書目建議拓展閱讀。

最後談談關於資本主義萌芽的問題。實際上，學者們研究這個問題的出發點，是想要知道在沒有外力的影響下，中國能否走上資本主義道路和現代化道路。因此，學者們十分強調中國古代中後期經濟中反映出的資本主義的因素，如僱傭勞動、手工工場、商品經濟等。研究也取得了很大的成果，對認識明清商業、手工業的發展有很大的幫助。但是現在，對資本主義萌芽問題的討論則較為冷寂了。這首先與資本主義的界定有關。李伯重認為：由於沒有完全弄清什麼是資本主義的問題，那麼對於什麼是資本主義萌芽的問題，也就不可能有完滿的答案。以往許多學者對於資本主義萌芽的研究，其研究對象實際上是歷史上的商品經濟、僱傭勞動、早期工業化或者其他經濟的變化，而不是資本主義萌芽。但是，若離開了商品經濟、僱傭勞動、早期工業化，中國歷史上的 "資本主義萌芽" 到底還存不存在？如果存在，它到底是怎麼一回事？似乎沒有人說得清。[2] 另外，這也與方法論有一定的關係，以前學者研究中國的資本主義萌芽，往往以英國模式作為對照，將英國走上資本主義道路經歷了的過程套用到中國發展上。但

---

1 貢德·弗蘭克：《白銀資本：重視經濟全球化中的東方》，劉北成譯，北京：中央編譯出版社，2000 年，第 182 頁。
2 參見李伯重：《中國經濟史學中的 "資本主義萌芽情結"》，載李伯重：《理論、方法、發展趨勢：中國經濟史研究新探》，北京：清華大學出版社，2002 年。

現在研究發現，英國走上資本主義的道路甚至在歐洲都沒有普遍意義，歐洲各國走上資本主義的道路，在世界史上也不具有普遍意義。所以，以英國作為模板討論中國的資本主義萌芽問題，頗有緣木求魚的意味。儘管如此，依然不能低估前輩學者對於資本主義萌芽問題的研究成果。這不僅使我們可以更深入地認識明清時期的商品經濟、手工業發展的狀況，而且也啟發了人們對區域經濟、市鎮研究等領域的拓展。

三、明清社會階層

明清時期社會的主要階層，大致可以分為皇室貴族、士紳、庶人、賤民四類，前兩個為特權階層。

明代一共十六位皇帝。在一后多妃制下，皇帝子女眾多，如明太祖朱元璋就有二十六個兒子，十六個女兒。久而久之，形成了龐大的明代皇室人口。明太祖實行分封，結果造成了骨肉相殘的靖難之役。明成祖即位後，實行藩禁，嚴格限制皇室成員的活動，規定宗室不得干預兵事，也不許干預政事，所有宗室不許入仕做官，不許從事工商業。藩王就封後，不經特許不得還京入朝，不得與封地的官府交往，甚至連與宗藩聯姻的人也不得選任高官，藩王不許自置王府的官吏，也不得拒絕由朝廷派來的王府官等。對皇室成員政治上嚴格限制，但經濟上給予優厚的待遇。隨著皇室成員的不斷增加，其優待便給國家財政帶來了很大負擔。嘉靖後期，全國應支宗室祿米 853 萬石，佔全國同期田賦收入的 37%；至明末，宗室歲需祿米與國家田賦收入的比例竟然達到了驚人的 143%。[1]

清代皇室貴族由宗室、覺羅構成。清太祖努爾哈赤之父塔克世的直系子孫及其後裔為宗室，旁支後裔為覺羅，身份地位和待遇低於宗室。宗室、覺羅分有莊田，不納田賦，並從宗人府領取俸祿。到 18 世紀末和 19 世紀初，因宗室人數的增長而造成的日益沉重的財政負擔，迫使帝王限制王公的數量和俸祿。總體而言，清代在政治和經濟方面對皇室貴族的管理還是比較有成效的。從長期趨勢來看，清宗室受封爵的機會由寬變窄，仕宦之途則位多權輕。1740 年和 1742 年的數字表明，發放皇室貴族薪俸的支出不到戶部庫銀的 1%，到 19 世紀中葉這個數字也不過上升為全部稅收的 1.25%，與明朝的數字形成鮮明的對比。[2]

明清的士紳既包括正在做官或曾經做官的人，也包括獲得科舉功名但並未入仕之人，後者是明清士紳的主體。明清的官員大都來自科舉，可以說士紳主要是科舉制的產物。明清科舉基本沿襲了宋代以來鄉試、會試、殿試的三級考試制度，並在鄉試之前增加了童試一級（圖 14.8）。清代童試三年兩考，俗稱 "考秀才"。童試一般分為三個階段：由各縣縣官主持的縣試，一般在二月舉行，通過後取得四月前後府試的資格，府試通過後就是院試。院試由主管地方文化教育的學政主持，院試錄取後，稱生員，即秀才。清代童試的通過率大致是

---

1 張德信：《明代宗室人口俸祿及其對社會經濟的影響》，《東嶽論叢》1988 年第 1 期。
2 參賴惠敏：《天潢貴胄 —— 清皇族的階層結構與經濟生活》第二章，臺北："中研院"近代史研究所，1997 年；羅友枝：《最後的皇族：清代宮廷社會史》第二章，周衛平譯，上海：上海人民出版社，2020 年。

390　　　　　　　　　　　　　第十四講　元明清時期的經濟與社會

2% 或 3%，一旦被錄取，便獲得了"生員"的身份，算是有了功名，進入士紳階層。生員具有免除差徭、見知縣不跪、官府不能隨便用刑等特權。清代《欽定學政全書》卷二四中記載，"生員犯小事者，府州縣行教官責懲。犯大事者，申學黜革，然後定罪"，免除了生員的身份之後，纔能夠定罪。在服飾上，生員可以著方巾、襴衫，也與普通百姓有了區分。

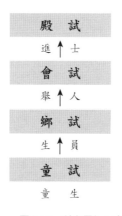

士紳：「士大夫居鄉者為紳」，是官僚在離職、退休、居鄉，或者還沒有當官以前的稱呼，是唐宋以後逐漸形成的一個社會階層。

圖 14.8　科考層級示意圖

　　明清生員雖然進入了士紳的行列，但生員沒有任官資格，故還要繼續參加科舉考試。鄉試每三年一次，在八月舉行，故稱秋闈。鄉試的考試在北京和各省省城的貢院舉行。南京的江南貢院鼎盛時期號舍達 20,644 間（圖 14.9），明清時期全國半數以上官員都出自江南貢院。鄉試要考三場，每場需要考兩夜三日。鄉試及第者稱為舉人，舉人就有當官的資格了。不過鄉試的錄取率更低，道光時期江南地區的錄取率大致是 2‰或 3‰。會試也是三年一次，在鄉試次年的二、三月間於京城禮部貢院舉行，又稱春闈。會試也是三場考試，及第者稱

圖 14.9　清代北京貢院明遠樓（上）和南京貢院號舍（下）

貢士。會試後接著就是殿試。明代殿試考場在南京奉天殿或北京文華
殿，清代殿試考場，開始在天安門外，後改在保和殿內。殿試由皇帝
親自主持，僅考時務策一道，及第者稱進士。

　　在科舉制的階梯上，生員便進入了士紳階層，舉人、貢士、進士
都是在生員的基礎上產生的，而官員中的絕大多數，也來自生員這個
群體。因此通過對生員數量的估計，可以對明清士紳階層的規模有所
瞭解。學者推測，明朝末年，士紳數大致在五十萬至六十萬之間，清

朝士紳規模擴大，19 世紀前半期，達到一百一十萬左右。[1] 但如果考慮人口增長的因素，士紳佔比反而有所縮小。

庶人即良人、平民，清代法律上稱"凡人"，指沒有特權，又不是賤民身份的人，即老百姓。庶人包括庶族地主、富農、自耕農、佃農、商人、手工業者、部分僱工等，他們佔社會的大多數，也是國家賦役的主要承擔者。科舉制下，庶人有應試出仕的權利，他們可以通過參加科舉獲得功名而進入士紳階層。

明清的賤民階層包括奴婢、倡優、隸卒、佃僕等。賤民的身份是世襲的。法律禁止賤民與平民通婚，也不能讀書、參加科舉。

明清社會階層之間，特別是在士紳與庶人之間存在著明顯的社會人口階層流動。社會人口流動，還在空間上有所體現。明清商品經濟的發展，對整個社會都產生了廣泛的影響。明代中期以後，隨著經濟的發展，農村與城市更緊密地聯繫起來，隨著農村人口向城市的流動，以及人們閒暇時間的增多，漸漸出現了一個新的市民階層。清道光《蘇州府志》卷一〇記載，晚明的蘇州府"聚居城郭者十之四五，聚居市鎮者十之三四，散處鄉村者十之一二"，即在明朝經濟最發達的地區，農村人口的比例遠低於城市，說明在城市中有一個龐大的市民階層。這個市民階層當中的上層，不僅包括受過正統教育、獲得較高科舉功名、擔任或曾任官職的傳統精英，而且還包括那些仿照傳統精英文人生活方式的富商。市民階層的形成，為明清小說、戲曲的繁

1　陳寶良：《明代儒學生員與地方社會》，北京：中國社會科學出版社，2005 年，第214—215 頁；張仲禮：《中國紳士研究》，上海：上海人民出版社，2008 年，第 91 頁。

榮奠定了堅實的基礎。明清的城市發展以及城市生活，得到學者們的關注，有學者甚至認為帝國晚期所有的中國文化都受到發生在中國城鎮中事件的影響。[1] 加拿大學者卜正民（Timothy Brook）《縱樂的困惑：明代的商業與文化》就明代商業與文化問題做了一系列有趣的研究，可供參考。[2]

1　韓書瑞、羅友枝：《十八世紀中國社會》，陳仲丹譯，南京：江蘇人民出版社，2008年，第 52 頁。

2　卜正民著：《縱樂的困惑：明代的商業與文化》，方駿、王秀麗、羅天佑譯，桂林：廣西師範大學出版社，2016 年。

閱讀書目

李治安：《元史暨中古史論稿》第四編 "社會變遷與南北差異"，北京：人民出版社，2013 年。

李伯重：《英國模式、江南道路與資本主義萌芽理論》，載李伯重：《理論、方法、發展趨勢：中國經濟史研究新探》，北京：清華大學出版社，2002 年。

貢德・弗蘭克：《白銀資本：重視經濟全球化中的東方》第七章，劉北成譯，北京：中央編譯出版社，2000 年。

張仲禮：《中國紳士研究》上編第一章、第三章，上海：上海人民出版社，2008 年。

陳志強：《為什麼還要重讀〈白銀資本：重視經濟全球化中的東方〉》，《史學集刊》2012 年第 5 期。

部分圖表信息

圖 1.1　　紅山文化泥塑"女神"像。見王永強、史衛民、謝建猷主編:《中國少數民族文化史圖典》(壹)東北卷,南寧:廣西教育出版社,1999 年,第 18 頁。

圖 1.2　　紅山文化孕婦陶塑像,腹部凸起,臀部肥大,女性特徵鮮明。見王永強、史衛民、謝建猷主編:《中國少數民族文化史圖典》(壹)東北卷,南寧:廣西教育出版社,1999 年,第 19 頁。

圖 1.4　　紅山文化玉豬龍,高 26 厘米,由墨綠色的岫巖玉雕琢而成。中國國家博物館藏。

圖 1.5　　山東龍山文化蛋殼黑陶杯,高 17 厘米,口徑 11.7 厘米,器壁薄如蛋殼,表面烏黑光亮。山東省博物館藏。

圖 1.6　　良渚文化玉琮,通高 8.9 厘米,重 6.5 千克。浙江省博物館藏。

圖 1.7　　馬家窯文化旋紋尖底彩陶瓶,高 26.8 厘米,口徑 7.1 厘米。甘肅省博物館藏。

圖 1.8　　山東嘉祥武梁祠西壁畫像。見中國畫像石全集編輯委員會編:《中國畫像石全集》第一集,濟南:山東美術出版社,2000 年,第 29 頁。

圖 1.9　　南宋馬麟繪《夏禹王像》,絹本設色,縱 249 厘米,橫 113 厘米。臺北故宮博物院藏。

圖 1.11　 后母戊方鼎,通高 133 厘米,口長 116 厘米,寬 79 厘米,重

832.84 千克。中國國家博物館藏。

圖 1.15　利簋，通高 28 厘米，口徑 22 厘米，重 7.95 千克。中國國家博物館藏。

圖 1.16　西周形勢圖。底圖據譚其驤主編：《中國歷史地圖集》第一冊，北京：中國地圖出版社，1982 年，第 15—16 頁。

圖 1.17　大盂鼎，通高 101.9 厘米，口徑 77.8 厘米，重 153.5 千克。中國國家博物館藏。

圖 1.19　夏商周三代關係示意圖。見張光直：《商文明》，張良仁、岳紅彤、丁曉雷譯，瀋陽：遼寧教育出版社，2002 年，第 343 頁。

圖 2.3　商代鐵刃銅鉞，刃部斷失，殘長 11.1 厘米，闌寬 8.5 厘米，鐵刃殘存部分後段包入青銅器身內約 1 厘米。見河北省博物館、文物管理處：《河北藁城臺西村的商代遺址》，《考古》1973 年第 5 期。

圖 2.4　商代鐵刃銅鉞，刃部鏽蝕殘損，殘長 8.4 厘米，闌寬 5 厘米。見北京市文物管理處：《北京市平谷縣發現商代墓葬》，《文物》1977 年第 11 期。

圖 2.5　戰國"右廩"鐵雙鐮範，鐮範為單合範，一範兩片合成，長 31.5 厘米，寬 11.2 厘米，鑄槽有"右廩"二字。河北省博物館藏。

圖 2.9　西周侯戟，通長 27.5 厘米，器上端為扁形刺，中段作戈形，有脊，器內部鑄銘文"侯"。中國國家博物館藏。

圖 2.11　秦始皇陵出土銅弩，弩臂為青銅質，通長 39.5 厘米，寬 1.6 厘米，厚 1.9—3.2 厘米。見秦始皇兵馬俑博物館、陝西省考古研究所：《秦始皇陵銅車馬發掘報告》彩版一五，北京：文物出版社，1998 年。

圖 2.12　秦杜虎符，長 9.5 厘米，高 4.4 厘米，厚 0.7 厘米。陝西歷史博物

館藏。

圖 2.13　南宋馬遠繪《孔子像》，絹本淡設色，縱 27.7 厘米，橫 23.2 厘米。北京故宮博物院藏。

圖 3.4　秦二世琅琊臺詔書刻石，殘高 129 厘米，寬 67.5 厘米，厚 37 厘米，書體為秦統一後的小篆。中國國家博物館藏。

圖 3.5　秦形勢圖。底圖據譚其驤主編：《中國歷史地圖集》第二冊，北京：中國地圖出版社，1982 年，第 3—4 頁。

圖 3.6　秦兵馬俑，見袁仲一、李星明主編：《中國陵墓雕塑全集》第一卷，西安：陝西人民美術出版社，2011 年，第 181、194、217 頁。

圖 3.7　秦始皇陵七號坑出土銅仙鶴。見馬生濤：《異彩紛呈的秦陵青銅禽——秦陵 K0007 號坑發掘手記》，《收藏界》2002 年第 3 期。

圖 3.8　西漢初年異姓諸侯王國示意圖。見周振鶴：《西漢政區地理》，北京：人民出版社，1987 年，第 9 頁。

圖 4.1　唐吳道子繪老子像復刻石碑拓片，碑高 180 厘米，寬 91 厘米，厚約 31 厘米。原石立於蘇州玄妙觀三清殿。

表 5.1　東漢三國戶口數表。參唐長孺：《魏晉南北朝隋唐史三論》，武漢：武漢大學出版社，1992 年，第 29 頁。

圖 5.1　左上圖：曹操畫像。見王圻、王思義輯：《三才圖會》人物卷二，載《續修四庫全書》第 1233 冊，上海：上海古籍出版社，2002 年，第 462 頁。

　　　　左上圖、下圖："魏武王常所用格虎大戟"、河南安陽市西高穴曹操高陵墓道。見河南省文物考古研究所、安陽縣文化局：《河南安陽市西高穴曹操高陵》，《考古》2010 年第 8 期。

圖 5.2　三國形勢圖。底圖據譚其驤主編：《中國歷史地圖集》第三冊，北

京：中國地圖出版社，1982 年第 2 版，第 3—4 頁。

圖 5.3　元趙孟頫繪諸葛亮像，絹本設色，縱 208.4 厘米，橫 100.6 厘米。北京故宮博物院藏。

圖 5.4　朔方及河西四郡位置示意圖。底圖據譚其驤主編：《中國歷史地圖集》第二冊，北京：中國地圖出版社，1982 年，第 13—14 頁。

圖 5.5　馬踏匈奴石雕，高 168 厘米，長 190 厘米。陝西省茂陵博物館藏。

圖 6.1　前秦東晉時期形勢圖。底圖據譚其驤主編：《中國歷史地圖集》第四冊，北京：中國地圖出版社，1982 年，第 3—4 頁。

圖 6.2　宋魏時期形勢圖。底圖據譚其驤主編：《中國歷史地圖集》第四冊，北京：中國地圖出版社，1982 年，第 17—18 頁。

圖 6.3　陳齊周時期形勢圖。底圖據譚其驤主編：《中國歷史地圖集》第四冊，北京：中國地圖出版社，1982 年，第 23—24 頁。

圖 6.4　東晉王丹虎墓出土丹藥，丹藥出在棺前部，共二百餘粒，呈朱紅色，直徑 0.4—0.6 厘米左右，原置於圓形漆盒內。見南京市文物保管委員會：《南京象山東晉王丹虎墓和二、四號墓發掘簡報》，《文物》1965 年第 10 期。

圖 6.5　北魏六鎮分佈示意圖。見魏堅、郝園林：《北魏六鎮軍政地位的考古學觀察》，《河北師範大學學報》2020 年第 4 期。六鎮的標注，參考周楊對學界六鎮地望觀點的總結。見周楊：《北魏六鎮防綫的空間分析》，《中國國家博物館館刊》2017 年第 12 期。

圖 6.6　王光、叱羅招男夫婦墓誌拓片，見胡戟、榮新江主編：《大唐西市博物館藏墓誌》，北京：北京大學出版社，2012 年，第 6、8 頁。

圖 7.1　《禹貢》九州圖。見王成組：《中國地理學史》上冊，北京：商務印書館，1982 年，第 7 頁。

圖 7.2　隋唐大運河示意圖。見薛鳳旋：《中國城市及其文明的演變》，北京：北京聯合出版公司，2019 年，第 150 頁。

圖 7.3　昭陵六駿之拳毛騧，長 204 厘米，高 172 厘米。原件現藏於美國賓夕法尼亞大學博物館。

圖 7.4　昭陵六駿之颯露紫，長 204 厘米，高 172 厘米。原件現藏於美國賓夕法尼亞大學博物館。

圖 7.6　上圖：唐大明宮含元殿遺址。見王仁波主編：《隋唐文化》，北京：學林出版社、香港：中華書局（香港）有限公司，1990 年，第 30 頁。

　　　　下圖：大明宮遺址咸亨元年後含元殿形制復原透視圖。見楊鴻勳：《再論唐長安大明宮含元殿的原狀》，《楊鴻勳建築考古學論文集》（增訂版），北京：清華大學出版社，2008 年，第 456 頁。

圖 7.7　唐道渠府魚符拓片。見羅振玉編輯：《歷代符牌圖錄》，北京：中國書店，1998 年，第 47 頁。

圖 7.8　中國古代都城移動示意圖。見妹尾達彥：《中華的分裂與再生》，載《岩波講座世界歷史（九）》，東京：岩波書店，1999 年，第 13 頁。

表 8.1　西漢與唐人口密度最低地區比較。見葛劍雄：《中國人口發展史》，福州：福建人民出版社，1991 年，第 155 頁。

表 8.2　唐玄宗時期新建州縣。見吳宗國：《隋唐五代簡史》，福州：福建人民出版社，1998 年，第 195 — 196 頁。

圖 8.1　右圖：含嘉倉十九號窖出土刻銘磚。見王炬、呂勁松、趙曉軍：《隋唐大運河與倉儲相關問題研究》，《洛陽考古》2019 年第 2 期。

圖 8.2　左圖：陝西米脂出土東漢牛耕畫像石拓片。原石藏於陝西碑林博物館；見中國農業博物館編：《中國古代耕織圖》，北京：中國農業出

版社，1995 年，第 7 頁。

圖 8.3　　部分唐代農具復原圖。見梁家勉主編：《中國農業科學技術史稿》，北京：農業出版社，1989 年，第 321 頁。

表 8.3　　漢唐間治水活動的歷史發展與地理分佈統計表。見冀朝鼎：《中國歷史上的基本經濟區與水利事業的發展》，朱詩鰲譯，北京：中國社會科學出版社，1981 年，第 36 頁。

表 8.4　　日本遣唐使簡表。改繪自李斌城主編：《唐代文化》，北京：中國社會科學出版社，2002 年，第 1792 頁。

圖 8.5　　左圖：空海《風信帖》局部，空海の書刊行委員會：《空海の書 —— 弘法大師書跡大成》第五卷，東京：東京美術，1980 年。

圖 8.6　　鑑真和尚像，日本天平寶字七年（763）年造，乾漆夾紵彩色，高 0.81 米。日本奈良唐招提寺藏。

圖 8.7　　唐長安城及日本平城京平面圖。見王仲殊：《試論唐長安城與日本平城京及平安京何故皆以東半城（左京）為更繁榮》，《考古》2002 年第 11 期。

圖 8.8　　唐高宗時期安西四鎮示意圖。底圖據譚其驤主編：《中國歷史地圖集》第五冊，北京：中國地圖出版社，1982 年，第 32—33 頁。

圖 8.9　　乾陵六十一蕃臣像。見党明放、賀萬里：《一徑石雕 千古奇觀 —— 陝西唐乾陵石刻藝術概論》，《榮寶齋》2019 年第 10 期。

圖 8.10　章懷太子李賢墓壁畫之《客使圖》，位於墓道東壁，高 185 厘米，寬 242 厘米。陝西歷史博物館藏。

圖 8.11　左圖：昭陵陪葬墓燕妃墓持冪䍦侍女圖。見馬海艦：《從唐燕妃墓壁畫透視唐代文明》，《文物世界》2002 年第 2 期。

右圖：新疆博物館藏彩繪泥塑帷帽騎馬女俑。見陳銳：《唐騎馬女俑》，《收藏界》2014 年第 4 期。

圖 8.12　左圖：西安何家村窖藏出土唐鎏金舞馬銜杯紋銀壺，高 14.8 厘米，重 549 克。陝西歷史博物館藏。

右圖：西安何家村窖藏出土唐人物紋八棱金杯，高 5.6 厘米，口徑 7.2 厘米，足徑 3.2 厘米。陝西歷史博物館藏。

圖 9.1　五代十國疆域示意圖。底圖據譚其驤主編：《中國歷史地圖集》第五冊，北京：中國地圖出版社，1982 年，第 82—83 頁。

圖 9.2　北宋王靄繪宋太祖趙匡胤坐像。中國國家博物館藏。

表 9.1　北宋宰相、副宰相中科舉出身比例表。見張希清：《中國科舉考試制度》（修訂本），北京：中國書籍出版社，2021 年，第 217 頁。

圖 9.5　"南海 I 號" 出水部分瓷器。見劉冬媚：《"南海 I 號" 船載龍泉窯青瓷探析》，《文物天地》2019 年第 12 期；鄭金勤：《"南海一號" 驚艷出水的德化窯青白瓷》，《東方收藏》2021 年第 9 期。

圖 9.6　"濟南劉家功夫針鋪" 廣告銅版，長 13.2 厘米，寬 12.4 厘米。中國國家博物館藏。

圖 10.1　契丹髡髮男子立像，內蒙古赤峰塔子山二號遼墓出土。見孫建華編著：《內蒙古遼代壁畫》，北京：文物出版社，2009 年，第 144 頁。

圖 10.2　契丹女子立像，河北宣化下八里五號遼墓出土。見河北省文物研究所編：《河北古代墓葬壁畫》圖 99，北京：文物出版社，2000 年。

圖 10.3　契丹小字銅鏡，直徑 14.6 厘米，鏡背鑄契丹小字 "壽長福德"。見王永強、史衛民、謝建猷主編：《中國少數民族文化史圖典（貳）》北方卷上，南寧：廣西教育出版社，1999 年，第 279 頁。

圖 10.4　契丹大字耶律祺墓誌拓片（局部）。見王永強、史衛民、謝建猷主編：《中國少數民族文化史圖典（貳）》北方卷上，南寧：廣西教育

出版社，1999 年，第 278 頁。

圖 10.5　右圖：北京房山金太祖陵墓穴與石棺。見張娟娟：《北京最早最大的皇家園陵 —— 金陵》，《北京檔案》2015 年第 7 期。

圖 10.7　成吉思汗畫像，紙本設色，縱 58.3 厘米，橫 40.8 厘米，右上方題"太祖皇帝即成吉思罕諱帖木真"。中國國家博物館藏。

圖 10.8　元大都城平面復原示意圖。見董新林：《遼上京規制和北宋東京模式》，《考古》2019 年第 5 期。

圖 10.9　瀆山大玉海，高 70 厘米，口徑 135 — 182 厘米，最大周圍 493 厘米，膛深 55 厘米，重約 3500 千克。見周南泉、王名時：《北京團城內瀆山大玉海考》，《文物》1980 年第 4 期。

圖 11.1　明太祖朱元璋坐像。中國國家博物館藏。

圖 11.2　明太祖朱元璋坐像。臺北故宮博物院藏。

圖 11.5　《智化寺旌忠祠記》（又名《英宗諭祭王振碑》）拓片，拓片通高 137 厘米，寬 62 厘米。見北京圖書館金石組編：《北京圖書館藏中國歷代石刻拓本彙編》第五十二冊，鄭州：中州古籍出版社，1989 年，第 19 頁。

圖 11.6　空心敵臺示意圖。見劉效祖撰，彭勇、崔繼來校注：《四鎮三關志校注》卷一《建置考》，鄭州：中州古籍出版社，2018 年，第 22 頁。

圖 12.2　右圖：國姓瓶，高 19.7 厘米，口徑 16 厘米，底徑 5.3 厘米，是鄭成功軍隊使用的火藥彈。中國國家博物館藏。

圖 12.3　《丕翁先生巡視臺陽圖卷》（局部）。見郭秀蘭：《一幅有歷史意義的畫卷 —— 記〈丕翁先生巡視臺陽圖〉》，《文物》1991 年第 1 期。

圖 12.4　順治帝迎接五世達賴喇嘛圖（局部），布達拉宮西大殿壁畫。見孫

琳：《〈順治帝迎接五世達賴喇嘛圖〉及其敘事方式分析》，《法音》
2015 年第 1 期。

圖 12.5　清高宗敕封七世達賴喇嘛金印、清宣宗敕封十一世達賴喇嘛金冊。
羅布林卡藏；見西藏自治區文物管理委員會編：《西藏文物精粹》，
北京：紫禁城出版社，1992 年，第 55、59 頁。

圖 12.6　金本巴瓶和玉籤，瓶通高 35.5 厘米，腹徑 21 厘米，底徑 14.4 厘
米。羅布林卡藏；見西藏自治區文物管理委員會編：《西藏文物精
粹》，北京：紫禁城出版社，1992 年，第 56 頁。

圖 13.1　泥塑彩繪雍正像，高 32 厘米，寬 14.3 厘米，被認為是唯一保留下
來的一尊由皇帝本人親自認可的塑像。見林姝：《故宮收藏與檔案
所見雍正皇帝（之一）：原藏雍和宮金塔內的胤禛塑像》，《紫禁城》
2012 年第 6 期。

圖 13.3　道光秘密立儲匣及立儲諭旨。中國歷史第一檔案館藏。

圖 13.5　至聖先師孔子像，碑高 292 厘米，寬 114 厘米，和碩果親王允禮繪
並撰額。清雍正十二年（1734），果親王從北京赴四川泰寧惠遠寺
為七世達賴喇嘛返還西藏送行，途經西安時，在碑林刻立此碑。見
高峽主編：《西安碑林全集》卷一〇四《石刻綫畫》，廣州：廣東經
濟出版社、深圳：海天出版社，1999 年，第 365 頁。

表 13.1　改自安格斯·麥迪森：《中國經濟的長期表現：公元 960 — 2030
年》，伍曉鷹、馬德斌譯，上海：上海人民出版社，2008 年，第
36 頁。

圖 14.4　右圖：元釉裏紅彩斑貼塑蟠螭龍紋高足轉杯，通高 12.6 厘米，口徑
10.6 厘米，足高 6 厘米，足徑 5 厘米。高安市博物館藏。

左圖：元青花雲龍紋獸耳蓋罐，通高 46.5 厘米，罐高 38.7 厘米，

口徑 14.6 厘米，腹徑 32.6 厘米，底徑 18.5 厘米。高安市博物館藏；見江西省博物館、首都博物館編：《贛水流韻輝耀千載：江西古代文物精品》，北京：文物出版社，2014 年，第 120、130 頁。

圖 14.6 　《黃河築堤圖冊頁》局部，紙本設色，高 30.5 厘米，寬 22 厘米。中國國家博物館藏。

圖 14.7 　明萬曆五十兩銀錠，長 11.3 厘米，一端寬 8.1 厘米，一端寬 8.2 厘米，厚 3 厘米，鑄於萬曆十六年（1588）。中國國家博物館藏。

圖 14.9 　清代北京貢院明遠樓和南京貢院號舍。見北京大學圖書館編：《煙雨樓臺：北京大學圖書館藏西籍中的清代建築圖像》，北京：中國人民大學出版社，2008 年，第 144、146 頁。

| 責任編輯 | 蘇健偉 |
| 書籍設計 | a_kun |

書　　名	中國古代史十四講
著　　者	葉　煒
出　　版	三聯書店（香港）有限公司
	香港北角英皇道 499 號北角工業大廈 20 樓
	Joint Publishing (H. K.) Co., Ltd.
	20/F., North Point Industrial Building,
	499 King's Road, North Point, Hong Kong
發　　行	香港聯合書刊物流有限公司
	香港新界荃灣德士古道 220-248 號 16 樓
印　　刷	美雅印刷製本有限公司
	香港九龍觀塘榮業街 6 號 4 樓 A 室
版　　次	2023 年 7 月香港第一版第一次印刷
規　　格	特 16 開（150mm×210mm）416 面
國際書號	ISBN 978-962-04-5319-9

© 2023 Joint Publishing (H.K.) Co., Ltd.

Published & Printed in Hong Kong, China.